普通高校师生权益保障机制的理论与实践

欧阳美平 ◎ 著

中国社会科学出版社

图书在版编目(CIP)数据

普通高校师生权益保障机制的理论与实践／欧阳美平著．—北京：中国社会科学出版社，2020.12

ISBN 978-7-5203-7785-0

Ⅰ.①普… Ⅱ.①欧… Ⅲ.①高等学校—青少年保护—法律—研究—中国②高等学校—教师—权利—保护—法律—研究—中国 Ⅳ.①D922.183.4②D922.164

中国版本图书馆CIP数据核字(2021)第018562号

出 版 人	赵剑英
责任编辑	周慧敏 任 明
特约编辑	芮 信
责任校对	王佳玉
责任印制	郝美娜

出　　版	中国社会科学出版社
社　　址	北京鼓楼西大街甲158号
邮　　编	100720
网　　址	http：//www.csspw.cn
发 行 部	010-84083685
门 市 部	010-84029450
经　　销	新华书店及其他书店
印刷装订	北京君升印刷有限公司
版　　次	2020年12月第1版
印　　次	2020年12月第1次印刷
开　　本	710×1000　1/16
印　　张	18.5
插　　页	2
字　　数	303千字
定　　价	110.00元

凡购买中国社会科学出版社图书，如有质量问题请与本社营销中心联系调换
电话：010-84083683
版权所有　侵权必究

谨以此书献给我三十年高校教龄

前　言

我其实很少为别人的作品写序言之类的文字，特别是涉及高校行政管理与实践的内容，我一直觉得它很神圣，是理论性和实践性都很强的东西。因此，当欧阳美平同志捧着厚厚的书稿，嘱我为他的这部最近玉成的书稿写点什么的时候，我不免有些忐忑。但看到欧阳美平同志这么厚重的成果，加之十分真诚的要求，我又不免有些感动，于是写点感想，聊作"写在前面的话"，供大家阅读时参考。

一

欧阳美平同志有着做事和作文的天赋、能力和勤奋。

这本呈现给读者的理论专著《普通高校师生权益保障机制的理论与实践》，可以说是欧阳美平同志长期笔耕不辍、不断实践积累的成果和认真思考、善于总结的结晶。欧阳美平同志自大学毕业后，即一心伏在高校学生教育管理工作岗位，现为三峡大学法学与公共管理学院党委副书记、教授、硕士生导师、国家二级心理咨询师、宜昌市人力资源管理研究会会长、三峡大学应急管理研究所副所长。他的主要理论思考和研究方向是思想政治教育及公共管理；在校、市讲授《应急管理》《行政管理学》及《军事理论》等课程；已主持完成教育部课题"高校群体事件防控网络体系"、省级"三峡区域行政诉求处理"及"校园侵权行为及其预防救济"、大学生伤害事故的预防与处理、中国高等教育学会专项"高校突发事件预防与处理"。曾获湖北省思政教育工作先进个人、校十佳辅导员、多年优秀教师等荣誉。

欧阳美平同志敏而好学、勤于实干。这部著作的相关基础性研究内容已陆续发表在《中国社会科学报》、《湖北日报》（理论版）、《中国知识产权报》、《华中科技大学学报》（社会科学版）、《吉首大学学报》（社会科学版)、《湖北民族学学报》(社会科学版)、《党建与思想政治教育》、《贵州民族报》等重要的理论刊物上,并获得较好反响。可以说,这本书是欧阳美平同志长期实践的智慧沉淀,是有着"沉甸甸"分量的学术成果。

二

实际上,欧阳美平同志能静下心来研究并最终完成这部著作,是需要较大的理论勇气的。因为这部著作的理论视角、所涉及的实践和研究领域是比较崭新和复杂深奥的,属于比较难啃的硬骨头。

在这个变化越来越快的时代,在这个以人民为中心的社会,维权是社会管理的主旋律,更是学校事务的热点、痛点和难点。在高校管理中,师生的基本权益是根本的着眼点,应急管理和维权是最难的实践内容,也是一个需要认真思考而且难于思考的理论问题,特别在经过2020年高校全面应对新冠肺炎疫情之后,引发的相关问题思考,成为世界研究和关注的重点。实践证明,如何践行以学生为中心的管理理念,不但要有学校制度上的支持,也离不开教职工的情感培育,更离不开管理者自身对教育教学工作进行不断地思考与研究、总结与反思,进行理论提升。因此,欧阳美平同志凭着坚忍不拔的毅力、积极学习的干劲、勇往直前的气质、刻苦钻研的精神,直面"维权"的理论难点,写成一篇篇较好的理论文章、一本内容丰富比较系统的理论专著,就更具有价值和可贵了。

三

欧阳美平同志这部研究著作的内容是非常丰富的。

《普通高校师生权益保障机制的理论与实践》一书,洋洋洒洒30多万字,全书分为15个章节,以"师生维权"为主题,并发散开去,涉及高校治理的诸多方面,内容包括高校侵权问题、思政工作、学生素质教育、学工管理队伍建设、腐败防治、工会维权,以及高校与地方政府合作推进校园治理、维护师生权益等方面,涵盖多个层次。其主要思想内容也可概括为三个大的方面:一是比较全面地论述了高校校园侵权行为,对其概念、表现形式、国内外高校校园侵权行为比较及其法律关系、归责原则、教育保险救济与防范制度分别进行了独到的研究;二是对高校校园权益保护及其路径进行了不厌其烦的探究。其涉及高校校园权益保护的法律援助机构的构建、高校权益保护的社会风险预警与求助机制及大学生思想政治教育、素质教育培养等方面的关键技术；三是集中论述了高校校园公共危机预防与处理机制的有关问题，其中借鉴了高校在2020年应对新冠肺炎疫情过程中积累的相关经验成果。还对高校应对集体性诉求工作原则与防控机制构建、高校集体性诉求中的从众心理进行了探析，指出了校园公共危机的网络舆情预防与处理、社区公共服务体系完善与民生诉求处理的基本路径。

作者在论述过程中，并不局限于一点一域，所论可以说涉及高校管理的方方面面。如谈到维权路径，并不局限于"维权"本身，实际上，高校大学生管理的根本出发点、大学生思想教育的全部目的，都可以说是坚持"以大学生为中心"的理念，或者说都是绕不开维权的；谈到维权主体，也不仅仅是只有从事学生管理工作的专职人员，其实，所有的涉及高校教学工作者、管理人员、后勤服务人员等，都肩负着育人的担子，都同行在学生维权的路上。

四

我欣赏欧阳美平同志的这部著作，也在于其分析的深入性。

研究论文的写作，说容易也容易，说难也难。能够摆事实、讲道理，分析问题，解决问题，观点与材料相统一，也就算是一篇论文，这比较容易。但要分析深透，有理论深度，有创新特色，能给读者以思想上的启迪和精神上的熏陶，这就很不容易了。

欧阳美平同志这部著作的大多数篇章，分析是深入的或比较深入的，能给人以思想上的启迪。仅举二例。如谈到高校思想教育的正面精神激励，作者一口气提出14个方面的正面激励措施：情感激励、目标激励、成功激励、榜样激励、尊重激励、竞争激励、关怀激励、支持激励、任务激励、荣誉激励、信任激励、数据激励、行为激励、兴趣激励，这为激励的方式方法开启了若干明亮的窗口。再比如谈到权益维护路径的时候，作者在博弈论视角下探讨了我国高校校园腐败预防体系重构问题。他概括指出认识论上的正面交锋是预防腐败的根本，而可操作性、力度和执行度是现行制度反腐的命门，强调要构建心理防线的内外干预、要强化高校基层党组织纪检委员的职能。这些论述触及了反腐败的思想和理论深处，不仅为构建不想腐的机制提出了比较深刻的认识角度，也为高校校园维权提供了新的实践视角和理论维度。

五

当然，当你认认真真看完欧阳美平同志的著作后，最大的感受，也许是他文章的实践性和应用性。

好的论著需要作者有深厚的理论功底和敏锐的观察力，要有创造性思维的能力，善于深入实际、联系实际、分析问题和解决问题的能力，还应有从实际上升到理论的归纳能力。欧阳美平同志著作中的篇篇文章，不作架空分析，不作纯理论的学术探讨，而是在理论联系实际上狠下功夫。理论阐释得充分，实际联系得好。这样，既发挥了理论指导实践的功效，又从联系实际中丰富和发展了理论。欧阳美平同志的这部研究著作对于高校人才培养具有重要的启迪作用，对于推动高校依法治校具有重要的现实意义。如作者以较大篇幅着力论述了高校与地方政府安全共同治理中地方政府社会风险预警与救助机制创新问题，分别阐述了思想纠偏措施是政府对社会权益维护而进行的源头预防保障、政策试错是避免政策失误的必要过程、利益平衡是防范社会风险的根本原则、减压泄愤是降低利益民众怨气的有效方式、适时的谈判妥协是处理社会集体性诉求的最优手段，并对我国社会区域治理的风险防范工作提出了五项建议。这些理论阐释，都具有较强的针对性和操作性，对于如何依法做好应急管理和权益维护工作具有很强的指导作用。

欧阳美平同志正当年富力强之际，处于人生理论思维最成熟的时期，我们有理由相信，在未来的岁月里，他会更上一层楼，取得更丰硕的成果。他的管理天空和理论视域必将焕发出更加迷人的色彩。

三峡大学党委书记
博士生导师
2020 年 1 月 20 日

目 录

第一章 高校校园侵权行为的概述及其表现形式 ……… (1)
  第一节 研究高校校园侵权行为的现实意义 ……… (1)
  第二节 高校校园侵权行为的含义 ……… (3)
  第三节 高校校园侵权行为的种类 ……… (4)
  第四节 高校在制定相关自治性文件过程中侵权行为表现 ……… (5)
  第五节 高校在制定相关自治性文件实施过程中的侵权行为 ……… (7)

第二章 国内外高校校园侵权行为比较及其法律关系 ……… (10)
  第一节 英美法系关于高校校园侵权行为的规定及其实践 ……… (10)
  第二节 大陆法系关于高校校园侵权行为的规定及其实践 ……… (11)
  第三节 高校校园法律关系分析 ……… (12)

第三章 高校校园侵权行为的归责原则 ……… (17)
  第一节 侵权行为的过错责任原则 ……… (17)
  第二节 侵权行为的无过错责任原则 ……… (18)
  第三节 侵权行为的公平责任原则 ……… (19)

第四章 高校校园侵权行为的教育保险救济与防范制度 ……… (21)
  第一节 国外高校教育保险救济的社会化状况 ……… (21)
  第二节 探索我国高校校园教育保险救济制度 ……… (22)
  第三节 建立大学生健康档案，落实安全教育 ……… (24)
  第四节 建立健全依法治校的管理体制 ……… (24)
  第五节 努力构建安全和谐的校园环境 ……… (25)
  第六节 深化研究高校校园侵权行为制度预防 ……… (26)

第五章 完善高校校园权益保护的法律援助机构 ……… (27)
  第一节 我国高校师生法律维权援助机构的现状 ……… (27)

第二节　我国高校师生法律维权援助机构的表现特征 …………（29）
第三节　我国高校法律援助机构面临的问题与挑战 ……………（30）
第四节　完善我国高校校园法律援助机构的措施 ………………（33）
第五节　高校在校大学生的犯罪预防与教育对策 ………………（36）

第六章　增强高校思政课亲和力的四个对接点 ……………………（41）
第一节　相关理论体系之间的有机对接 …………………………（42）
第二节　理论教育和社会实践的对接 ……………………………（44）
第三节　思想教育和大学生思想实际的对接 ……………………（45）
第四节　政治教育和大学生特点的对接 …………………………（47）
第五节　论高校思想政治工作中激励方法的有效运用 …………（48）

第七章　强化高校思政工作的马克思主义一元化指导 ……………（56）
第一节　高校思政工作必须坚持的马克思主义的基本原理 ……（58）
第二节　高校思政工作要正确处理好马克思主义中国化的
　　　　几个关系 …………………………………………………（63）
第三节　高校思政工作要坚定不移地批判各种歪理邪说 ………（66）
第四节　马克思主义理论必须和当前的社会实践紧密结合 ……（68）

第八章　把党建与思政工作优势不断转化为高校治理效能 ………（70）
第一节　要敢于正面提倡社会主义核心价值观念 ………………（71）
第二节　要敢于对错误思潮进行理性的批评 ……………………（72）
第三节　要敢于让群众（师生）发表观点见解 …………………（75）
第四节　要敢于面对社会（高校）的现实问题 …………………（76）
第五节　要敢于号召领导干部先"廉"起来 ……………………（78）
第六节　要敢于继承优良传统批判糟粕再创新 …………………（80）
第七节　落实好高校"立德树人"目标下的大学生素质教育方法 ……（81）
第八节　高校受惠招录民族学生学习倦态现状及其分析 ………（92）

第九章　岗位需求视阈下大学生结构性就业问题及应对 …………（100）
第一节　大学生结构性就业矛盾的诱因 …………………………（102）
第二节　影响大学生就业失衡的主要因素 ………………………（103）
第三节　大学生结构性就业矛盾破解的途径创新 ………………（106）

第十章　高校大学生服务与管理队伍建设与工作创新 ……………（112）
第一节　高校学生工作队伍现状及其发展 ………………………（112）

第二节　高校思政工作人员的"校本"培训与发展 ………… (119)
　　第三节　高校辅导员工作"课程化"模式的启示与思考 ……… (123)
　　第四节　"心理契约法"在高校学生工作队伍管理中的实践
　　　　　　运用 ……………………………………………………… (127)

第十一章　博弈论视角下重构我国高校校园腐败预防体系 ……… (132)
　　第一节　认识论上的正面交锋是预防腐败的根本的思想
　　　　　　基础 ……………………………………………………… (133)
　　第二节　构建心理防线的内外双向干预 ……………………… (137)
　　第三节　可操作性、力度和执行度是现行制度反腐的命门 …… (140)
　　第四节　高校基层党组织纪检委员职能的定位与强化路径 …… (144)

第十二章　高校工会组织的维权机制重构与发展 ……………… (150)
　　第一节　探索我国高校工会维权的思想方法 ………………… (150)
　　第二节　新形势下高校工会维权机制的重构 ………………… (156)
　　第三节　我国高校工会维护劳务派遣人员权益的路径 ……… (168)
　　第四节　高校教师职业高原现状及其正向引导 ……………… (174)

第十三章　高校应对集体性诉求处理的工作原则与防控路径 …… (186)
　　第一节　关注国内外高校集体性诉求处理的理论与实践 …… (186)
　　第二节　我国高校集体性诉求的特点及其表现 ……………… (189)
　　第三节　高校预防和处理集体性诉求的工作原则和调控机制 … (193)
　　第四节　高校维稳工作中的弱势群体负面情绪分析及调适 …… (196)
　　第五节　高校大学生从众心理与参与集体性诉求成因关系 …… (203)

第十四章　高校校园公共危机预防处理与应对机制 ……………… (210)
　　第一节　高校校园公共危机的内涵 …………………………… (211)
　　第二节　高校校园公共危机可能存在的时代性 ……………… (212)
　　第三节　我国高校校园对公共危机处理实践的两种倾向 …… (214)
　　第四节　构建我国预防型高校校园公共危机处理机制的
　　　　　　关键技术 ………………………………………………… (215)
　　第五节　高校校园危机传播的预防与控制 …………………… (219)
　　第六节　社会力量在高校危机处理中的积极效应 …………… (225)

第十五章　完善高校与区域地方政府安全共同治理体系 ………… (227)
　　第一节　国内外社区政府民生诉求处理的研究与实践 ……… (227)

第二节　我国社区政府民生诉求处理的现实与挑战 ……………（231）
　　第三节　构建区域政府对社会权益维护的风险防范
　　　　　　保障机制 ……………………………………………（235）
　　第四节　完善社会区域安全共同治理及风险防范的
　　　　　　工作建议 ……………………………………………（275）
主要参考文献 ……………………………………………………（281）

第一章

高校校园侵权行为的概述及其表现形式

第一节　研究高校校园侵权行为的现实意义

　　为落实习近平在全国高校思想政治工作会议上的讲话精神，针对我国一些地区相继发生校园群体学生侵权伤害案件，2019年全国教育工作会议指出："要求全国各类学校切实加强校园安全防范工作，严防类似伤害案件发生，以此维护好校园广大学生的合法权益与社会和谐稳定。"随后，教育部也组织召开了全国高校专门校园安全工作会议，进一步强调"构建高校和谐校园，稳定工作是前提，关键要保障校园大学生的合法权益"。由此引起我国社会各界对校园安全，特别是对我国高校校园大学生维权相关问题的广泛关注。同时，引领我国当前高校改进教育教学发展的纲领性文件《关于进一步加强和改进大学生思想政治教育的意见》也强调：要加强和改进大学生思想政治教育工作，切实维护高校大学生的合法权益。显然，国家对高校校园侵权行为的高度关注，也要求我国司法部门对高校校园侵权行为能及时作出准确判断和有效处理。然而，从我国相关法律规定情况来看，作为主要依据的《宪法》《民法通则》《高等教育法》《侵权责任法》《合同法》《学生伤害事故处理办法》等关于高校校园侵权行为的相关规定原则性比较强，但对责任的认定、对高校校园侵权行为的处理，缺乏明确具体的规定，导致操作性不强、引发争议颇多，影响高校教育教学秩序和高校校园内的和谐稳定。如2010年7月1日开始实施的《中华人民共和国侵权责任法》（以下简称《侵权责任法》），对教育机构侵权行为的规定多以重点保护无民事行为能力和限制民事行为能力的中小学生（如《侵权责任法》第32条、第38条、第39条、第40条等规定）为对象，保护内容都是学生的人身和财产安全，而关于我国高校校园侵权行为的具体规定非常有限。加之我国高校层次多、结构复杂、地区分布广泛、各自特征明显,且从高校近年发展情况来看,随着招生规模的扩大,校园侵权行为呈上升趋势,并出现新、奇、难的特征。另据全国高校保卫协会 2016 年的统计,我国高校大学生的非正常死亡率超过了万分之四,[①] 少数事件(如部分高校出现的学生意外死亡、留学生群体斗殴、文凭扣发等)还严重威胁到学校的安全与稳定,也制约了高校正常改革发展。难怪有人感言,相比社会的其他群体,高校是社会最敏感部位,我国"高校无小事",全社会应该高度关注高校校园的安全稳定因素。这也使得高校校园侵权行为的相关法律问题与司法实践的研究意义重大,并成为全社会普遍关注的社会热点问题之一。

在全社会已形成"生命安全不保,谈何教育"共识的情况下,如果我们能够以现有的法律、法规为依托,站在理论的高度对高校校园侵权行为进行分类研究,既可以增强司法实务中处理高校教育管理领域内侵权行为的能力,也可以为预防和处理高校校园侵权行为的相关立法提供借鉴,因而我国高校校园侵权行为及其制度救济这一课题具有非常重要的理论和现实意义。

我们要以现有的法律、法规为依托,站在理论的高度对高校校园侵权行为进行分类研究。

高校校园侵权行为,是发生在高校校园内的一切侵害大学生合法权益的违法行为。其主要表现包括:高校在行使"自治权"、制定高校相关自治性文件过程中与相关法律法规相抵触的侵权行为;制定高校相关自治性文件标准模糊的侵权行为;制定高校相关自治性文件内容总体失衡及处理结果明显不公平的侵权行为;实施程序不规范的侵权行为以及其他侵犯在校大学生人身财产权益的民事侵权行为;等等。以此,需弄清我国高校法律关系,包括具有行政职能的特殊法律地位的高校与大学生的特权型法律关系和具备法人事业单位主体的平权型法律关系并存的教育行政关系,并主张我国高校校园侵权行为的责任认定不仅适用于过错责任原则,也适用于民法通则确认的无过错责任原则和公平责任原则。在此基础上,比较分析国外关于高校校园侵权行为的相关法制状况及对我国司法的借鉴意义。

---

① 欧阳美平、李瑾:《高校校园侵权行为及其相关问题探析》,《湖北民族学院学报》(哲学社会科学版)2008 年第 1 期。

为减少高校校园侵权行为发生，制定科学的救济制度，应借鉴国外关于高校教育保险救济的成熟经验，努力完善我国高校教育保险制度。同时，强调我国高校依法治校，建立高校校园法律援助机构，建立大学生健康档案，强化在校大学生安全教育，努力构建高校校园安全和谐环境，并针对高校校园侵权行为的新特点，本着建设和谐高校的目的，集中解决好目前还存在的突出问题。

第二节 高校校园侵权行为的含义

高校校园侵权行为，是指发生在高校校园内的一切侵害大学生合法权益的违法行为。这也是从广义上定义的高校侵权行为，要具体理解这一概念，必须认真分析概念中的几个相关关键字词。

一是"高校"，全称应该是普通高等学校，是指我国国家和政府设立或者委托设立的普通高等院校（本文简称"高校"）。这里需要区别的是，我国现有高校包括国家和政府设立的普通高校和私人依据国家政策设立的民办高等院校两种，为便于分类研究，本文所指高校只有前者。对于近十年来，在我国先后成立的民办高校，私人职业院校，因层次和设立方式复杂，相关体系正在改革之中，本文未作专门研究。

二是"校园"，是指将在我国国家和政府设立或者委托设立的普通高等院校校园里或相关教学活动场所内发生的侵权行为作为研究对象。这里要求侵权法律关系主体中至少有一方是高校在校大学生，且从发生地点来看，其侵害行为或损害结果必须单一或同时发生在高校，对大学生负有教育、管理、指导、保护等职责的地域范围之内，一般发生在高校校园内，有时也可能发生在学校组织的其他活动场所之内（如高校组织学生校外活动的实验地、博物馆、体育馆等）；从发生时间来看，是在高校教育教学活动期间，假期自行进入高校校园发生的侵权行为不属这一范围。显然，与其他民事侵权行为相比，高校校园侵权行为有其特定的时间与空间的限制。至于侵权主体对象在校大学生，仅指高校招收的全日制本专科学生（简称"大学生"），而高校校园内的自考学生、定向委培学生等其他非国家统招学生，不作为本文的研究对象。

三是对侵权行为的理解。按照对《侵权责任法》相关规定的理解，是指行为人故意或者过失侵害民事权益，按照侵权的相关法律，应当承担侵权责任的行为。在《侵权法》实行之前，通常按照我国《民法通则》的相关规定认为，侵权行为应是故意或过失不法侵害他人人身或财产的违法行为。它强调的是行为人主观上的过错以及对他人人身权或财产权的侵害，能引起侵害人承担民事法律责任。而本书在此基础上认为，侵权行为应该是包括一切侵害他人合法权益的违法行为。它强调客观上有违法行为的发生，权益的内容也不能只限于人身权或财产权，而是受法律保护的一切合法权益，这包括《侵权责任法》第2条所列举的19项包括民事权益在内的一切合法权益。按有关法理，要理解违法性是一切侵权行为的本质属性，是能够引起侵害人承担相关法律责任的。这和通常说的刑罚犯罪行为不同，这里的侵权行为指一般性的违法行为，行为人承担的法律责任主要是民事责任或行政责任，而犯罪行为则应负刑事责任，显然比高校校园侵权行为人承担的法律责任要重大得多。

另外，理解高校校园侵权责任的范围，应该清楚我国高校校园侵权责任与民法通常界定的债权责任关系的区别。如我国高校校园侵权行为引发的"赔礼道歉、消除影响、恢复名誉"责任没有涉及财产问题，从而否认了高校校园侵权行为责任与民法一般的"债权"的一致性。因为按我国民法通则的相关原理，引发债权产生的四大原因分别是"合同、无因管理、不当得利、侵权"，这里说明，所有侵权行为本来就是引发债权的重要组成部分，只是在我国司法实践中，往往因侵权行为责任本身内容相对较多，才将其单列出来，并有《侵权责任法》这一专门法律给予规范，但高校校园侵权责任仍属于债的一种，即为侵权之债。因此，本书认为高校校园侵权行为与债权没有本质上的区别，只是在分类研究之中，主张高校校园侵权行为涉及人格利益等方面的责任之债，与我国传统之债的承担方式有所区别。

第三节　高校校园侵权行为的种类

关于高校校园侵权行为的表现，内容广泛，我国《侵权责任法》也只对其民事侵权行为作了部分列举，如该法的第2条规定：侵犯民事权益，应当依照本法承担侵权责任，并列举了"本法所指民事权益包括姓名权、生命权、健康权、荣誉权、肖像权、名誉权、婚姻自主权、监护权、隐私权、所有权、用益物权、担保物权、专利权、商标专用权、著作权、发现权、继承权、股权等人身、财产权益"。显然，由于高校校园侵权行为内容的广泛性和社会发展的多变性，法律只能对其进行概述和列举。如美国在规定高校校园侵权行为方面，就列举了七种类型的侵权行为：（一）对人身和财产的故意侵害；（二）对人身和财产的非故意侵害；（三）对人身和财产的本身侵权责任；（四）损害名誉；（五）分割家庭关系；（六）侵害合同关系；（七）滥用诉讼程序。然而，按照我国法理习惯，高校校园侵权行为应该是五种类型的高校校园侵权行为：（一）财产侵权；（二）人格侵权；（三）身份侵权；（四）人身侵权；（五）知识产权侵权。

相对地，根据近几年对我国高校校园的观察与统计，其侵权行为也主要表现为高校对大学生的七种主要校园侵权行为：（一）对在校违纪大学生的罚款处理；（二）扣发大学生毕业证、学位证、派遣证等；（三）侵害经济困难大学生被教育权；（四）侵犯大学生财产权益；（五）侵犯大学生个人隐私权；（六）侵犯大学生婚姻及生育权；（七）行政处分程序不适当及侵犯学生申诉权等。其中，高校在制定自治性文件中侵权和实施相关自治性文件过程中的侵权行为，表现得尤为突出。

第四节　高校在制定相关自治性文件过程中侵权行为表现

高校作为一个履行特定公权职能的法人实体，依法享有在其职能范围内自主管理、自主设定内部制度的特有权力，即法律赋予了高校管理内部事务的"自治权"。现实中，虽然一些高校订立校规的初衷都是为了更好地服务于教书育人这个目标，但目的的正确并不代表手段的合法。高校实际形成的校纪校规一旦越界，就会造成对其服务管理的在校大学生合法权益的侵犯，即制度性侵权。比如，有些高校在制定和执行其校内规章制度时，往往从其管理的需要和目的出发，制定了合情但不合法理的高校校园内部管理规定，只重视它的有序性和有效性而对其合法性及被管理大学生合法权益的保护有所忽视，导致侵犯大学生的合法权益的事件屡屡发生。

一 内部制度内容与相关法律法规相冲突的侵权行为

高校规章制度只是高校在法律范围内，依法自主办学、自主管理的内部规则，不属于法律的范畴。按照我国相关法理，其规定内容必须要符合相关的法律、法规，不能超出其外，否则为不合法。当其行为侵犯其大学生权益时，高校理应承担相关法律责任。比如，有些高校对大学生本科学位证的取得条件规定，曾经受过学校行政处分和英语考试没有通过国家大学英语四、六级考试的大学生，不管其他表现如何，一律不发给学位证书，这与我国《中华人民共和国学位条例》规定的硬性要求不一致。因为，从法理角度分析，凡超越法律的规定，包括高校校园管理规定，不管其规定是否适用，应该认定为无效规定，应得以及时纠正。如田某诉某高校不发毕业文凭一案，按当时的《普通高校学生管理规定》列举的高校予以退学的十种情形中，并没有将违反考场纪律或考试作弊作为大学生退学的强行规定。也就是说，田某所在高校关于考试作弊的相关规定显然与相关法律规定不一致，也就是与依据的上位法规定有冲突，且在实践中对其处理的文件精神和实际执行上存在较大矛盾，从而导致了该校败诉的情况。

二 内部制度设定的标准模糊状态下的侵权行为

我国法理规定内部制度应该在上位法的规定范围内，并要求条理清晰、明确、具体。而对其相关规则内容不明确、不具体，以及其定性的标准高度概括和抽象，外延过于宽泛的内部制度规定，在执行的过程中就可能导致弹性较大，并由此而给高校执行时留下了较大的随意（侵权）空间。比如，过去在一些高校规章制度规定中，常引用"品行极为恶劣、道德败坏"等标准模糊的字语，使得学生管理部门在对大学生的实际处分中，往往加以扩展适用，造成了许多在校大学生因轻微的不良行为而受到无辜且较为严厉的处分，显然这是基于规定标准模糊不清，制度内容不明确、不具体所致，因为高校对如何判断在校大学生的品行恶劣、道德败坏，给高校执行部门留下了极大的自由裁断空间。再如，过去我们一些高校将在校大学生谈恋爱的行为认定为是"道德败坏"的表现，在确认其有恋爱事实之后就给予其行政处分，就是这类典型的校园侵权行为。

三 制度设定的内容总体失衡状态下的侵权行为

高校校内制度规定显失公平,即规定内容总体失衡也是导致高校侵权行为的原因之一。统计表明,当前高校制度规定的失衡突出表现为制度内容"五多五少"现象:一是制度对师生义务性规范多,而权利保障的制度少,如高校对大学生的权益规定严重不足。二是高校对自身及教师规定的相关制度多,而对在校大学生方面的制度少,如高校校方往往从管理上重点考虑高校学校和教师情况,而对大学生的规定局限在学工部门思考的日常管理规定方面。三是高校应急性规定较多,而前瞻性预防制度设立少。四是正面要求规定得多,而责任追究规定少,如规定了权利和义务,而对责任的追究方式不明确,这也是一些高校出事后责任不明确的原因。五是实体性制度规定多,而程序性制度少,如规定了的实体内容却没有合理程序保障实施等情况。这些不平衡的制度也容易滋生高校校园侵权行为。

第五节 高校在制定相关自治性文件实施过程中的侵权行为

一 高校内部制度处理结果显失公平的侵权行为

我国高校事业单位性质模糊、职能混杂、利益关系复杂、责任边界不清等情况,使得高校事业单位的法律地位具有不确定性,特别是高校具有的一些行政职能,这在实践中也容易形成高校内部处理结果的不公平现象。比如,关于高校大学生考试舞弊案例的不同处理结果表明,高校内部制度处理结果存在着显失公平现象,当其行为侵害了在校大学生的正当权益时,出现处理不公平的现象,就形成了高校校园侵权行为。又如,高校在对大学生成绩管理方面容易出现实际的不公平现象,严重地与相关法律法规相悖,表现为违法性。比如:北京某高校1992级博士生刘某状告母校不发文凭一案,当事人以其被不公平对待为由将其所在高校告上法庭,受理此案的北京市某法院一审判决撤销该校对刘某所作的决定。显然,司法对高校的显失公平行为给予了认定。

二 高校内部制度实施程序有失公平的侵权行为

近几年,大学生维权主要集中在"学习自由权、学生校务权、学生获得救济权"这三大权益上。其主要表现为高校随意限制大学生自由、要求大学生退学、体罚或变相体罚大学生、乱罚款收费、对学生处分过重等,这些都侵害了大学生的受教育权、人身自由权等多项合法权益。然而,随着大学生维权意识的增强,大学生如何行使申诉权、向谁申诉、申诉的时效、申诉答复的期限,以及对申诉结果仍然不服又如何处理等问题,都将直接影响高校内部制度的实施,特别在现行的《普通高等学校学生管理规定》(以下简称《规定》)颁布之前,高校对大学生行政处分程序不健全,往往造成了一些高校滥用"自由裁量权",严重侵害广大学生权益。国家教育部 21 号令对规范高校行政处分程序进行了明确规定。比如,《规定》的第 55 条至第 66 条专门对高校作出处分大学生的决定和大学生申诉都作出了较详细的程序规定,这显然改变了以前高校对大学生处分程序不合理的状态,也为保护广大高校大学生正当权益提供了法律程序上的保障。如田某舞弊一案,其所在北京市某高校管理层在作出退学处理并填发了学籍变动通知以后,并没有直接向田某宣布结果,也未给田某办理退学手续,从而导致田某继续在该校以在校大学生的身份正常学习及活动。其结果显示:由于该校的实施程序的不规范导致的校园侵权行为,理所当然地遭到当事人的抵制并致使田某所在高校作为被告在这一讼案中的败诉。

三 高校校园内部其他民事侵权行为的表现情形

高校校园侵权行为的主要表现除以上制度侵权行为外,就其民事侵权方面,常见的有由高校校园侵权行为引起的大学生人身财产权益受到侵害行为。具体按我国高校校园的不同侵权主体分类,主要表现在三个方面:一是高校师源性校园伤害事故,即因教师辱骂、讥讽、歧视大学生致其产生心理问题甚至自杀,高校教师对大学生直接进行体罚或变相体罚而导致大学生身心伤害等;二是高校生源性校园伤害事故,即因大学生的言语或行为而引起的大学生伤害,如大学生在校园内斗殴、大学生对弱势同学的欺凌而致其产生身心问题等;三是高校他源性校园伤害事故,即因师生以外的因素而引起的校园伤害事故,如校车发生了交通事故、校园餐厅发生食物中毒、不法分子在高校校园内外对大学生进行枪击的事件等。

其中,关于高校校园侵权行为中的大学生伤害行为表现最为普遍,因为从司法角度观察,高校学生伤害事故除属于一般人身损害范畴外,较高校校园发生的其他侵权行为,其具有伤害主体、地点、时间的特定性。具体讲,一是在对大学生伤害事故中,主体只能是在高校学习、生活的在校大学生,休学大学生在休学期间、已退学大学生及外校大学生到本校受到人身损害的不属于高校大学生伤害事故范畴;二是高校学生伤害事故地点必须是高校校园内及高校组织的校外活动场所,学生擅自参加校外单位组织的活动而造成人身损害的则不在其列;三是高校学生伤害事故是发生在在校学习、生活期间,大学生离开学校的非学习时间除外。如大学生在法定的节假日、寒暑假期间,到校外自行活动或者在规定的作息时间内未经批准擅自离开高校外出活动而受到人身损害的,不在其列。[①]

[①] 欧阳美平、李琳莉:《论高校学生伤害事故的责任认定》,《法制与经济》2007年第5期。

第二章

国内外高校校园侵权行为比较及其法律关系

从法律的角度而言,对于高校校园侵权行为的有关研究,基于法律渊源、法律结构、法官权限、诉讼程序的区别,国外亦有不同。例如,以英国、美国为代表的英美法系,把侵权行为法作为普通法中的一个独立的法律部门,因而有着独具特色的法律规则体系和法律原则。而以德国、法国为代表的大陆法系国家,只是将侵权行为法作为广义民法的一部分,而没有具体明确的规定。这可以说,就某一种具体的高校校园侵权行为而言,两大法系可能根据相似的侵权行为事实得出近似的判定结果。但是,作为普通法中的英国侵权行为法却又不同于大陆法系国家的民事侵权行为法律。然而,就侵权行为诉讼的方式、形式、法律理由等而言,两种法系具有显著不同的特点。

第一节 英美法系关于高校校园侵权行为的规定及其实践

美国的侵权法是一种基于民事过错基础上的判例法,它认为:一方所遭受的伤害是由于另一方的不当行为所致,而这种伤害依照过错原则所承担的民事责任由加害方负责,受害方是应该得到补偿的。在侵权行为的分类上,仅根据侵权人主观意向的不同,分为故意侵权行为和过失侵权行为,对过失侵权行为没有再进一步地细分。

然而,就高校的侵权状况而言,英美法系国家虽未明文规定高校教师在侵权过程及结果中应承担的责任,但多约定俗成地认为高校教师有义务预见在整个教学活动中可能发生的危险。对于这些导致危险的活动,高校教师必须事先详加解说,并采取适当、及时、有效的措施以保护大学生,且在大学生受伤后必须提供紧急治疗措施。法院虽了解教师并不能完全保证大学生不发生任何意外，但若已有明显迹象显示会导致危险，高校教师就有注意、告知、监控、处理、管理的责任。否则，即可造成高校校园侵权行为。

另外，法院在判断高校对受伤害的大学生是否承担责任时，主要依据以下四点：第一，高校是否负有法定的注意、告知等义务以防止大学生受伤害？第二，高校是否未履行相关法律法规认定的义务。第三，如果该法定义务虽未履行，但它与伤害结果之间是否有联系。即未履行义务的行为与伤害结果之间是否具有因果关系。否则即便是高校教师未尽职责，大学生之伤害如因外力原因（如第三者的介入）导致，高校方与教师也不一定被认定为校园侵权行为。第四，如果两者之间确实存在因果关系，侵权人是否享有法律规定的特权或豁免权。在这方面，美国法院认定，高校教师和工作人员实施法律上的授权行为，如惩戒权的合理使用，不视为侵权行为。比如，合理地实施体罚、采取必要的自我防卫手段、用武力平息一场大学生之间的斗殴或高校校园骚乱行为等。这些行为可能在客观上导致大学生受伤害的结果，但因为是授权行为，所以高校方通常对这一行为产生的结果不承担法律责任。最后，如果侵权人必须承担责任，根据公平原则及人性关怀精神，法律对侵权损害赔偿金额也给予了明确限制。

第二节　大陆法系关于高校校园侵权行为的规定及其实践

大陆法系以德国和法国为典型代表。如《德国民法典》采取了严谨的法律术语，明确地将侵权法建立于过失责任原则之上，因而避免了侵权法范围的扩张，缩小了法官的自由裁量空间。在高校校园的侵权案例中，法院并不是对每一起发生在高校校园的大学生伤害事故都去追究高校的责任，而仅仅追究由于高校本身的过失而导致大学生受伤害的责任。由于其侵权法扩张解释的余地很小，只能通过单项立法的方式确立无过失责任制度（德国民法中称为危险责任）。法院在审理高校校园大学生伤害事故案件时，首先看法律上有没有规定高校额外的义务，如果没有该项义务，则高校没有确保大学生和高校其他成员安全的义务。在这点上，大陆法系和英美法系有共同之处，即对于过失侵权带来的伤害要承担责任。

在德国侵权法中，过错和违法性被分离为两个不同的要件：过错被理解为一种主观的意思表示，即有意或者无意侵害他人的态度；而违法性仅简单表明侵权是由于缺乏法定事由而违反某项法律规范的行为。因此，德国在认定高校校园侵权行为，思考其侵权责任的逻辑顺序时，会根据上述两个要件分为两步：一是考虑被告的行为是否违反法律法规；二是在行为具有违法性之后，再继续证明高校或其他高校校园侵权主体的过错是故意还是过失。如果是过失违法，才能认定是高校校园侵权行为。

法国民法典的特点是以道德哲学范畴的过错概念为基础建立起来的。通常侵权行为所导致的损害赔偿的原因是其行为违反了社会的一般规则：分配正义和矫正正义，从而被社会予以否定性的评价。而行为的违规是由于其主观心理状态上的可非难性或者说非正义性引起的，或者说行为人在思想品质上已出现有违社会公德的意念。因此，如果高校校园行为主体没有违反社会规则，无"过失或懈怠"，即为无过失责任，通常就不承担高校校园侵权行为责任。

另外，日本的教育法理认为：在高校校园中，高校确保大学生的义务主要体现在三个方面：一是事先提醒大学生注意安全；二是在教学过程中监督指导；三是侵权事件发生后的处理（紧急救护、及时告知等）。即事先提醒、事中监督、事后处理。而加拿大的教育法律也规定，高校事故责任承担的关键不在于高校方面是否应为所有大学生承担责任，而在于高校是否承担了对这种活动管理监督的职责。而且从其司法实践上来看，是从侵权行为的角度来看待高校校园事故，包括：细心父母原则、替代性原则、共同责任原则以及相应的操作性原则等。其中，主张高校细心父母原则，虽然不主张高校具有监护人的地位，但明确要求高校教师用审慎或像细心的父母对待其子女的关心态度来对待大学生。①

第三节 高校校园法律关系分析

研究高校校园侵权行为，是基于高校与大学生之间存在一定的法律关

---

① 吴振宇、王洪斌、刘明：《加拿大学校事故立法及启示》，《教学与管理》2002年第1期。

系，且法律关系主体中校方处于主要地位，这也是弄清我国高校校园侵权行为责任的前提和基础。因为，高校与大学生之间的有关法律关系的性质，决定着高校与大学生之间权利义务的内容，也是妥善处理高校校园侵权行为的法律依据。然而，从现实情况看，人们对二者之间的法律关系，认识上很不统一。不仅大学生及其家长，甚至高校校方对这一利益关系也持有不同的看法，而且学术界、司法界对此也各抒己见。这种理论上的不成熟，必然也导致高校校园侵权行为在司法实践上的困难局面。

一　国内外高校法律关系论述比较

此前，国外对于高校的法律地位相关论述较多，但各国因情况的差异，其法律基础和实践状况也大相径庭。仅就高校与大学生在法律关系上的界定问题，德国、法国两国相比我国的司法情况，有比较明确的规定。如德国以专门的《学校法》加以明确，并且德、法两国通过法律规定：公立高校为国家公务法人，规定其内部组织机构及其与大学生之间的关系都属于公法性质，整体上受公法调整。

与其相比，我国法律关于其公权的定性规定却很少，且仅有的规定也不具体，特别是高校与大学生之间的关系问题规定还远不如前面提到的法制国家明确。普遍认为，尽管有《教育法》《高等教育法》等多部法律规范高校的法律主体关系，但关于高校法律关系的定位仍然是模糊不清的，最根本的问题是只简单地将我国高校定位于事业单位法人，而对其相关主体地位的论述较少，导致现实中对高校的性质和法律地位难以判断。就像我国原国家发改委范恒山司长提到的："高校事业单位性质模糊、职能混杂、分布广泛、涉域交叉、利益关系复杂、责任边界不清等情况，使得高校事业单位的法律地位具有不确定性。"[①] 如在校大学生因考试舞弊被开除的讼案，除了2003年郑州市某基层法院受理并作出了高校败诉的判决，在全国引起轰动外，一些地区的高校采取了联合抵制司法部门的做法，使类似学生开除被法院否决的案件没有再发生。所以，我国现行法律法规对高校与大学生之间的法律关系不够明确，导致了人们在认识上的差异和司法实务处理上的困难。由此，我们认为，国外一些国家明确高校法律关系的法律实践和经验，很值得我们借鉴。

---

① 范恒山：《关于事业单位改革思考》，《学习月刊》2005年第2期。

二 特权型法律关系

在实践中，我国高校与大学生之间存在着具有特别权力因素的法律关系，持这种观点的人强调：国家法律法规赋予了高校在其职责范围内，有着行使教育、管理等职能，享有特定公权力，赋予了高校对大学生进行管理的职能，并有依法享有在其法律职能范围内自定规章制度、自主约束管理的公权力。这实际上是从法律上肯定了我国高校为保证其实现教育目标而对高校内部事务进行处置的"自治"权利。这种"自治权"赋予了它对校内事务做出自己的理解和判断，并有权在其受权范围内制定相应的行为规范制度。由于这一权力往往掌握在校方，大学生作为高校群体，管理上多是处于被动服从情况，因而造成高校与大学生权利义务的不对等，从而形成高校与大学生两个法律主体的失衡状态，我们称其为"特权型法律关系"。这也是基于国家授权高校特定的公权力，高校与大学生之间相应形成了行政主体关系，高校成为行政关系主体对大学生这一行政关系相对人有不对等关系的情况所致。如高校在对大学生作出行政处分等内部行政法律行为，与对大学生发放学位证和毕业证等外部行政法律行为时，多是按校方单方面的意见决定，特别是在教育部21号令颁布之前，大学生许多方面依靠校方分配，加之高校对大学生处分的申诉制度不健全，使得高校依据公法职能对大学生的有些行政决定，学生只有服从与容忍的义务。但随着国家法制的健全，我国司法审查已经对高校管理进行了有限的介入。较为明显的是自1998年田某诉讼北京科技大学文凭一案成功之后，标志着我国高校领域的"无讼"状态已成为历史，特别是新颁布的《规定》，明确规定了大学生对高校行政行为申诉制度之后，高校的特权性得到了法律的监督。

三 平权型法律关系

高校的平权型法律关系，是基于我国高校与大学生之间的平等民事法律关系作为主要法律关系而形成的。因为我国高校为非行政机关的事业单位法人，校方与大学生之间存在通常意义的民事法律关系。如高校与大学生之间经常发生的房屋租赁、财物借用、商品买卖、学费收支及校方侵权后产生的高校赔偿关系等，根据《教育法》第42条和第81条的规定，当学校侵犯学生人身、财产权益和其他合法权益时，学校应当承担民事赔偿责任。这实际上确认了高校与大学生之间的民事法律关系。在这种法律关系中，高校和大学生分别作为法人和公民而存在，他们作为平等的民事主体享有财产权、人身权、债权、知识产权等民事权利并承担相应的义务。这和我国高校特权型关系比较，高校对作为相对方的大学生并无支配、命令的权力，大学生也无接受、容忍的义务，而是以平等的民事主体的身份而存在。这在实践中，高校作为民事关系主体的一方，主要表现在高校对大学生的（1）公共财产管理；（2）学生公寓租用；（3）饮食商业服务；（4）校园伤害赔偿等情况，但在处理法律关系时，高校与大学生处于同等的法律地位，高校不享有特权，并表现为高校与大学生主体平等、权利义务平等、意志形成自由，即不存在一方面强制另一方为或不为一定行为的现象的特征。显然，高校与大学生关系为平权型法律关系。

四 我国高校与大学生的二元法律关系

另外，从现有法律法规情况分析，我国《民法》《教育法》《高等教育法》分别在第50条、第31条、第30条规定认定我国高校为非行政机关的事业单位法人。其中《高等教育法》已明确："以发展高等教育事业，国家和社会培养社会主义现代化建设人才为目的，在享有自主管理自身事务的权利的同时，还必须服从国家教育行政机关必要的领导与管理，并要执行国家的教育政策。"由此认为，我国高校不仅是享有民事权利、履行民事义务的普通法人，而且在法律规定范围内，有着行使教育、管理等职能，享有特定公权力，履行行政义务，作为承担行政责任的法人。这一规定，同时表明我国高校具有特殊的法律地位，使得高校在与大学生之间的法律关系中，主要存在着一种平等主体之间的民事法律关系，如高校与学生基于"合意"签订的协议、委托交费等。另一种是地位不平等主体之间的行政法律关系，如高校在对大学生的行政处分、毕业证和学位证颁发、学籍档案的管理等方面，都表明了我国高校这一特殊的行政法律关系。有的学者将高校与大学生之间的这种双重法律关系重新概括为"教育法律关系"。无论高校与大学生之间的关系如何定义，双方法律关系的存在客观上使得高校的学生事务管理不能排斥法治的介入。从行政法律关系讲，必须依法行政；从民事法律关系讲，合同双方必须平等履行各自义务。

由此认为，我国高校与大学生之间的法律关系是特权型和平权型法律关系的实际共存，这就是有人主张的二元法律关系，有学者将其与高校教育结合，称为教育法律关系，即包含教育行政法律关系和教育民事法律关系。这既能涵盖高校与学生之间法律关系的全部内容，也能涵盖中国现行法律法规所规定的高校对在校大学生的教育、管理和保护义务，因此，本书主张，二元法律关系的教育管理关系这一提法，具有更高的抽象性和概括性，因而也更具科学性和合理性。这显然又形成了在综合行政特权型法律关系与民事平权型法律关系的基础上，为强调高校的教育职能提出的新型法律关系。

第三章

高校校园侵权行为的归责原则

据上文分析，高校与学生的法律关系是一种二元法律关系，这种特殊的法律关系使高校校园侵权行为表现出不同的种类：一种是高校在平权型的法律关系中，也即在为学生提供服务和保护的过程中，侵犯了学生的民事权利；另一种是高校在特权型的法律关系中，高校在对学生进行管理的过程中，侵犯了学生的权利，这些权利包括民事权利和受教育权，并且主要是后者。而现行的侵权法只对民事权益受侵害的情况提供救济。因此，此部分也只对高校侵害学生民事权利的行为，进行归责原则的分析和讨论。对于高校在管理过程中侵害学生受教育权的行为，根据目前的制度设定：学生只能先提起行政诉讼，在法院裁定高校的决定不合法的基础上，按照申请国家赔偿的程序要求学校补偿学生因此而造成的利益损失。当然，在司法实践中，尚未出现学生在提起行政诉讼的同时要求高校赔偿的实例。因此，在这种情况下，针对高校侵害学生受教育权的行为，设立制度进行防范的意义，可能大于讨论如何进行救济的问题，在本书的第四章将会讨论此防范制度。

第一节 侵权行为的过错责任原则

《民法通则》第125条规定："在公共场所、道旁或者通道上挖坑、修缮、安装地下设施等没有设置明显标志或者采用安全措施造成他人伤害的，施工人应承担民事责任。"这表明我国高校校园的地面施工致大学生伤害侵权行为适用推定过错责任原则。这在《学生伤害事故处理办法》第9条第1款规定的"学校的校舍、场地、其他公共设施，以及学校提供给学生使用的家具、教育教学和生活设施、设备不符合国家的标准或者有明显不安全因素，给学生造成伤害的，学校应承担责任"中也有印证。

需要说明的是，"推定过错责任原则"是过错责任原则的一种特殊表现形式。它是在适用过错责任原则的前提和举证责任倒置的情形下，只要受害人能够证明所受损害是加害人的行为或者物件所致，就推定其主观上有过错。除非加害人能证明自己没有过错，否则应承担相应的民事责任。它免除了受害人对加害人的过错所承担的举证责任。受害人仅须证明加害人的行为或者物件与损害事实之间存在因果关系即可，而无须证明加害人主观上存在过错。如果加害人不能举证证明其行为与损害结果之间不存在因果关系以及不存在过错，那就推定其有过错，并由此而承担过错责任。因此，推定过错责任仍以行为人主观上有过错作为其承担民事责任的理由或标准，因而它仍属于过错责任的范畴。而在对高校侵权行为的责任认定中，大学生相对高校校方应被视为弱势群体，对一些高校侵权行为的责任推定显然也可以适用这一原则。①

至于实行举证责任倒置的法律适用问题，只有在法律进行明确规定的情况下才可以适用。建筑物或者其他设施以及建筑物上的搁置物、悬挂物发生倒塌、脱落、坠落造成他人损害的，它的所有人或者管理人应当承担民事责任，但能够证明自己没有过错的除外。在某些特殊情形下，直接从损害事实本身推定致害人有过错，无须受害人举证加以证明，致害人不能证明自己无过错的，应承担民事责任，如高校校园的建筑物上的搁置物、悬挂物发生倒塌、脱落、坠落造成大学生损害的情况等。

同时，我国法律对推定过错责任的免责事由作出了严格的限定，主要包括受害人的过错、第三人的过错、不可抗力等。如大学生校内自残、发生校内自然灾害，是高校方免责情形。另外，高校校园侵权方对适用推定过错责任的场合，行为人不承担责任就须自己负无过错的举证责任等。

第二节 侵权行为的无过错责任原则

无过错责任又称无过失责任，有的学者亦将其称为危险责任原则，是指在某些情况下，不论行为人主观上有无过错，只要其行为与损害后果间

---

① 刘庆、蓝日皎：《试论高校的教育侵权责任》，《教育探索》2014年第8期。

存在因果关系，并给他人造成了损害，就应承担民事或行政责任的归责原则。这种特殊侵权行为的法律责任一般有三个构成要件：（一）须有"侵权行为"的事实存在；（二）客观上造成了他人的财产或人身损害，且"侵权行为"与损害结果之间有因果关系；（三）须有法律的明文规定。也即在有法定侵权行为和事实存在的前提下，只要发生了损害结果，即使与行为人过错无关，行为人也要负民事责任，而不必考虑行为是否具有违法性，也不必考虑行为人主观上有否过错。如《民法通则》第106条对将适用无过错责任原则的具体侵权行为类型进行了列举，根据这一规定，适用高校校园侵权行为的民事责任主要包括以下几种情况。

（一）高度危险实验操作导致大学生损害的责任。如高校组织大学生在高压下的电工实习或做易燃易爆的危险化学实验导致的大学生伤害等。

（二）高校教工职务侵权行为。如高校教师在执行职务时侵犯大学生合法权益并造成损害的行为，主要包括师源性职务侵权行为等。

（三）饲养动物致大学生伤害的侵权责任。如高校保卫部门饲养的校园巡逻犬咬伤校内大学生。但在大学生返校、离校途中被饲养动物咬伤的，因其发生地不在高校校园，按有关规定应是不负侵权责任的。

（四）高校教学设备问题所致的侵权行为责任。通常是由大学生在校园内使用有缺陷的教学器材造成的大学生权益损害的情形。一般情况下，该产品的制造者、销售者应承担侵权责任，高校有过错的承担连带责任。

第三节　侵权行为的公平责任原则

在处理高校校园侵权行为责任时，同样适用公平责任原则，有学者又称平衡责任原则。这是指在当事人双方对侵权损害的发生均无过错，法律又无特定适用无过错责任原则的规定时，由法院根据公平理念，责令加害人对受害人的财产损害给予适当的补助，由当事人合理分担损失的一种归责原则。公平原则适用于既不能适用过错责任又不能适用无过错责任或者无法确定当事人过错的情况。本书认为，平衡责任原则其实也是无过错责任的一种特殊情形。主要表现为，行为人的行为给他人的人身、财产权益造成了侵权行为损害，但行为人和受害人主观上都无过错，也不属于法律明文规定适用危险责任的情况。这时如果让受害人自己承担全部损失，也有违法律公平、人道的观念。所以让行为人分担部分损失，从而实现社会正义，达到社会的和谐。这种基于公平观念的考虑而让行为人承担部分侵权责任的，就称为公平责任原则。

随着我国高校的发展，高校校园侵权行为的公平责任原则的适用范围还在不断扩大，这也是建设和谐高校校园的现实需要。公平责任原则正是基于这种和谐社会客观的需要，来调整高校校园侵权行为的责任划分问题。一般情况下，它根据我国高校实际情况，无过错方的高校作为当事人主动"分担"责任，这也解决了高校校园侵权行为在只有两个归责原则的情况下，一部分侵权责任归属无法确定的问题，从而对高校校园侵权行为的责任归属形成了较完整的归责三元论体系，这是确立公平责任原则的客观基础。

同时，要注意到，公平责任原则最初是在未成年人、精神病人致人损害的纠纷中逐渐产生和确立起来的。这种基于公平人道观念的考虑而确立的责任归属原则很大程度上缓和了人们之间的矛盾，维护了社会安定团结的局面。对于当前社会的某些不公平现象，特别是高校大学生作为校园中的弱势群体，在各方面均处于劣势的情况下，适用这一原则，有利于保护他们的合法权益，同时，也具有一定的维稳、减少高校集体性诉求发生的功能。但在我国高校的现实中，少数人人为地扩大这一责任原则的外延，譬如，某高校新生军训时猝死之后，家长对高校的高额索赔并无理取闹的行为，无疑也会给高校及社会带来一些负面因素。

第四章

高校校园侵权行为的教育保险救济与防范制度

第一节 国外高校教育保险救济的社会化状况

研究国内外高校校园侵权的救济方略可以不难发现，在近代先是由国家制定侵权法来调整，但这种调整在某种程度上有失公正和公平。特别是侵权人由于过失给大学生带来的伤害，导致巨额的赔偿和名誉的损失，往往使校方和教师很难接受。因此，必须寻求社会保障制度来进行协调。

国外的社会保障制度大都分为两部分，即全社会统一的保障性补救制度和有关高校校园内单行立法规制下的社会性强制保险制度。

社会保障制度是建立于凯恩斯的国家干预学说和福利国家的思想基础之上的一种制度安排，它通过政策弥补高校校园受害人的损害，为每个社会成员提供基本的生存保障。由于这种制度性安排不考虑损害的原因和个人的侵权责任，只着眼于对受害人的救济，较之侵权的损害赔偿，它更深入地体现了分配正义，因而突破了侵权责任的调整范围，给侵权法的理论和实施带来了较大的冲击。另外，它的运行成本也比侵权诉讼低得多，因而受到许多国家的高度重视。

校园责任保险首先出现于法国，有关立法经过自身的发展和实践的检验，最后确立了公立学校教师的民事责任由国家代理的制度，出现校园学生伤害事故后由国家理赔。该制度安排减轻了校方和教师突发性的经济重负，减少了诉讼的时间和成本，因而受到校方、教师和学生的欢迎。其后为德国等欧美各国所仿效，发展十分迅速。

在日本，用福利的形式解决高校校园侵权赔偿问题，也被认为是成功的范例。它实行的保障制度涵盖了国家赔偿和社会保险两方面。日本的教育法学认为，国立高校和公立高校的经营管理是代表国家行使公权，在其教育教学活动中侵犯了大学生的合法权益而造成损害的，应适用国家赔偿法。另外，日本还建立了非营利性的全国社会保险组织——学校健康会。该会由日本文部省牵头，绝大多数高校都自愿入会，并按比例缴纳一定金额的保险费。因高校校方或教师过失导致学生身体伤害时，这一保险组织将负责理赔。

加拿大教育归各省负责，因而侵权赔偿亦只能在省一级范围内进行保险理赔。它们采取全省范围的集体保险方式向高校筹集社会保险基金，也就是高校向教育保险公司投保，出了侵权伤害事故后由教育保险公司理赔。

在德国，法律规定，所有高校发生的灾害，都被看作劳动灾害保险法上所定义的劳动灾害。以校内、上学放学路上、校外活动中的各种灾害为对象，以各高校归属管理的各级地方政府的保险工会为保险者，进行包括致残抚恤金在内的保险支付。

从以上各个国家高校教育保险救济社会化实施的情况来看，日本由于其经济发展的速度较快，社会福利的范围较广，在高校侵权损害赔偿方面实行了国家赔偿和社会保险组织理赔两条腿走路的制度，这种做法比其他国家的单一理赔方式更为先进，更值得我国在探讨高校教育保险救济社会化机制方面进行参考。

第二节　探索我国高校校园教育保险救济制度

在高校扩招后，由于实行收费教育，家长和大学生的维权意识普遍加强，高校校园侵权行为事件不仅绝对数增大，就是相对数亦有所增加。为避免这种尴尬局面，一些高校因噎废食，片面采取消极的预防手段：不仅正常的教学内容采取变通办法，就是体育课，也是怎样保险怎样上。例如，能促进身体全面发育的游泳活动基本取消，使得大学生们基本上都是"旱鸭子"，缺乏保护自己和救助他人的技能；不准师生组织春秋游或户外大型活动，怕发生交通事故或意外。由于缺乏必要的锻炼和活动经验，造成学生的身体素质和心理素质普遍较差，因而更容易发生事故，并由此造成恶性循环。这显然和国家大力提倡高校大学生素质教育的要求相矛盾，也不利于高校的长足发展。

教育部 21 号令《学生伤害事故处理办法》明确规定：学生伤害事故学校应承担的责任由高校自行承担，赔偿金的来源以高校自筹为主，主管部门或高校举办者协助筹措为辅。特别是在《侵权责任法》颁布实施后，更是明确了高校在侵权行为中的责任承担，这样就使得高校在大学生伤害事故中的地位更加被动。加之我国高校校园教育保险起步晚，制度还很不完善，因此，借鉴发达国家在处理高校校园侵权行为方面实行教育保险救济社会化的经验，无疑是非常必要的。

为此，根据《国务院办公厅关于将大学生纳入城镇居民基本医疗保险范围的意见》（国发〔2008〕119号）和《中共中央国务院关于加强青少年体育增强青少年体质的意见》等有关规定，按照构建社会主义和谐社会的总体要求，建立和完善多层次基本医疗保障制度，建立了以住院统筹为主的大学生基本医疗保险制度。这使一些高校相继建立了校园意外伤害保险制度，并有少数高校推行了向政府购买城镇意外伤害责任险保险制度，取得了一些成就，但由于其保险制度不完整，保险的范围和力度有限，不能从根本上缓解高校校园侵权行为带来的困扰。为此，本文参照一些国家的成功做法和我国一些地区在建立教育保险机制的有效做法，提出以下思考意见。

（一）建立国家高校校园侵权行为赔偿准备金体系。即通过立法形式，以省为核算单位，采取政府拨款、社会捐资、高校集资等多渠道筹集资金，集中起来，统一使用。并考虑在赔偿准备金体系中，拿出部分资金建立统一的高校责任保险金，统一向商业保险公司投保高校责任险。

（二）明确要求以高校为单位参加责任保险，鼓励在校大学生参加个人人身保险，并适度考虑特殊大学生的情况，并以区别对待，如要求体育生、野外实习生必须交保险，一定范围的贫困生缴纳保险金减免等。

（三）组建专业的高校校责任保险公司，实行在校大学生团体保险，以减少营运成本和管理费用，提高保险金的使用效率。

总之，建立完善的高校教育保险救济体系，可以有利于高校校园侵权行为的处理，也有利于保障高校师生的合法权益和社会的稳定，这为最终实现高校和大学生的和谐相处提供了有力帮助。

第三节　建立大学生健康档案，落实安全教育

建立学生健康档案制度，对特殊体质和异常心理状态的大学生要给予特别的关注。对个别继续留校学习可能存在较大安全隐患，而学生和家长又强烈要求继续学习的大学生，可采取与家长签订安全责任协议的形式来明确责任，减少高校侵权行为的责任风险。同时，要求家长积极关注孩子的健康成长。为了避免校园伤害事故的发生，高校要及时与家长进行沟通，高校要准确掌握各大学生家长的有效联系方式，一旦大学生发生诸如未经允许擅自离校，在学期间生病或体检患有疾病，行凶或人身安全受到他人威胁，有抑郁、精神疾病、自残、自杀和伤害他人的明显征兆等情况，高校（辅导员）应该及时通知学生家长，做好相关工作，并作好相关情况记录。

另外，设置高校校园安全教育课程。一方面，将大学生维权教育列入高校必修教学内容，组织师生系统学习国家相关法律法规，特别针对各自高校的不同情况，高校相关人员要系统性地向大学生讲解我国法律法规关于对高校维权方面的知识，如对高等教育法、突发公共事件应急条例、普通高校学生管理规定、学生伤害事故处理办法等相关条款的理解，明确高校师生的责任、权利和义务，依法施教。同时，充分考虑大学生独立性、选择性、多样性、差异性的特点，特别是对那些活泼、好动贪玩、容易冲动的大学生尤要充分关注。强调高校要求教师在传播文化科学知识的同时，也要加强大学生法律教育、安全教育及心理健康教育，让大学生提高自身的免疫力并能利用合法渠道保护自身的权益；另一方面，利用多种途径完善教师人格，引导教师在尊重、信任、宽容大学生的条件下严格要求大学生，为大学生创造一个宽容和谐的学习环境。

第四节　建立健全依法治校的管理体制

在构建和谐社会主义社会新的历史时期，依法治校是我国高等教育在当代法治社会的必然选择。它要求高校应当奉行法治观念，也就是说要根

据国家的教育法律、法规以及大学自身制定的规则管理高校。高校内的公共权力的行使都要有法律依据，高校违法办学、滥用办学权必须承担法律责任。为此，本书提出实施依法治校的几点具体措施。

（一）提高教育立法质量，完善教育法律体系。促使教育法律更有科学性、正义性、适应性、可操作性、统一性和协调性。

（二）不断提高对构建和谐高校校园和依法治校关系的认识，深入加强教育普法工作，增强社会公众特别是高校领导、教师、大学生、大学生家长等人的教育法治观念，确立依法治校的科学理念。

（三）依照法律、法规把大学管理工作纳入法制化管理轨道，积极开展法制教育活动。

（四）加强民主管理和健全监督机制，实行高校校务公开制度。

（五）加强机构和队伍建设，不断完善教育执法力度，包括教育行政处罚、调解、申诉、行政复议、行政诉讼、执法监督等各项内容。

（六）建立高校校园法律援助机构。一是多渠道筹措资金、广泛吸收优秀高校校园法律志愿者；二是从立法上明确高校校园法律援助机构的地位；三是建立高校校园法律援助机构的自律协会，促进各法律援助机构之间的交流合作。

第五节　努力构建安全和谐的校园环境

高校校园是大学生学习和活动的主要场所，学校的管理和安全直接关系大学生的切身利益。作为高校，应该把安全工作放在重要位置，强化对高校设备、设施、场地的管理，及时发现并消除校园内部存在的安全隐患，有效杜绝校园事故的发生。同时，加强大学生对法制、安全知识方面的教育，提高大学生的安全意识和自我防范能力。特别是要加强对溺水、中毒、建筑物倒塌、交通事故、治安事故等的防范。

同时，高校要建立通畅的信息渠道，及时掌握大学生动态。建立完善校内各安全规章制度，建立校园安全隐患排查机制，并帮助本校教师通过有关讲座、实地训练、对伤害事故案件的讨论及法庭旁听等方式来提高教师保护学生不受伤害重要性的认识，以及对各种可能造成高校校园侵权行为的因素采取有效的应急处理措施等。

第六节　深化研究高校校园侵权行为制度预防

"高校校园侵权行为与制度预防"是一个长期研究发展的课题，特别是在目前社会普遍对高校校园内侵权行为的理解与预防救济措施还缺乏系统的、科学的认识的状况下，应该加大对其相关领域的研究。加之高校本身发展迅速，体制和层次多样，为此，高校应不断提高校园广大师生对高校校园侵权行为自我预防和应对的能力。同时，针对目前这一领域的理论需求，在近期内，我国教育界、司法界应重点解决以下问题：一是明晰我国高校法律；二是构建我国高校依法治校的管理体制；三是减少高校暴力事件发生；四是预防在校大学生犯罪；五是提高高校危机处理水平；六是做好高校校园集体性诉求的预防与控制；等等。

第五章

完善高校校园权益保护的法律援助机构

随着我国经济的发展和民主法制的推进，特别是国家全面推进依法治国、出台《中共中央关于全面推进依法治国若干重大问题的决定》以来，社会各领域都在接受法治的考验，高校校园也不例外，更加强调依法治校。① 但由于长期以来高校以行政关系为主导，校园管理法制化的进程相对于其他社会行政区域薄弱，使得高校校园的法律援助建设滞后于社会的发展，无法适应依法治校、维护校园师生权益的时代要求。②

我国的法律援助模式主要是以政府法律援助行为为主导，以基层组织自愿行动为补充，作为国家法律援助制度的重要社会组成部分和必要补充，基层法律援助机构的地位和作用越来越受到关注。高校校园内的法律援助机构作为社会基层法律援助机构的一支重要力量，在我国法律援助制度和体系的建设中理应发挥日益重要的作用。本章拟对我国高校校园法律援助机构的现状、特点及面临的问题进行深入探析，力求提出完善我国高校校园法律援助机构的相关机制，以促进我国高校校园维权法律援助机构的不断完善。

第一节 我国高校师生法律维权援助机构的现状

我国政府法律援助体系是从 1994 年起才开始着手组建的，1995 年初，广州市率先成立了首家政府法律援助机构，紧跟着全国各地区域政府组织都开始相继组建地方性的法律援助机构。据 2015 年 9 月 17 日召开的

---

① 中共中央宣传部：《习近平新时代中国特色社会主义思想学习纲要》，人民出版社 2019 年第 1 版，第 98 页。

② 林莉红、黄启辉：《论法律援助》，《社会科学战线》2003 年第 6 期。

全国法律援助工作电视电话会议的官网报道：中央财政加大对全国地方法律援助的财政拨款，截至当年，全国已有91.4%的地方将法律援助业务经费纳入财政预算，23个省（区、市）建立了省级法律援助专项资金，22个省份调整了办案补贴标准，2014年各级地方财政共投入法律援助经费12.9亿余元，是《法律援助条例》颁布前的9倍。其五年内全国法律援助经费总额达到70.4亿元，其中财政拨款为68亿元，年均增长15.2%。① 显然，2003年9月1日《法律援助条例》的施行标志着我国法律援助正式进入了有法可依的轨道，发展到现在，随着国家的不断重视，我国的法律援助体系的建设发展迅猛。

作为我国法律援助体系组成部分的高校法律援助机构，在政府部门的法律援助机构建立之前，随着社会基层法律援助组织的产生，就已经出现了，并且随着高校的发展，在维护高校师生权益方面发挥着越来越重要的作用。回顾高校法律维权服务机构的发展，早在1992年5月，"武汉大学社会弱者权利保护中心"作为第一个高校校园内的法律援助机构成立，在随后的几年内，以高校为依托而建立的基层法律援助机构如雨后春笋般诞生了。比如，北京大学在1992年12月也成立了"妇女法律研究与服务中心"，致力于专门从事妇女权益问题研究和对北京大学的女性师生提供法律援助服务；随后，在华东政法学院于1997年成立了"华东政法学院法律援助中心"，接着清华大学、中国人民大学、中国政法大学、复旦大学、西南政法大学、中山大学、中南财经政法大学、西北政法学院等高校也纷纷成立了自己的校园师生援助机构。这些高校校园内的法律援助机构作为我国基层法律援助机构中的排头兵，在一定区域内发挥着并不亚于政府社区法律援助机构的作用，并在维护高校师生权益方面做出了不可替代的贡献。特别是在高校出台16号文件《规定》之后，高校师生维权意识普遍增强，这无疑大大地促进了高校校园法律援助机构的发展，并进一步落实2019年全国高校教育工作大会制订的高校校园依法治校的发展计划。

就调查了解到的高校校园法律援助机构提供的法律援助实际作用来看，大多是帮助学校师生回复法律信件、提供法律咨询、办理非诉讼代理及诉讼代理等活动。日常的具体事项多是和政府法律援助机构承担的援助

---

① 本报评论员：《1994—2004法律援助，走过十年》，《中国妇女报》2004年12月28日第1版。

事项相同，有的是根据自己组织的专项领域特点来确定的，可以和政府法律援助机构互为补充，因此，总的功能目标还是保护高校自身及广大师生权益，在维护高校校园安全稳定、提供日常法律服务等方面发挥着作用。

第二节　我国高校师生法律维权援助机构的表现特征

高校校园法律援助机构与区域社会政府设立的法律援助机构相比，由于依托了高校特有的资源、集合了高校人才，特别是优秀法律专业人才和相关理论支撑，显然具有自己的独特性。

一　高校法律援助机构组织的人才优势明显

高校校园法律援助机构是依托于高等院校丰富的法律资源而建立的，更具有人力资源管理的优势以及知识优势，也有着较高的社会信誉和校本优势。首先，高等院校特别是含有法律专业的院校系拥有众多长期从事法律研究教学的专家学者，并且拥有长期的教学与实践，其中不乏从事兼职法律工作的律师或挂职到公、检、法等司法实务部门工作的专业人员，他们既有着扎实的理论功底，又有着丰富的法律实践经验，其人员群体可以作为法律援助机构的坚强后盾，特别是对重大影响的案件和疑难案件不仅有研究平台基础，而且还可以亲自处理；其次，高校还拥有大批热情洋溢愿意充当法律援助志愿者的高素质的青年大学生，他们中有些已经有过了多年的理论学习积累，已熟悉一般法律知识，经过相关的培训或实习后，在有关人员的指导下，完全可以担当起日常或简单的法律援助责任。因此，有丰富的人才资源以及法学专家的背后指导，再加上高校校园作为相对独立于社会的象牙塔，其公正无私无畏的形象和淳朴、笃学的校风使得高校校园法律援助机构在社会上享有较高的信誉。

二　高校法律援助机构的相对独立性明显

相对一般区域社会政府部门设立的法律援助机构而言，高校校园法律援助机构相对具有一定的独立性。其机构也可能有自己灵活的运行机制，加上其校园开放性的思维，完全可以独立地根据自身组织的宗旨确定自己的法律援助对象和服务范围。由于高校校园法律援助机构同样也属于社会基层法律援助机构，尽管其资金来源和管理上都有独立于政府部门的情况，且与区域政府之间不存在领导与被领导的关系，其运行也无须像政府组织那样按照严格的程序要求，所以，在实践中，它们可以在国家法律法规规定的范围内，自行规定自己组织的章程，灵活设置自己的工作机构，而且可以根据各自高校法律援助机构的特点来确定法律援助的特定对象和范围。同时，其提供法律援助的方式和服务重点也可以是多种多样的，并且可以随情况的变化而灵活变换。无须像政府区域法律援助部门那样必须受到受援助对象或体制机制的限制，而"一刀切"地来确定援助的范围。

三 高校法律援助机构依托高校教学研究平台

高校校园法律援助机构通过"教学—实践—科研"一体化的模式，有利于促进相关教育教学改革，比如法律理论与实务教学的创新与发展，有利于培养高素质的法律人才，服务于社会。当前，许多综合性的高校如北京大学、武汉大学、清华大学、人民大学、中山大学、复旦大学、四川大学、华东政法学院、西北政法学院和中南财经政法大学等在社会资助基金的赞助下都相继开设了类似法律问题诊所的课程，并将其与法律援助服务实践紧密结合起来，使得教学相长，理论与实践紧密结合，一方面通过创新教学培养了法律人才，为广大学子提供了一个及时方便的亲身实习的机会；另一方面通过广泛参与的实践活动为社会提供了更多的法律援助，进而服务广大在校师生。这些从理论和实践上都推动了我国法律援助事业的进步和高校师生的维权行动。

第三节 我国高校法律援助机构面临的问题与挑战

虽然高校校园内的自建法律援助机构具有一定的优势，并将在今后的校园法治建设与现代化进程中发挥重要的作用，但就目前现存机构的实践来看，我国高校校内法律援助机构的发展尚存在以下问题与挑战。

一 高校校内师生法律援助机构法律定位的缺乏

虽然国家自2003年9月1日开始施行《法律援助条例》，标志着我国的法律援助从最初的无法可依、自行其是的无序局面步入了合规法治轨道，但对于基层法律援助机构法律地位的具体细化规定却未出现，其中对我国高校校园专门性师生权益保护的法律援助机构的规定更是一片空白。找寻相关依据，仅有《法律援助条例》在第（7）、（8）条规定的"国家鼓励社会对法律援助活动提供捐助""国家支持和鼓励社会团体、事业单位等社会组织利用自身资源为经济困难的公民提供法律援助"等相对概括性的支持鼓励条款，而对于基层社会，包括社会团体组织的自行法律援助机构的注册、管理、资金来源、社会保障等相关定性事项并没有具体的规定，使得我国高校内设立的法律援助机构虽然数量逐年在增加，且大量从事着法律援助工作，但从规范和法律定位角度来看，我们认为高校是在替区域政府行事，现有的高校法律服务机构本身却在法律上处于一种尴尬的地位。

从成立的历程来看，现有高校内法律援助机构最初一般都是作为学校社团或兼职的校园群众性法律咨询、工会为本校师生维权等组织形式而成立的，并非都是经过注册登记的社会团体，但也有完善了社会注册的相关组织在高校存在，如"武汉大学弱者权利保护中心"就是我国第一个在国家民政部门登记的高校校园法律援助机构，但未经登记注册的高校校园法律援助机构仍占多数。由于国家登记注册的法律法规还不完善，使得从事法律援助的高校法律服务志愿者进行诉讼代理时究竟应该以组织的身份还是以个人的身份在实际上难以确定，一般认为，作为专门从事法律援助的组织，当然是应该以组织的名义从事法律援助更为合适，然而由于该组织并没有经过登记，导致在实际操作中志愿者在从事一般的法律咨询、代写法律文书方面尚没什么问题，但是在对外诉讼代理以及诉讼代理的调查取证过程中问题就很大了。所以，现在一般法院、检察院对高校校内自办法律服务志愿者代理诉讼的资格并不认可，大多社会团体组织单位对高校校内法律援助机构的调查取证也以缺乏法律依据为由拒绝配合。这些都从一定程度上打击或制约了我国高校校内法律服务志愿者的热情，也阻碍了高校校内法律援助机构的向前发展。

二 高校校内法律援助机构缺少稳定的资金来源和制度保障

由于我国各地经济发展的不平衡，一些地区政府部门支持的官方法律援助机构尚存在资金短缺的问题，更不用说靠政府来保障高校校内专为师生提供法律服务的基层法律援助机构的经费了。然而，一般的高校校园法律援助机构往往是作为一个基层的公益性组织,属非营利性机构,对于资金向来不够的高校也难有较大的经费投入,因此在它们的发展中多半没有稳定的资金来源,而国家,包括高校在内,目前还没有形成一个系统的、稳定的社会捐助机制。高校自身的相关经费预算也没有制度支持,所以我国高校校园法律援助机构普遍面临着缺少充足、稳定的资金来源的问题。这导致当前大多数高校校园的法律援助机构都是由社会企业资金赞助的,在实践中,由于社会自主赞助的暂时性和不稳定性,高校校内法律援助机构自身又缺乏机动活力,所以资金来源问题成为制约高校校园法律援助机构进一步发展的瓶颈。

也是由于资金的缺乏,使得高校校内法律援助机构的发展普遍受到了限制,甚至导致某些高校校内师生维权的法律援助机构在硬件设施的建设中都捉襟见肘,有的连办公经费都存在问题。同时,资金的缺乏,也难以保障法律援助工作者的待遇和福利,导致高校校内法律援助机构支撑人员的流动性很大,现状又很难吸引到能够长期留守组织的优秀的工作人员和能坚守的志愿者。

三 高校法律援助机构的相对独立性导致对外交流不够

由于对我国高校校内法律援助机构的政策理论支持不够,机构相互之间缺乏必要的合作与交流。目前,有关高校师生法律援助机构的理论研究非常薄弱,可参考的理论文献也极为有限,国内可借鉴的成功模式难找,这不利于高校校园法律援助事业的发展。同时,法律援助机构间也缺乏有序和主动的互动,据走访情况反馈,各高校法律援助机构多是在高校工会或其他高校二级单位下的群团组织,自主性不够,基本是单打独斗,更是造成了各个高校相关机构的封闭发展。①

从欧美一些发达国家的相关情况看,某些拥有法律专业人员的基层组织、法学院开展法律援助工作,多是被纳入政府法律援助体系当中的,且政府常年支持不同的法律援助机构之间可以开展经常性的交流与合作,鼓励实现相关组织之间的资源、信息共享。但在我国,由于高校校园法律援助机构从资金到人员的组建,完全是独立于政府部门的,所以高校校内法律援助机构基本上都属于自律性的组织。目前,根据其成立时的具体情况

---

① 宫晓冰:《中国法律援助制度培训教程》,中国检察出版社 2005 年版,第 73 页。

不同，有隶属于高校工会或保卫处的，也有专门服务学生而隶属学生处、团委、相关法律院系或者校属律师事务所的。其独立性决定了至今尚无一个对所有高校校内法律援助机构进行统一监督管理的机构，而我国高校法律援助机构中也没有形成一个自律的加强合作与交流的协会平台组织。而我国在建立法律援助制度之初，考虑《法律援助条例》出台前夕统计测算全国各级法院每年审理的案件中需要提供法律援助的超过70万件，而实际提供的援助量不足1/4的现状就提出：应当重视和加强对社会法律援助机构的管理，加强工作指导和监督，明确设立法律援助机构的条件和接受业务指导、监督的关系。但高校由于管理上的相对独立性，没能有效地落实和引起重视，所以目前各个高校校园法律援助机构各自为政的局面也是制约高校校园法律援助机构发展的原因之一。

第四节　完善我国高校校园法律援助机构的措施

从我国目前司法实践来看，仍然是法律援助存在个体维权需求量大与社会资源供不应求的矛盾突出，[①] 尤其随着我国高校国际化发展进程加快，高校师生主动维权意识提升，高校校园法律援助机构仍存在巨大的发展空间，使得越来越多的高校校内法律援助机构不断涌现，这就要求我们要不断加强对高校法律援助相关理论的研究与实践。经多年的国内外高校相关机构发展比较研究，高校法律援助机构的推进措施需要从以下方面来着手。

一　多渠道保障资金、广泛吸收优秀志愿者

借鉴西欧及其他一些相关国家成熟的法律援助的经验，我们要积极拓宽高校校内法律援助经费的社会捐助渠道，广泛吸收社会资金和其他资源，逐步推动争取以地方政府投入为主、学校投入与社会捐助相结合的多渠道高校校内法律援助经费保障机制。

由国家政策经费作为法律援助的主要承担者是世界各国的通行做法，

---

① 据统计测算，近年来全国各级法院每年审理的案件需要提供法律援助的超过70万件，而实际提供的援助量不足1/4。

无论是发达国家还是发展中国家，其法律援助绝大多数都是由政府拨款的，包括高校校内法律援助机构在内的区域性或特定对象的服务组织也应得到一定政府的拨款支持。所以，我们国家不能仅对社区性普设法律援助机构予以财政保障，而且对基层自发设立的高校校内法律援助机构也应予以财政上的鼓励与部分资助，因为不论是官方法律援助机构，还是基层法律援助机构，它们所承担的法律援助的职能都是一样的。当然，政府可以评判或审定高校校内法律援助机构的必要性和合理性。此外，高校作为高校校内师生维权性法律援助机构的依托方，理应保障对该组织长期支持和相关保障性投入，故也应该从资金方面予以一定投入，以校内政策支援其发展。

鉴于目前我国许多高校校内法律援助机构的设立都受到社会不同程度的支持和赞助，所以应出台政策大力支持和鼓励社会团体、事业单位等社会组织利用自身资源为高校校园法律援助机构提供法律援助，并从政策、规划上对其进行科学引导。同时也要积极关注、防止和消除社会资助商品化等因素可能导致的消极影响。从近年来的实践看，尤其是要高度防止一些高校校内法律援助机构受到境外组织不良资助，或假借资助之名干涉高校的正常管理，这里，校方作为法人主体，更要权衡利弊，做好日常的慎重引导。

此外，对于高校校内法律援助机构的人力资源管理方面，虽然高校校内法律援助机构的成员一般会选择素质相对较高的专业人员，他们有着全心全意为师生服务和强烈的责任心，但由于其自身组织的特点也决定了其人员的流动性较大，不利于组织的稳定。所以，高校校内法律援助机构还应从人力制度上给予相对稳定的设置或从社会上吸纳一部分专职志愿者，以保障高校法律援助机构的连贯性和稳定性。

二　通过促进相关立法来明确高校校内法律援助机构的法律地位

如前所述，《法律援助条例》仅原则性规定了鼓励社会组织利用自身资源开展法律援助活动，而对我国高校校内的师生专门性法律援助机构这类社会群体内法律机构应该如何定位，在国家法律援助事业中应当扮演一个怎样的角色，政府应当如何真正对其进行规范和指导，法律并没有明确的规定，导致许多高校校内的法律援助机构成立后无法登记注册，其在从事对校内师生权益保护的法律援助时的地位也无法得到相关部门的承认，限制了其进一步的发展。故国家应明确指导思想和原则,并制定相应的具体法规,对高校校内组织参与法律援助活动的行为加以规范,同时,规定从事法律援助活动的高校校园组织和从业人员的准入条件。并鼓励有条件的高校组织不局限于政府规定的法律援助对象、经济标准、范围,从而充分发挥基层法律援助机构的辅助作用,以此扩大社会法律援助的覆盖面。从另一个角度看,也是通过对高校校内法律援助机构的具体定位,使其取得法律上的资格,避免在法律援助中处于尴尬地位。[①]

三 高校法律援助机构组织应走出去广泛学习交流

要建立高校校园法律援助机构的自律协会交流平台,促进各法律援助机构之间的交流合作。党的十九大以来,特别是最近召开的全国教育工作大会和党的十九大四中全会强调的加强社会法治建设的要求,各大高校也开始加大校园法治建设步伐,致使目前高校法律援助机构也如火如荼地开展了法律援助工作。我们可以充分利用这一时机,设想建立类似于高校保卫研究协会、律协等的高校校园法律援助机构协会,协会是属于高校法律援助机构自律的协会,凡是高校校内法律援助机构的成员都是协会的会员。比照律协做法,协会的工作包括对高校校内法律援助机构的志愿者的定期培训,组织开展对高校法律援助相关机制的理论研究,促成各高校法律援助机构之间以及高校法律援助机构和其他基层法律援助机构、政府法律援助机构间的合作与经验交流,鼓励它们互通信息,实现资源共享,以此,从整体上促进我国高校校内法律援助事业的发展。另外还要鼓励更多的高校法律院系通过开展面向社会区域性法律援助对象的"法律诊所"式的教育模式,组织、引导在校学生,开展咨询和非诉讼代理等与其专业知识能力、素质水平相适应的社会法律援助活动。这也为开拓综合性高校的学生实践性教学,特别是法律类院校在校学生的法律执业技能和职业道德培养提供了新渠道,从而进一步推动我国社会法律援助事业的可持续发展。

---

① 沈红卫、张妹:《高校法律援助机构教育功能实现的障碍及消解》,《中南林业科技大学学报》(社会科学版) 2010 年第 1 期。

第五节　高校在校大学生的犯罪预防与教育对策

随着高校的扩招，在校大学生占比的增加，大学生犯罪已不再罕见，且犯罪人数近年呈逐年上升趋势，成为社会普遍关注的问题。据相关统计，在 20 世纪，大学生在校打架引发事件导致的大学生犯罪情况突出，其中大学生群体斗殴尤为突出。而在高科技日益发展的今天，特别是全球网络的普及与快速发展，利用互联网犯罪现象更加突出，对应高校特点，大学生利用自身的专业知识进行智能犯罪现象越来越多，且相对其他类型犯罪情况，对社会的危害也越来越大，严重影响着高校的发展，同时给党和人民造成损失，也阻碍了我国正常的社会主义现代化建设进程，这显然违背了高校教书育人的理想初心。正如思想家苏霍姆林斯基总结的那样：高校如果将一个无知（犯罪）的人送到社会，就是给社会增加一个危险分子。因而高校如何预防和减少大学生犯罪，如何做好在校大学生遵纪守法的教育工作，是决定党的十九大提出的努力建设中国特色社会主义伟大事业成败的重要工作。

一　高校在校学生犯罪类型及其成因分析

（一）外部因素

主要是受到国际不良因素的干扰影响。一是少数心存邪念的资本主义国家企图用"糖衣炮弹""助学活动"思想来摧毁我们的人才基地。他们利用各种互联网设备、无线电广播等高科技手段不断腐蚀在校大学生。二是由于高校全球化进程的扩大，许多资产阶级腐化生活方式的侵蚀。三是以美国等在世界推崇的所谓"人权"幌子下的"歪理邪说"（如"法轮功""东突"和"台独""港独"思想）也蠢蠢欲动，无时无刻不在丑化人们美好的心灵（如 2014 年发生在内地某高校的"1402 案件"，6 名在校新疆籍学生与境外人员勾结在一起准备在某市制造恐怖活动，受到法律的惩治）。从国内不良因素影响来看，由于我国是由半封建半殖民地社会直接过渡到社会主义社会，封建腐朽没落的思想在一定范围内还存在，青年本位与讲社会江湖义气等一些陈旧的不良社会习俗也在当代大学生们身上有或多或少的表现。另外，部分高校的思想教育工作实效较差，学生思政、学科思政、课堂思政及环境思政等教育跟不上形势发展的要求，政治意识不够，法律观念单薄。[①]

（二）内部因素

内因是事物发生质变的本质因素。就大学生自身而言，独生子女占多数，在家里得到的是百般呵护，加上从小应对高考压力，没有重视社会常识及德育方面的教育。即使他们偶尔有什么大逆不道家长也会宽恕他们，这样，家人从根本上忽视了孩子的社会适应性教育。因为，在一些传统的家庭教育观看来，教育是学校的事，家长既然把学生交给学校，就应该由学校来管，自己不再受教育责任的约束。但在一般学校，教师受到"升学率"目标的影响，即大多是以学校赖以生存的升学率这一"生命线"为目标，致使学校一味追求文化理论的教育，而往往忽视了对学生的品德教育。而学生却在学校和家庭的双重压力和安排之下，天天处于学校全封闭的管理而被动地接受教育，避开了一般的社会经历与洗礼。却不知，他们的社会知识几乎是一片空白。在类似情况下成长起来的学生，如果脱离了学校这把保护伞，他们将面临"飓风暗礁"的冲击，而这些手无"缚鸡之力"的学生必将接受社会严峻的打击和考验。特别是当他们进入大学这个知识性更强、自由度更高的区域社会时，被现在高科技的网络和来自社会的各种错误思潮所诱惑，就有可能做出一些令人意想不到的事情。另外，在家庭与学校包办成长起来的大学生们，大都没有经历过自己独立思考与社会的磨难，很多人在家里娇生惯养，心理上往往思想狭隘、自私、任性、唯我独尊、好占上风等扭曲的性格容易形成，再加上他们辨别是非和自我控制能力的脆弱，极易形成是非不清的错误观念。

二 高校预防大学生犯罪的教育策略

我们从事教育的人有一句俗语，"人在最不成熟的时候做最关键的选择"，说的是大学生在生理阶段正处人生最不成熟的时期，但往往承担人生最关键的人生选择。虽然人们往往把它说成是和人生开的必要的玩笑，但实际上是说大学阶段认识的重要性。从当前看，做好遏止大学生犯罪的教育工作，面临的形势是非常严峻的，这需要全社会的参与和综合治理。

---

① 孙朝霞、袁忠丽：《当前我国大学生犯罪的成因、特点及对策》，《黑龙江政治管理干部学院学报》2017年第4期。

从高校教育职责来看，高校作为大学生成长的摇篮，与大学生的特殊关系使其在做好这项工作中具有特有的责任与明显的优势。因为从大学生成长的自身经历看，大学是其走向社会的人生前站，是其科学认识社会、促成其成长成才的加工厂。对一个受到过良好教育的人来说，进入大学将是继初等教育之后的延续和提高，也是对他们前期不良因素的必要矫正和思想教育缺陷进行有效弥补。了解到高校在大学生身心健康发展历程中的重要作用之后，完全可以利用高校的自身优势塑造他们的先进灵魂，培养其良好的道德品行，矫正他们在人生发展中可能出现的缺点和错误，通过管理工作从教育规划上切实做好减少大学生犯罪的教育工作。目前，从高校遵从的一般性社会规律来看，大多应从预防、惩治、帮教三个方面进行教育管理工作。

（一）预防

对于高校来说，以培养社会主义接班人为基本目的，是本职中的本职。习近平在高校职能上，对培养什么样的人，作了前所未有的明确与强调。为此，高校在针对性教育方面，一是预防外界不良信息入侵校园，即要加强对校园文化（电脑、音像、书籍等）的管控，强化高校教师队伍的思想文化素质和道德水准要求。二是加强对"群体而共之"的控制，调节好校园内各群体包括老乡群体、利益共同体在内的矛盾，并从实际着手，照顾少数特殊群体，包括因民族因素照顾入校的地区差异学生群体在内的学生生活和学习。三是强化高校教育职能，加强对大学生的思想政治教育。对大学生进行必要的文化教育的同时，更要注重思想道德教育。充分利用大学的特殊环境及大学生选择性和课余时间多的特点，做一些有针对性的帮教工作。譬如，有针对性地开设《大学生道德思考》《大学生人生规划》《中国传统文化》等学生自愿接受的选修课以提高大学生自身修养，以此培养正确的人生观、世界观、价值观。在开辟高校第二、三课堂基础上，适时邀请有关专家学者定期对学生进行知法、守法教育和开设讲座，定期组织学生看法制宣传教育影片和参加有关的公民守法实践活动。以此，不断增强其法律意识，进而提高大学生的自身修养，加强其对社会糟粕和社会风险的抵御能力。

（二）惩治

对违纪违规及有可能铤而走险的学生，在正确引导和教育的同时，一定要发挥国家暴力机器的威力，高校对已经触犯刑律的学生应毫不犹豫地送交司法机关处理,坚决不能姑息。要让那些有犯罪企图的大学生及时止步,悬崖勒马。因为只有这样才能端正我国高校的校纪校风,从而使大学校园成为真正的治学天堂。研究认为,高校在为学生触犯法律的行为主持所谓的道义和情感上的公道,譬如,2019年香港大学校方一些领导层人员妄议特区政府对学生的"不公待遇",仅从师生关系的角度看有一定作用,但从社会进步角度和正义性方面来看,高校主体的定位和教育职能都是失败的。

(三) 帮教

利用高校思政队伍的优势,开展对大学生违纪违法人员的帮教工作是高校的优势,但从一般实践来看,高校往往在帮教的针对性上表现不到位,特别是高校对相关责任的认定机制不健全。因为从对大学生犯罪预防角度来说,帮教应紧跟在惩治之后,惩治从某种意义上来讲是帮教工作的必要内容。尤其是在我国发展阶段的关键时期,国家正处于渴求人才的关键时机,履行高校人才培养的目标与基本职责,对于本校大学生中的不法人员教育,无疑要做好对校内违纪违法的大学生的帮教工作,也是预防大学生犯罪的后期防线。当然,对违纪违法大学生的帮教无疑是一个非常艰难的任务,这就要求我们一定要采取慎之又慎的态度,运用正确的手段来对违纪违法大学生进行帮教处理。务必做到:一是保持有效惩治处理的基本原则。实践中遵守在法律面前人人平等,一视同仁,不管这个人和家庭背景如何,在前期的高等教育态度如何,只要他违反了学校规定或触犯了国家法律都应依规依法受到相应的处理。二是对其进行适时系列教育与帮助,特别是充分利用好高校大学生思想道德修养教育优势,让其从本质上认识到自己所犯错误的严重性,从而自动地接受师生的帮助与教育。三是注意采取必要的人文关怀辅助手段。让任课教师、班干部、辅导员、班主任利用典型案例和规劝的方式适时对其进行教育,也可以采用开集体班会大家讨论的形式进行教育,让他们深刻体会到个人是集体之一员,而不是被大家抛弃和孤立的。四是做好对其进行重点监控。要重点观察其行为是否符合大学生行为规范和了解个人不法思想产生的基础。当然,首先校方领导层要给予足够的重视,并将其列入议事日程给予关注;其次要确定高校有专门的部门将帮教的大学生对象进一步落到实处,确保适时掌握其思想状况和日常表现情况,并保障对其进行日常的有针对性的教育;最后要充分利用区域社会各层次的力量和资源,特别是利用好违法人员帮教网络工作体系和理念优势，努力做到工作到点、到位、有效，以此确保高校对违纪违法学生的预防与帮控工作到位。

以上是从一般性教育规律入手，需要在坚持预防、惩治、帮教三项工作都要硬的同时，切实把握好日常教育管理工作应以预防为主，并将预防、惩治、帮教三者有机地结合，才能确保科学应对、层层落实，也才能确保预防与杜绝高校在校大学生犯罪的出现。

三 高校在预防与处理不法大学生时应遵循的工作原则

违法大学生大都在前期有违反校纪校规的行为表现，因此，对违纪学生的处理往往事关对大学生犯罪的预防工作。我国《行政诉讼法》第12条规定，直接排除司法审查的有四类，国家行为、抽象行政行为、内部行政行为和法律法规的行政终局裁决行为。高校是社会的一部分，它为了规范校园正常秩序，预防在校大学生犯罪，必须制定相应的规章制度来加强内部管理，即通过校内制度规范来约束大学生的日常行为。显然，这种约束与处理只是内部规章制度的调整而不是接受民事法律关系调整，更不是接受行政法规调整。除此之外，对于本校不法大学生，学校还应主动配合我国司法部门工作，做到依法办事，对于校方作出的行政处分决定务必做到：一是树立依法办事的理念；二是在行政管理过程中必须正确履行自己的法律职权；三是在处理违纪学生时必须坚持事实清楚，证据充分；四是处理学生时必须依据明确；五是在处理违纪学生时，必须宽严相济，合情合理；六是在处理违纪学生时，必须程序合理。[①]

总之，在违法学生与高校之间，无论是民事关系还是行政关系或内部管理关系，其法律地位都应该受到我国法律保护，其权利、义务都应得到保障，这不仅指实体性法律的保护，也包括司法程序上的合法维护。譬如，高校在对其常规性处理中，当他们得到权利性结果时，校方可以不通知学生本人，但当他们面临不利性后果时必须通知学生本人。这就是我们常说的，高校在保障大学生权益方面，除了遵循事实正当外，还是保障程序上的正当。

---

① 女丛：《开展"模拟法庭"对大学生犯罪的预防作用》，《管理观察》2017年第30期。

第六章

增强高校思政课亲和力的四个对接点

2016年12月习近平在全国高校思想政治工作会议上的讲话强调：高校的思想政治工作关系高校培养什么样的人，如何培养人以及为谁培养人这个基本性的问题。这说明高校思想政治工作在高校的发展过程中，位置十分重要，要实现高校的和谐与稳定，维护高校师生的权益，理应坚持全程育人、全方位育人、全过程育人的教育工作理念。因此，对于高校内部治理来说，就是要有效地提高大学生的思想政治素质，必须针对教育过程中的薄弱环节进行卓有成效的改进。在理论联系实际的基础上，做好中国特色理论体系主动和马克思主义的基本原理的对接，理论教育主动和社会实践的对接，思想教育主动和大学生思想实际的对接，政治教育主动和大学生特点的对接，创造高校的思想政治教育工作的新局面。

然而，从过去的实践情况来看，高校的思想政治教育工作整体上不容乐观。在现存的诸多问题中，虽然教育方法也存在一些毛病，但表现最严重、最突出的是存在着四个脱节问题，即各理论体系之间的脱节，理论教育和社会实践的脱节，思想教育和思想实际的脱节，政治教育和大学生特点的脱节。由于这四个脱节的影响，导致大学生整体的思想政治素质并不理想。为之佐证的，则是多发的高校集体性诉求、各种自杀案例和严重的道德下滑导致的恶性案件。

要有效地遏制这些不良现象，必须高度重视大学生思想政治工作的有效性。从"两课"教学、党校、团校教育、辅导员的思想政治工作乃至心理咨询等各渠道，都要注重提高工作的实效性，力避形式主义、教条主义和盲目性。要在破除思维定式的基础上，从创新思想方法入手，做到中国特色理论体系主动和马克思主义的基本原理的对接，理论教育主动和社会实践的对接，思想教育主动和大学生思想实际的对接，政治教育主动和大学生特点的对接，从而把高校的思想政治工作提高到一个新的阶段。

第一节　相关理论体系之间的有机对接

要坚持指导思想的一元化，不仅要排除多元化的干扰，还要将马克思主义及其中国化的各种理论摆正位置。对于马克思主义、毛泽东思想、中国特色社会主义理论体系之间的关系，习近平总书记的表述是：毛泽东思想是马克思列宁主义在中国的运用和发展。由此，我们认为习近平新时代中国特色社会主义理论体系也是对毛泽东思想的继承和发展。这为我们理顺各理论之间的主从关系，解决各种理论相互之间继承和发展的对接问题提供了很好的思路。

客观地讲，在马克思主义理论体系与中国具体实践结合发展的过程中，有的是基础理论和基本原理，有的是带有规律性的学说和方法论的表述，有的就是一时一事的方针、政策、策略及具体的要求、措施和办法。就指导思想而言，就不能把有一定局限性的一时一事的个别提法当成是永久的真理，并定论为今后工作的指导思想，从而成为变相的指导思想的多元化。

一　辩证地看待理论的适用性

在马克思主义理论基础之上创新的思想和观念，由于历史条件的限制、创新者个人理论水平的高低、对马克思主义理解和把握的程度、思维方式的特点、知识面的宽窄、预见的准确度，甚至个人喜好的差异和品质的短长，决定了该理论的正确程度及时效性。在改革开放的具体实践中，有时会出现下列状况：为了某一时期的重点工作和中心任务，会过分强调甚至武断决定某些政策，从而忽视了其他工作而失之偏颇；在狭隘政绩观的影响下导致眼前利益和根本利益的关系权衡上处理不当；在发展经济和推行社会主义价值观上的失衡等问题，从而导致该理论在自身上就存在一定冲突，无法自洽。这些无法自洽的部分，若继续作为今后的指导思想，必然会引起思想混乱，导致工作的失误。

二　观念的阶段适用性及衔接

不言而喻，理论的正确性具有一定的相对性和时效性，在社会科学的范畴内尤其突出。在一定的社会发展阶段，必定有适用该时间段内的制度、政策、措施和办法。随着实践的深入，客观事物的不断发展变化，原有的理论也要作相应的调整或创新，从而使我们的认识不断地适应客观实际的发展变化，符合事物运动的规律。另外，革命和建设的侧重点的转换，亦必须不失时机地提出新的奋斗目标，以及为适应这个目标而采用的手段。不应该也不可能有适应各种病情的灵丹妙药。如同真理具有相对性一样，某些理论，在上一阶段是正确的、适用的，在本阶段就不完全适用了，需要进行修正；而到了下阶段，就可能完全不适用了，需要新的理论来指导工作。

另外，在理论的对接问题上，还有一个前后衔接的因素。由于执政者个人风格的不同，其创新出的理论、思想、观念，虽然都是对马克思主义的继承和发展，但会带有自身及历史的特殊印记。这些印记，决定了其和上、下任在理论上的差别和纠结，有的甚至完全不同。虽同为指导思想，但这些差异会让人们感到无所适从。

三 马克思主义是唯一的指导思想

马克思主义必须要向前发展，不然就没有生命力。但马克思主义的基本原理在社会主义这个历史阶段，无疑是必须继承而不能违背的。所谓的发展和创新，只是在运用马克思主义基本原理的基础上，在使用方法和具体内容上有所改进和发展。[①] 因此，作为指导思想，只能是适用于整个社会主义历史阶段的经典理论、基本学说及科学的思维方式。马克思主义不是僵化、静止、刻板的教条，必须随着实践的发展而不断丰富和发展。根据马克思主义基本原理而推导出的理论、思想、观念，就更需要不断地推陈出新，而不是都来充作指导思想。

在指导思想一元化的基础上，中国特色理论体系必须向马克思主义主动对准，积极结合，而不是要马克思主义来适应自己。既然马克思主义的基本原理是颠扑不破的真理，是不能违背的，那么，在马克思主义理论基础之上进行发展和创新的特色理论，就更不能违背马克思主义的基本原理，必须随时修正自身和马克思主义不相适应的地方。要坚决反对任何借

---

① 欧阳美平、蒋长新：《论高等教育要坚持马克思主义一元化的指导思想》，《三峡论坛》2013 年第 4 期。

马克思主义中国化之名,行篡改、歪曲、修正马克思主义基本原理之实的做法。事实证明,马克思主义关于资本和剩余价值、阶级和阶级斗争、公有制和私有化等经典理论,也是解决当今中国根本问题的良药。

第二节　理论教育和社会实践的对接

理论的主要作用,在于能够正确地指导社会实践。然而,生产资料所有制的形式及其决定的分配关系带来的贫富差距日益扩大问题、"黄赌毒黑假腐冷"引起的社会稳定和谐问题,工人阶级实际的政治经济地位和"三农"问题,使得理论和实践的结合出现了巨大的裂痕。

这些问题的存在,无疑使"两课"的教学出现了许多新情况、新疑点,并导致理论不能解释和指导社会实践的问题更加突出,由此而大大增加了"两课"教学的难度,降低了理论的说服力和针对性。因此,对实践中出现的问题,要敢于引导学生用马克思主义的立场、观点、方法去分析。这是我们为实现马克思主义一元化指导思想所必须采取的唯一的思想方法。

一　实践必须经过理论的指导

要让理论指导实践,首先理论要掌握群众。要做到把马克思主义的精髓内化为学生自己的世界观,从而达到一种心甘情愿甚至积极主动地去用马克思主义的思想来指导自己的言论和行动的境界。对于多数人而言,就有一个从口头上赞成,到被动地接受,最后主动地运用这样一个逐步推进转化的过程。这个过程是漫长的甚至是痛苦的!特别是在社会主义在全世界陷入低潮之时,马克思主义在我国被淡化、边缘化的情景是不容否认的客观事实的形势下,这个过程还可能会经历一个和资本主义思潮进行博弈且前景不太明朗的惨烈阶段。

要让理论指导实践,就必须扫除思想障碍。由于各种潜规则的流行,意识形态领域也被带进了市场经济的方向,蒙上了严重的功利主义色彩。马克思主义虽然在某些正式场合被奉为经典,但同时也被束之高阁。充斥某些媒体的是打左灯向右拐的黑话,假、大、空的时髦话,正确而无用的废话和八股气息浓烈的官话。要彻底改变这种状况,必须来一场思想领域的大革命，真正做到言行一致、表里如一，让正确的理论能发挥其应有的指导作用。

二 理论必须接受实践的检验

理论要接受实践的检验，我们要在新的历史条件下坚持马克思主义，关键是要及时回答实践提出的新课题，为实践提供科学指导。要从人们最关心的民生问题入手，用马克思主义的世界观科学解答并解决各种社会乱象产生的原因，说明当前社会各种病源产生的机理，特别是贫富差距加大、社会道德滑坡严重的深层次原因，并在马克思主义的基本原理指导下，不失时机地提出解决这些问题的路线、方针和政策。而不是说一些正确但无用的空话、开一些空头支票，或是采取头痛医头、脚痛医脚的平衡术，为维稳而维稳，为和谐而和谐。反过来说，当我们社会的贫富差距急剧扩大，出现0.4%的人占有社会70%的财富，基尼系数超过0.47；宪法规定的以公有制为主体的经济基础却出现了国有及国有控股企业在数量、产值、资产、利润、就业人数都低于50%且呈逐年下降的情况，是否说明指导我们工作的理论也出现了严重失误。因此，在坚持马克思主义的基本原理并进行中国化的创新进程中，必须注意创新理论自身的正误，防止出现对马克思主义的精髓进行有意模糊、故意忘记、恶意歪曲，甚至李代桃僵等行为。

第三节 思想教育和大学生思想实际的对接

在思想方法领域，思想教育和思想实际脱节的现象尤其严重。表象化、绝对化、教条化、功利化、形而上、实用主义等错误的认识论仍很有市场。由于这些认识论的干扰，某些所谓禁区的束缚，影响了人们对错误思潮的分辨防范能力和对正确思想的理解接纳能力，也使得教师因此而不能坚持正确的政治观点，不敢批评各种错误的社会思潮。同时，一些有话语权的"名人"借学术研究之名，假经济改革之手，散布的错误思潮也波及社会。从"理性经济人"衍生出来的、具有一定影响力的奇谈怪论诸如"腐败是经济的润滑剂""牺牲自己造福别人是愚蠢的想法"，甚至"人不为己，天诛地灭"也堂而皇之地登台表演。对这类错误思潮，就要敢于以社会主义核心价值体系为指导去主动迎接挑战。要有针对性地剖析错误思潮的根源，从理论上系统地予以驳斥，以扫此类歪风，树正气。要善于引导学生在比较鉴别中分清正误，明辨是非，自觉联系个人的思想实际，使"两课"教育能真正做到用正确的人生观、价值观来武装学生的头脑。

应该看到，大学生中有许多是弱势群体的子女，社会对弱势群体的不公和自身遭遇的现实问题容易引起大学生思想上的共鸣。"黄赌毒黑假腐冷"的泛滥，住房、医疗、教育、养老四大民生问题的重压，使得学生对这些问题充满了纠结。思想教育如不能对这些问题予以合理的诠释，仅靠什么改革的阵痛、代价，"人均收入达到1000至3000美元，一个国家就会进入社会矛盾的凸显期"等无来由的说法来忽悠，是不能服人的。忽悠的结果就是政府公信力的进一步下降，社会道德的普遍下滑，以及"狼来了"的寓言所昭示的黑色幽默。

实际的思想问题必须用令人信服的思想教育来解决，有效的思想工作有赖于对社会乱象的合理诠释，能合理诠释并彻底解决社会乱象的只能是以马克思主义作唯一的指导思想的基础理论。

要实行思想教育和思想实际的有效对接，采取正确的思想方法是关键。

一　思想教育必须切入敏感问题

大学生现实的思想问题多如牛毛，面面俱到势必劳而无功，或者事倍功半。要达到事半功倍的效果，就应该高屋建瓴，狠抓痛点、热点、难点问题。做到因势利导，有的放矢，一针见血。即使是敏感问题，也不宜事事都抓，就大学生的整体而言，要着重抓思想问题的普遍性、严重性、及时性。

二　遵从不破不立、先破后立的原则

大学生的思想问题受社会环境的影响，要用教育方式来转变大学生的思想，就必须注意教育过程和结果的结合。具体而言，一是要敢于批判上述各种错误思潮，要净化脑袋，腾出空间；二是灌输，同样要敢于宣传社会主义的核心价值体系，让其在学生的思想中安营扎寨；三是转化，要用行之有效的方式，条分缕析，用道理服人，让事实说话；四是内化，最终做到让学生自觉地用马克思主义的立场、观点和方法来分析问题、处理问题，促使学生自觉地把社会主义核心价值观念内化为自己的世界观和方法论。

第四节　政治教育和大学生特点的对接

大学生群体的思想是较为活跃的。这种活跃，从宽度和深度两方面都有较强的表现。从宽度来看，表现为接受面的多样化，接触的事物海阔天空、形形色色。现在的大学生，已根本告别了两耳不闻窗外事、一心只读圣贤书的境界，各种社会生活的信息都不断地涌入学生的头脑，经过归纳、鉴别、整理后，形成了自己对世界的看法。从深度来看，大学生由于好奇心强，对新、难、热问题敏感，善于探根究底。特别是在网络时代，由于虚假信息的盛行，各种小道消息很多都变成了事实，各种承诺很多都变成了失信。政治教育必须充分注意大学生的这些特点和社会现实，做到不仅要言行一致，而且要身体力行。

在对接的过程中，教师应该先行一步，努力规范自己的言行，做到立场正、观点对、思路准、方法好。在正己的基础上，拿准思想脉搏，对症下药，有的放矢。要敢于面对社会现实回答尖锐问题，坚持批判精神，语言要锋快明朗，一针见血，不说假话、套话、官话、废话。要结合大学生的特点，注重政治教育的方式方法。

一　引导学生进行正确的思考

有些所谓的敏感问题，不去正确引导，反而会欲盖弥彰，导致学生产生错误的判断并激发消极情绪。比如关于阶级斗争问题，党章和宪法都明确指出将长期存在。在社会实际生活中，阶级斗争也经常以或急或缓、或平或烈、或隐或现、或大或小的形式表现出来。而在官方文件和主流媒体中，对此却总是讳莫如深，少有提及，甚至连阶级都变成了阶层。当然，教师在引导中，要注重分析，少作判断，引而不发，让学生自己得出结论。

二　训练学生正确的思维方式

在政治教育中，要把马克思主义关于国家、阶级、所有制、生产关系、资本、商品、价值等基本问题讲清讲透，帮助学生运用正确的思维方式来观察现实社会生活中的各种现象，让学生自己分辨正误。比如资本和剩余价值问题，就可以让学生探讨：现阶段的民营资本和资本主义条件下的资本有没有本质的不同？若有不同，不同在什么地方？若无不同，该如何认识、规范民营资本的剩余价值及其剥削行为？

三 提高学生免疫错误的能力

大学生毕竟没有正式踏入社会，大多不能自发地产生对错误思潮的分辨能力。教师要善于根据学生思维活跃的特点，循循善诱，提出问题，揭示关键，充分运用好对错误思潮进行免疫的三个过程，即组织讨论、开展辩论、重点批判等形式，促进大学生政治上的成熟。比如社会主义的本质特征之一就是公有制要占主体地位。而在大力发展私有制的口号下，在主张国退民进的主流鼓噪中，"到2008年，在规模以上工业中，国有及国有控股工业企业占全部规模以上工业总产值的比重下降到28.3%，集体企业占2.4%，非公企业比重上升到65.6%。城镇国有和集体单位从业人员占全部城镇从业人员的23.5%"，当然2018年规模以上国有控股企业利润增长12.6%，但在当时这组数据，① 还支持公有制占主体地位的结论吗？如果不支持，该如何从理论上予以说明，从实践上如何纠正？

高校的思想政治教育工作，改变教学方法较为容易，做到理论和实践的主动对接则较为困难，经实践的检验而改正理论上的错误就更难！但是，只要本着实事求是的精神，为人民负责的态度，积极进取，勇于探索，在上述四个方面主动进行对接，高校的思想政治教育工作就一定会迈出新的步伐。

第五节 论高校思想政治工作中激励方法的有效运用

在大学生思想政治工作中，普遍采用"两课"、上党校、团校、讲座、听先进事迹报告会、座谈会、宣传栏等正面的形式和方法。虽然这种普教的方法有一定实用价值，也在学生中产生了较大的影响，然而，对于

---

① 据国务院国有资产监督管理委员会2019年2月3日官网发布。

一定条件下的某些学生群体和个人，这些方法可能就收效甚微，甚至完全不起作用。如何建立正常的激励机制、运用正确的激励手段对这些群体和个人，乃至对全体大学生都起到良好的思想教育作用，是一个值得深入研究的课题。

激励方法在思想政治工作中，乃至更宽泛的素质教育中具有重要作用。所谓激励，我们认为，就是以综合的教育手段、方法为刺激诱因，满足学生积极的心理需要，激发内驱动力，促使学生把外部刺激内化为学生个体自觉行为的过程。

建立激励机制，主要就是要根据教学的运行规律，在大学生学习的各个不同阶段，有针对性地建立起一套奖惩的制度。如新生军训结束时的评优，学习中迟到、旷课的批评与处罚，考试违纪的教育与惩罚，学期结束时优秀生的评定等。一套正确可行的激励机制，可以鼓励学生趋善弃恶，奖勤罚懒、趋利避害，可以有效地保障学校正常的教学秩序。在本书中，笔者着重研究激励手段的运用。

激励是学生积极需要的满足。心理学研究揭示了人的行为基本遵循这样一个规律：需要—动机—行为—目标，然后再产生新的需要，如此循环往复，不断提高。因此，需要是人们积极性的源泉。激励的实现，一是为满足人们合理需要提供条件和可能，从而提高需要的迫切程度，促成并强化动机；二是有意识地施加影响，形成刺激，引发人们更高层次的需要，进入新的循环。简言之，通过满足，引发需要，解决人们行为的心理动力，改变人们的行为模式，把"要我做"变成"我要做"，从而最大限度地调动人们的积极性。

激励分为正激励和负激励。表扬与批评、奖励与惩罚，都是激励的有效手段。正激励是通过表扬、奖励、晋级等正面鼓励的手段去调动学生的积极性和创造性。负激励是通过批评、处罚、处分等反面鞭策的手段去调动学生的积极性和创造性。在思想政治工作中，要坚持以正激励为主，负激励为辅，正激励与负激励相结合原则。对于一般的学生工作而言，下面的几种激励手段是普遍适用的。

一　思政教育的正面精神激励的方式

（一）情感激励

情感激励，即以感情作为激励的诱因，调动人的积极性。"感人心者莫乎情",教师要根据学生需要和情感之间合乎规律的联系,通过满足学生某种需求的方式,激发学生积极向上的情感和情绪。"没有学生心灵的唤醒,没有学生精神的参与,就没有真正的教育。"作为教师,我们应走进学生,走向学生的情感世界,与学生的情感零距离接触,让学生感受到教师的爱的真诚,让学生体会到教师的确是在为自己着想。一旦将学生的情感调动起来,就会产生一种情感共鸣,从而会自觉地跟随教师或按教师指引的方向前行。

情感激励要求达到:在师生之间建立融洽和谐的关系,促进师生之间关系的协调与融合,营造健康愉悦的团体氛围,满足团体成员的归属感。能够建立良好的情感关系,激发每个学生的学习、工作热情。"皮格马利翁效应"启示我们:教师的深情通过语言、笑貌、眼神等表现出来,在这种深情与厚爱的滋润下,学生自然会产生一种自尊、自爱、自信、自强的心理,从而推动他们取得显著进步。

(二)目标激励

目标是鼓舞人们努力工作的一种有效的刺激因素,目标激励包括设置目标、实施目标和检查目标。只要目标设置得当、科学,就能起到诱发需要和动机、规定行为的作用。在心理学中,目标被称为诱因。由诱因诱发需要和动机,再由动机达成目标的过程即是激励过程,也是调动人积极性的过程。通过设置明确、具体和切实可行的目标,包括大、中、小的目标和远、中、近的目标,激发学生的学习热情。让学生看到未来美好的前景,并把这一前景与自己的学习、生活联系起来。

保证目标具有一定的难度,这一点至关重要。心理学研究表明,成就动机和自我实现需要越强烈的人越喜欢从事具有较大难度的挑战性工作。这一结论与客观事实也是非常吻合的。

对一些后进生也要帮助其制定小的目标,让其在一个个目标的实现中体会成功并不是高不可攀的。

(三)成功激励

在班级管理中,当学生取得一定的成绩时,教师要及时给予正确的评价,必要时可授予一定的荣誉称号。获得荣誉的学生,往往有一种被认可的兴奋感和继续进取的心理状态。在奖励时,要一改过去单纯奖励成绩一贯优异或表现一向好的优等生的做法,特别注意奖励那些经过努力而有显著进步的中下等生。教师更要时刻注意寻找班中这些同学的闪光点,对他们取得的哪怕是点滴进步，都要及时给予肯定与表扬，使学生尝到进步的快乐，激发他们的进取心和自信心。

（四）榜样激励

学生都有崇拜伟大人物的心理倾向，他们对心目中所崇敬的人物会毫不怀疑地接受和仿效，并且作为学习、生活中仿效的榜样。所以教师可以通过列举社会中成功者的例子，以及同龄人中优异者作为榜样，来调动学生的积极性，使之成为学生敬佩和效法的榜样。通过具有典型性的人物和事例，营造典型示范效应，让学生明白要提倡或反对哪些思想、作风和行为，鼓励学生学先进、帮后进。

（五）尊重激励

青年学生的选择性、多样性、差异性更强，在现实中相比父辈们的亚文化思想与不满更加明显，尤其是在校大学生，他们更加重视和思考自己所处的社会地位，因此，我们要做到尊重学生的人格，尽力满足学生的成就感，支持学生自我管理和自我控制。

（六）竞争激励

要竞争就有成功和失败，但在思想政治工作中运用竞争激励，则是为了激发人的最大潜能，发掘学生本能追求卓越的欲望，因此要有人人可以成功，只是成效大小的区别。为此要达到三个标准：明确的目标和要求，并加以正确的引导；竞争必须公平；竞争的结果要有明确评价和相应的奖励。

（七）关怀激励

教师对于学生的关怀，哪怕是微不足道却是出自真诚的关心，对于学生都是无穷的激励。关怀激励就是通过对学生进行关怀、爱护来激发其积极性、创造性的激励方法，它属于感情激励的内容。关怀激励被管理学家称为"爱的经济学"，表现为"八个有数"，即对学生的思想倾向、身体状况、学习情况、经济状况、家庭成员、心理状况、兴趣爱好和社会交往心中有数。

（八）支持激励

支持激励就是要善于支持学生的创造性建议，把学生蕴藏的聪明才智挖掘出来。支持激励包括：尊重学生的人格、注重学生的首创精神，爱护学生的积极性和创造性。当工作遇到差错时，承担自己应该承担的责任，创造一定的条件，使学生能胜任工作。

（九）任务激励

学生目标与现实性的表现，让个人肩负起与其才能相适应的社会工作，通过工作成绩来满足其事业心与成就感。

（十）荣誉激励

人们希望得到社会或集体的尊重。对于那些为学校、社会或团体做出突出贡献的人，给予一定的荣誉，这既能使荣誉获得者经常鞭策自己，又可以为他人树立榜样和奋斗目标。荣誉激励可采用评优制度、树立典型、当学生干部、授予荣誉称号、给予培训机会、内部刊物表扬、介绍学习经验、给家长汇报情况等形式。

（十一）信任激励

学生之间，特别是师生之间相互信任是一种巨大的精神力量，这种力量不仅可以使人们凝结成一个坚强的战斗集体，而且能激发出每个人的积极性和主动性。

（十二）数据激励

明显的数据对人产生明显的印象，激发强烈的感想。用数据显示成绩和贡献，能更有可比性和说服力地激励学生的进取心。数据激励，就是把学生的行为结果用数字对比的形式反映出来，以激励上进，鞭策后进，使学生明确差距，迎头赶上。

（十三）行为激励

一个好的教师能给学生带来信心和力量，激励学生朝着既定的目标前进。这种好的教师行为所带来的影响力，有权力性和非权力性因素。包括教师的品德、学识、经历、技能等方面，而严于律己、以身作则等则是产生影响力和激励效应的主要方面。

（十四）兴趣激励

兴趣是最好的老师，兴趣是成长的一种内动力。兴趣是推动求知的一种力量，人们对自己感兴趣的事物，总是力求认识它，研究它，这就必然从中获得丰富的知识和技能。一个具有广泛而深厚读书兴趣的学生，就能孜孜不倦博览群书，学得广、钻得深。所以，能使学生们产生兴趣的教育方法就是最好的方法。教师的责任就是唤起学生的兴趣并发展成热爱。

二 思政教育的其他激励手段的运用

其他激励手段包括正面的物质激励、负面的精神激励和负面的物质激励。这些比较容易理解，在实际工作中也应用得较多，无须多述。在此仅就负面的精神激励即主要是批评工作方面的问题作三点原则说明。

批评之前一定要注意把握违纪学生所犯错误的实质。批评的目的在于通过批评达到纠正、帮助、指导的目的，使被批评者找到差距，明确事理，避免重犯。批评不是为了发泄自己的怒火，更不是为了表现自己的权威。

批评的场合：批评的场合与效果的关系十分明显。选择什么场合进行批评，要看批评对象所犯错误的性质与程度而定。一般来说，性质较为严重、影响较大或者带有普遍意义的人和事，宜进行公开批评，以达到防止事态发展的目的。反之，则应采取不公开批评的方式。

批评的方式：教师在对学生进行批评之前，应注意被批评对象的不同情况而选择不同的批评方式。在选择批评方式时，一是注意不同的层次。对于平时能遵守纪律，只是偶尔犯错且有较强理解能力的学生，批评宜点到为止；而对于那些领悟力弱、犯了错还浑然不觉的学生，则应"评"透道理，加深其对问题的认识。二是注意学生性格的差异。对于豪爽的学生，宜言简意赅，速战速决；对于内向的学生，则不妨绕绕弯子，采取迂回战术，使其对问题的认识有一个逐步深化的过程。三是注意不同的环境。当事人不在，一般不宜进行批评。

三 新时代在校大学生特点表现

上面对一般的思想政治工作中运用的激励手段作了一些分析。要正确运用好激励手段，还必须对大学生的某些特点作一分析。根据这些特点采用不同的激励手段。笔者认为，当代部分大学生主要存在如下特点。

（一）社会上贫富差距急剧扩大后，导致贫与富家庭出来的学生心态和心理状况的恶化。贫困学生一般容易产生自卑思想，性格趋于内向，学习态度往往极端，即学习特别刻苦的和混时间的都有；而富家子弟则易趾高气扬，玩世不恭，反正以后是子承父业，学习好坏不太在乎。

（二）因大部分学生都是独生子女而产生的"娇骄"二气。有的是别人不娇自己娇，稍受挫折就垂头丧气、一蹶不振。

（三）社会现实和政治理论间的巨大反差引起的彷徨、苦闷与焦虑。由于所谓"理性经济人""新自由主义"等思潮的负面影响，加之医疗、教育、住房等经济问题所带来的严重社会分配不公，部分大学生毕业即失业的后果产生的新读书无用论的流行,使得学生对革命的人生观、价值观产生怀疑,对建设社会主义和实现共产主义的理想产生动摇,多种价值观的冲击让学生的思想无所适从。

此外,还有进入大学后与中小学时期的显著差别,如学习方式上以自学为主,且进入了与自己今后职业密切相关的专业学习;脱离了家庭和父母的直接关照,基本上按照独立生活的方式渗进了以学友为主体的社交圈子;在年龄阶段上,也从需要父母监护发展为具有一定自主行为能力的成年人;等等。

"根据实际情况决定工作方针,是马克思主义最本质的东西,是马克思主义的活的灵魂。"为了促使大学生能尽快地、健康地成人成才,在大学生思政工作中采用激励手段,就必须根据不同的学生群体、不同的个人特点和个性,尽可能详尽地占有被激励者的个人资料,有针对性、有的放矢地做好各类人的思想政治工作,而不是千篇一律地照本宣科、隔靴搔痒、浅尝辄止。

比如,对于贫困家庭出来的学生,教师要更多地给予生活上的关照,对于他们中的刻苦学习和自强不息的精神要给予更多的鼓励;对于富家子弟,则是响鼓也要重捶,重点讲清人生的意义和"富不过三代"的道理,激励他们自立自强;对于社会现实产生的思想问题,也须从社会现实入手,分析产生这些问题的社会、经济、意识形态的原因,帮助学生分清是非,明辨真理,树立革命的人生观和核心价值观。

四 用科学激励手段时应注意的问题

(一)注意过程激励。把评奖过程变成一个动态的教育、学习、交流的过程。学生可以从中取人之长,补己之短,鼓励先进,鞭策落后,促使大家向先进学习。

(二)奖惩要及时。心理学研究表明,及时激励的有效度为80%,滞后激励的有效度仅为2%,教育者应及时对学生平时的点滴进步给予表扬,对不良行为及时予以制止。这样做至少有两个好处:一是当事人的行为受到肯定或否定后,有利于他继续重复所希望出现的行为或不重蹈覆辙。二是使其他人及时看到这样一个示范效应,说明制度和老师是可信赖的,从而产生惩恶扬善、奖勤罚懒的影响力。

(三)注重"广告效应"。把对某些学生产生的带有一定共性问题的批评与惩罚用适当方式予以公开，重点在于说明事件的危害性和严重性，教育学生不要打"擦边球"，不要触"雷区"。

（四）克服"大锅饭"，平均主义现象，引入竞争机制，培养竞争观念，就能激发学生的积极性，充分发挥每个学生的潜力，鼓励他们奋发向上。

（五）注意奖惩比例和频次，多用正激励、少用负激励。

（六）准确使用评语激励学生，对其操行进行科学的评价。古人语："良言一句三冬暖"，鼓励的力量是无穷的，影响是深远的。我们教育学生应做到：严格要求，像法官毫不迁就姑息；具体劝导，如毛毛细雨渗进心田；耐心持久，似涓涓细流绵延不绝。

（七）做到公平激励，不唯亲、不唯上、不唯己，只唯实，公平相待。

（八）注重现实表现。在实施激励方法时，应该功过分明，功不透过，只注重激励对象的现实表现，将现实表现同过去的情况分开来看，当奖则奖，该罚就罚。

（九）适度激励。激励标准有个适度性问题，心理学称为"阈值"。低于阈值的激励，对学生不起作用；高于阈值的又会使学生的积极性变得脆弱或引起学生焦虑。保持了这个度，就能使激励对象乐此不疲地努力。反之，如果激励对象的行为太容易达到被奖励和被处罚的界限，那么，这套激励方法就会使激励对象失去兴趣，达不到激励的目的。再就是要注意激励的频次，频繁的奖惩会降低对学生成就动机的激励效果，提高阈值的耐刺激度。要有间隙、渐近地强化奖励，才会收到较好的效果。

（十）没有沟通就没有激励。要加强上下沟通、师生沟通、学生之间的沟通，消除不必要的误会，增强团队的凝聚力。

（十一）在激励态度上，要因人因事而异，有的要义正词严，一针见血，要敢于说"不"；有的则要耐心说服，循循善诱；还有的则要讲一点谈话策略，讲究绵里藏针、刚柔相济。

第七章

强化高校思政工作的马克思主义一元化指导

习近平在《加快建设世界一流大学和一流学科》中强调："我们的高校是党领导下的高校，是中国特色社会主义高校。办好我们的高校，必须坚持以马克思主义为指导，必须坚持不懈传播马克思主义科学理论。"然而，由于受多方面不良思潮影响，我们高校在高校思想政治教育工作中表现出的指导思想多元化迹象，分析认为这是造成高校师生不良表现的主要思想因素。加强大学生的思想教育，致力提高大学生的思想政治素质，就必须强调指导思想一元化的要求，在毫不动摇地坚持马克思主义基本原理的基础上，切实处理好马克思主义中国化的几个方面的关系，真正做到把马克思主义的理论同我国现实的具体实践有机结合，并对各种反马克思主义的意识形态进行坚决的斗争。

高校在教育引导大学生正确认识世界和中国发展大势的同时，也要预防大学生犯罪、防范集体性诉求的频发，不仅要防止社会上错误思潮的侵袭，更要注意确保高校思想政治工作的实效性，特别是针对当前"两课"教育中存在的指导思想多元化的不良思想可能对学生的影响，考虑到我国高等教育肩负着培养德智体美全面发展的社会主义事业建设者和接班人的重大任务，我们必须坚持正确政治方向，切实有效提高大学生的思想政治素质。实践中，首要的就是在高校思想政治教育特别是"两课"教育中明确并坚持马克思主义指导思想的一元化，并对干扰一元化的各种错误思潮进行批评，以使高校的思想政治教育工作牢牢把握住正确的前进方向。

马克思认为："统治阶级的思想在每一时代都是占统治地位的思想。"① 这段话首先从物质与精神两层面上分析，一个阶级是社会上占统

---

① ［德］马克思：《德意志意识形态》，《马克思恩格斯选集》（第1卷），人民出版社1972年版，第98页。

治地位的物质力量，同时也是社会上占统治地位的精神力量，既支配着物质生产资料的阶级，同时也支配着精神生产资料。由此我们认为，作为占统治地位精神力量的主流意识形态，对国家的稳定具有强大的导向、辩护、凝聚、动员和约束功能，其指导思想总是与社会基本制度及其要求相适应，是上层社会意识形态的本质体现，是一定的社会系统得以运转、一定的社会秩序得以维持的基本精神保证。这就是为什么世界上任何一个国家，统治阶级为了巩固其政治统治，都要竭力维护和发展其占统治地位的意识形态的原因。反之，一个社会，如果没有统一的指导思想，这个社会就会失去共同的目标导向，其社会的稳定性就会受到动摇。

其次，从历史发展来看，古往今来，任何一个民族和国家，占支配地位的核心意识形态都是一元的：如封建社会的主流意识是君主统治下的封建专制主义；资本主义的主流意识是以生产资本为前提的民主主义；社会主义的主流意识毫无疑问就是坚持马克思主义。尽管我们强调做好高校思想政治工作，要因事而化、因时而进、因势而新，但中国特色社会主义的基本指导思想只能是坚持马克思主义，即要坚持指导思想一元化才是一个国家、一个民族存在发展的基本要求，是社会存在的普遍规律。当然有学者认为，在资本主义阶段，尤其是自由资本主义时期，社会追求思想的多样化和自由度，一元化思想受到挑战，但分析认为，资本时期的本质特征仍然是以生产资本为前提的民主思想，应该也是统一的一元思想，因此，指导思想一元化的原则并没有改变，只是其实现方式披上了自由主义的外衣。在普世价值旗帜的宣扬下，资本主义的基本意识形态不但在资本主义国家占有统治地位，而且是资本对外扩张的武器。任何主张改变私有制，实施共享、共产，改变现行制度的思想，都将不会存在。

因此，坚持社会一元化的思想，正确认识马克思主义在意识形态领域的指导地位，坚信马克思主义的基本原理是颠扑不破的科学真理，坚持在新时代把握好马克思主义中国化的各个层面的自洽及有机衔接，并自觉地在实践中探索用一元的指导思想整合并引领多元思想观念和多样社会思潮的途径，并做好对各种反马克思主义思潮的理性的、学术式的批判，是我们高校思想政治工作者的必然要求，也是高校提高大学生政治思想素质、维护高校师生合法权益的有效途径。

第一节　高校思政工作必须坚持的马克思主义的基本原理

从前面分析来看，以马克思主义作为我国新时代中国特色社会主义唯一的指导思想，就必须"坚信马克思主义基本原理是颠扑不破的科学真理"。而且，这些基本原理在资本主义向社会主义发展的整个历史阶段都是不能被突破和动摇的。我们要在坚信的基础上毫不动摇地坚持并实践其基本思想原理。那么，结合我国高校思想政治工作的实际，我们在保证思想政治工作正确性时，哪些基本原理是我们当前必须坚持的呢？

一　思想政治工作要坚持对资本主义的批判

改革开放中，我们加大了对欧美发达国家经济管理体制的研究和引进，却忽视或放松了对资本主义腐朽落后生活方式的警惕，特别是对资本本质的有效批判，使得拜金主义的资本魔力在某些领域得到一些人盲目崇拜甚至达到了疯狂的地步。早在萨缪尔森和亚当·斯密独步天下的时候，马克思主义的政治经济学就一度出现被边缘化的情况。因此，真正要以马克思主义作我们的思想指导，就必须坚信马克思主义的政治经济学正确以及对资本的有力批判，特别是对资本主义的剩余价值理论的彻底批判。

我们认为，严谨的理论推导、准确的预见和对当今资本主义发展的严峻事实的正确判断，已无可辩驳地再次证实了马克思主义政治经济学的科学性，这是某些人过去极力推崇的"走一段资本主义"论和"国富论""道德情操论"所无法比拟的。从现实表现看，由美国金融危机所引发的世界性经济危机，中国改革开放以来的"贫富差距加大"和"诚信的缺失、局部道德的滑坡严重"，也反证了马克思主义对资本主义的批判是何等的准确。由此，说明要正确地指导中国的改革创新，必须借鉴马克思对资本主义的批判，来反思我国社会上现存的不良问题，才有可能坚定我们选择正确的发展方向和发展方式。

同样，在对资本主义的批判中，要特别注重评价剩余价值在新形势下的表现形式及其本质特征。在现阶段，私营经济的基本运作方式和逐利思想与马克思对资本主义社会条件下的资本并没有本质的不同，其利润的取得仍是建立在对劳动者剩余价值的攫取基础上。只不过由于新技术、创新产品的飞跃发展、一定时期资本对市场的垄断程度及其表现出的貌似公平实则强卖强买而彰显出的超额利润,掩盖了资本对剩余价值盘剥的不公平实质,并在一定程度上表现为资本对劳动的施舍。但是,"只要还存在资本主义制度,只要还存在其制度的资本和劳动的对应关系,马克思主义的剩余价值理论就不会过时"。[①] 它仍然是工人阶级及其他先进分子认识世界、改造世界的科学真理。是揭示资本对工人进行剥削的有力武器,也是其工会组织为会员进行工资谈判的理论基础和指导思想,是现实劳动者争取合法权益的理论基础,更是今天处理劳资关系的依据所在。

在一般经济活动中,资本为了追求短期利润的最大化,有可能不考虑或牺牲长期的利益;在追求自身利润最大化时,甚至可以牺牲其他个体的利益。由此,要使经济活动规范有序,就必须正确引导资本的发展方向,适度限制社会资本的恶意炒作和私有化,并着力规范资本的运作程序,引导和控制资本对劳动的盘剥。资本的占有多寡、市场份额的大小、对新技术的垄断程度、对社会资源的占有规模,决定了资本在市场中对劳动盘剥的数量、份额及程度。所以,要保护劳动的利益,政府对"市场"这只看不见的手就必须理直气壮地进行宏观调控,要履行政府职能,做好有效的平衡资本和劳动的合理分配。即使是国有资本,也应在缩小贫富差距的前提下,从制度上规范普通劳动者及管理层的收入,并利用政府税收杠杆来调节一般性竞争行业和带有一定垄断性企业的分配方式。比如,前段时期我国的贫富差距越拉越大的主要原因就是从 1990 年到 2007 年,劳动报酬所占比例从 53.4% 下降到 39.7%,而资本收入从 21.9% 上升到 31.3%。可见资本对剩余价值的盘剥是社会贫富差距、两极分化的最大推手。

二 思想政治工作要拾取阶级斗争中的法宝

很长一段时间,阶级及阶级斗争,被当作妖魔被禁锢在的潘多拉的匣子。对于现实中的矛盾问题,实在避不开,就用"阶层"来代用。尽管不再以阶级斗争为纲,但在宪法和党章中,对阶级斗争还有提及,然而在现实的语境中,谁提阶级斗争就会被认为是极左,或者是神经不正常。现在的主流媒体亦以敏感词加以屏蔽。似乎阶级斗争真的不再被坚持了!

[①] 陈奎元:《信仰马克思主义做坚定的马克思主义者》,《光明日报》2011 年 6 月 13 日。

且不说马克思对阶级、阶级斗争以及阶级斗争必然导致无产阶级专政的精辟论述，仅就我们修改过的党章、宪法、决议来看，也不得不承认阶级斗争的实际存在。

比如《党章》中提到："由于国内的因素和国际的影响，阶级斗争还在一定范围内长期存在，在某种条件下还有可能激化，但已经不是主要矛盾。"我国的《宪法》进一步规定："在我国，剥削阶级作为阶级已经消灭，但是阶级斗争还将在一定范围内长期存在。中国人民对敌视和破坏我国社会主义制度的国内外的敌对势力和敌对分子，必须进行斗争。"《中共中央关于建国以来党的若干历史问题的决议》提出："既要反对把阶级斗争扩大化的观点，又要反对认为阶级斗争已经熄灭的绝对性观点。"

从我国社会现实各方面来看，阶级及其斗争不仅存在，而且表现得相当激烈：从政治层面看，"2008年宪章和2005年上演的新西山会议"所反映的反党、反社会主义甚至卖国的言行公然出炉；从经济层面看，它导致公有制主体地位的不断削弱；从价值观上看，是社会主义核心价值体系和普世价值的争夺；从利益层面看，是黑砖窑、血汗工厂对工人的无耻盘剥；从生活层面看，出现了0.4%的人占有70%的财富，大部分人的生活幸福感下降；从社会层面看，一时出现了黄赌毒黑假腐泛滥；从道德观上看，是大公无私的边缘化和"人不为己，天诛地灭"的畅行；等等，所有这些在社会治理上的表现，就是腐败分子的"前腐后继"、政府公信力的不断下降和社会群体性问题的逐年增长。这应该就是没有抓好阶级斗争的结果！或者说，单纯的是只要资产阶级对无产阶级的阶级斗争，不要无产阶级对资产阶级的阶级斗争。在一些重大问题上，没有坚持正确的思想路线及既定的政治路线，只是一味地抓工作，盲人摸象搞维稳，必定是政府按下了葫芦浮起了瓢，提着竹篮忙打水，结果是事倍功半，甚至劳而无功。

所以我们说，阶级斗争的客观存在，是不以人们的主观意志为转移的。任何个人的感觉和主观愿望的祈求都无助于阶级斗争这个规律的改变。只有坚持客观地分析、准确地预见、正确地应对阶级斗争产生的基本原因、可能的规模、发展的烈度，从潜在转化为公开的可能性，才有可能采取正确的应对之策。那些企图采用此地无银三百两的自欺欺人，或顾头不顾腚的鸵鸟做法，是不可能从根本上得到和谐稳定的。应该说，广大人民群众同腐败分子、黑心资本家、不良文人甚至汉奸卖国贼之间的斗争，实质上就是或急或缓、或平或烈、或隐或现、或大或小的阶级斗争的表现。广大人民群众同贪官、奸商、无良文人等代表的既得利益集团的矛盾，已无比尖锐、空前激烈。其典型标志就是表现为0.4%的人占有了70%的财富的现实及基尼系数达到0.47的巨大的贫富差距，以及可能出的社会弱势群体为反抗这种社会不公平所表现出的逐年递增的群体性诉求的频次、烈度、规模，以及政府为此而付出的日益增长的维稳费用。

在有阶级的社会里，在物质财富一定的条件下，维持并增长少数人的幸福，就必然要牺牲大多数人的幸福，这是社会发展规律。这种状况，在资本控制下的社会分配和马太效应上表现得更为明显。比如，随着蛋糕的做大，贫富差距也将越来越大，相对幸福感差距也会越拉越大，社会矛盾和阶级对立往往也会越来越尖锐激烈。这种尖锐激烈的表现，就是可能出现"集群冲突"，或者说是群体性问题，更准确地说，就是我们所说的新时期阶级斗争的表现形式。

不可否认，我们信奉的马克思主义关于阶级斗争的学说是科学正确的理论，是启迪工人阶级认识自己历史地位、寻求社会公平的思想武器，它明确反对用空洞的"博爱""人道"来掩饰一个阶级对另一个阶级的现实剥削与压迫，追求最终实现全人类的共同解放。这种"正向理论"与那些粉饰剥削思想的理论究竟孰善孰恶显然是一目了然的。我们要从根本上保持社会的安全稳定，就必须遵循阶级斗争的客观规律，清晰思路，找准感觉，站稳立场，明确宣言，把握好方向，因势利导，争取取得双赢。

三 强调公有制的主体地位的思想

马克思评论理论告诉我们，共产主义革命就是要同传统的所有制关系实行最彻底的决裂，同传统的不正确观念实行彻底的决裂。因而，它才有可能在自己的思想旗帜上毫无妥协地提出：共产党人就是要建立社会主义公有制！这个基本性思想论断，应该说这也是马克思主义的思想精髓。然而，作为共产党人，对于私有制消灭，建立社会主义公有制和革命，我们要么是有意忽视，要么是只说不做，甚至反其道而行。

不管从哪一角度来看，社会主义公有制都是社会主义经济的本质体现，是社会主义制度在经济上的必然要求，是走社会主义道路的必要要求，是作为社会主义必不可少的经济基础。离开了这个基础，社会主义就失去了社会进步的基本意义。

我国自改革开放以来，国民经济基础发生了深刻变化，本来只是对公有制经济起补充和完善作用的私有经济，在某种不良思潮的鼓噪下力图变配角为主角，并在毫不犹豫地对本以国家经济为主体的民生企业实行毫无原则的私有化处理，大有形成取代公有制主体地位的趋势。所谓的"国退民进"在一定范围、一定语境内已成共识，致使公有制的主体地位已处于风雨飘摇之中。为之佐证的，是公有制企业在数量、份额、资产总值、利润、从业人员等方面的主导地位不断下降，表现在社会层面的，则是不断攀升的基尼系数和与其相适应的社会发展不平衡、不充分的情况更加突出。

以上说明，面对经济基础发生变化，上层建筑应当如何与经济基础相适应，如何维护我们的社会主义基本经济制度，是摆在我们面前命运攸关的重大问题。如果只讲随着经济基础的变化而变化，漠视上层建筑的能动作用，甚至不断地削弱它，社会主义的事业只能落败而不可能成功。特别是当经济基础已经发生反向剧变，公有制极度萎缩，上层建筑已不适应经济基础的发展和要求时，我们是被动地适应经济基础的要求，还是从社会主义的基本原则出发，以马克思主义作一元指导思想，用无产阶级的意识形态去检讨、引领、修正、改变经济基础中不相适应的不良部分，这是值得深思的重大问题！

由于无产阶级的意识形态强调的是以公有制为基础的，是人类历史上最科学、最有进步可能的意识形态。而新的意识形态取代旧的意识形态，如同新的社会制度代替旧的社会制度一样，是历史发展的必然规律。反过来说，如果马克思主义被边缘化，无产阶级在意识形态领域，特别是在主流媒体就会丧失话语权，经济领域的公有制主体地位也必将日益被蚕食殆尽，这是上层建筑被动适应经济基础的无奈的调适结果。

一般认为，就上层建筑特别是意识形态对经济基础的适应状态，在现实中基本表现在：一是反映该社会占统治地位的经济制度和政治制度并为其服务的占统治地位的意识形态；二是反映已被消灭的旧经济制度和政治制度的意识形态残余；三是反映现存社会里孕育着的新社会因素并建立新的经济制度和政治制度为之服务的新意识形态。当然，在实践中，可能表现得比以上情况更为复杂。在当前注重经济建设的氛围下，特别要加强对马克思主义经济学的指导研究，努力在创新上层建筑对经济基础反作用上发挥能动性。

马克思作出资本主义必然灭亡、社会主义必然胜利的历史论断，既不是出自痛恨资本主义的道德义愤，也不是源于向往共产主义的善良幻想，而是基于对经济运动规律的科学认识，是客观地揭示了人类社会发展的必然规律。因而马克思主义的理论是真理，是科学，是指导我国社会主义革命和建设的理论基础，它的基本原理是毋庸置疑的。因此，我们必须抛弃那些在口头上承认马克思主义基本原理，而在实践中又背离甚至反对马克思主义基本原理的假马克思主义者。

第二节 高校思政工作要正确处理好马克思主义中国化的几个关系

以马克思主义作指导，不仅要坚持其一元性，更要坚持其唯一性。也就是说，唯有以马克思主义作指导，才能坚持正确的社会主义发展方向，在实践中才不会走邪路。但是，马克思主义又不是僵化的、静止的、刻板的教条，要把握马克思主义必须随着实践发展而不断丰富和发展基本论断，而不是拘泥于个别的词句或囿于形势的个别论断。这就要求我们在高校思想政治工作实践中要正确处理好马克思主义中国化的问题。

毫无疑问，马克思主义理论必须要向前发展，但发展必须在科学马克思主义的基础上发展，它要求在马克思主义基本原理指导下，结合各个国家前进中某一阶段的实际情况，创新出这一阶段相适应的路线、方针和政策，即既要坚持马克思主义的立场、观点和方法，又要积极推进适合经济发展的创新理论，不断创造出根源于马克思主义的、具有中国特色的社会主义的理论体系。这种发展不是根本性的理论否定，更不是否定我们自身，而是把新时代中国特色社会主义理论体系与马克思主义一脉相承，是建立在发展中的马克思列宁主义、毛泽东思想基础之上的，而不是改弦更张、另起炉灶。

在高校思想政治教育工作中，就推进马克思主义中国化的问题上，有几个关系应该引起重视，正确处理好。

一 辩证地看待理论的适用性

在马克思主义理论基础之上创新的思想和观念，由于受到历史条件的限制、创新者个人理论水平的高低、对马克思主义理解和把握的程度、思维方式的特点、知识面的宽窄、预见的准确度,甚至个人喜好的差异和品质的优劣,决定了该理论的正确程度及时效。在具体实践中,有时也会出现这样的现象:运用的理论在某一时期指导的重点工作和中心任务,会过分强调甚至武断决定某些政策,从而缺乏整体性的考虑;在行政领导者狭隘政绩观的影响下导致眼前利益和根本利益的关系权衡上处理不适;在发展经济和推行社会主义核心价值观上失衡;等等,从而导致该运用理论在自身上有一定冲突,无法自洽。这些无法自洽的因素,若继续作为今后工作的指导思想,会引起不良后果,应该予以及时修正。

在理论自洽的问题上,还有一个前后有机衔接的因素。由于行政领导者个人风格的不同,其创新出的理论、思想、观念,虽然都是对马克思主义的继承和发展,但由于受主观因素的影响,会带有自身及历史的特殊印记。这些印记,决定了行政上、下任在理论上的差别和纠结,有的甚至完全不同。所以,既或是正确的指导思想,也会让人们感到无所适从。

二 观念的阶段适用性

根据马克思主义的基本原理而制定出的各种路线、方针、政策,是一定历史时期的工作目标,是针对某一发展阶段的具体实践,是对马克思主义在具体问题运用上的改良和推进。由于各时期社情和国情的差异,这个推进过程必然要受这一阶段的时间、空间、条件的限制。革命和建设的侧重点转换,亦必须不失时机地提出新的奋斗目标,以及为适应这个目标而采用的相应手段,不应该、也不可能有适应所有病情的灵丹妙药。如同真理具有相对性一样,某些理论,在上一阶段可能是完全正确的、适用的,在本阶段就可能不完全适用了,需要进行修正;而到了下阶段,就可能完全不适用,需要新的理论来指导实践。因此,这些具体的路线、方针、政策,是不宜、也不可能作为整个社会主义事业这个大的历史阶段的指导思想。

从历史发展的全过程来看,任何观念,无论当时是如何正确,都要有其一定的阶段适用性,发展和创新只是在运用马克思主义理论的使用方法上和具体内容上有所改良和推进。因此,作为指导思想,只能是适用于整个社会主义历史阶段的经典理论、基本学说和科学的思维方式。如果我们说马克思主义不是僵化、静止、刻板的教条,必须随着实践的发展而不断丰富和发展，那么根据马克思主义的基本原理而推导出的理论、思想及观念，就更需要不断地推陈出新了。

三　多指导即无指导

依照马克思主义的基本原理而创新的理论、思想、观念，是把马克思主义和中国的具体实践相结合的产物，是一定时期的工作目标和具体办法。不应该在马克思主义作指导思想的基础上产生二级甚至多级的具体理论又作为其根本的指导思想。哪怕这个理论在当时的历史条件下是正确的发展性理论，也会产生多指导即无指导的逻辑悖论。

对马克思主义在中国的发展或者说是马克思主义的中国化问题，各种理论各有自己的特色和适用的时空性，在客观上不可能是等价的。我们认为，较为全面、准确地发展了马克思主义并在社会主义革命和建设中具有独创性的，只能是以毛泽东、邓小平、习近平等为代表的中国特色社会主义理论思想。指导我国现在阶段发展的习近平新时代中国特色社会主义理论思想是马克思列宁主义在中国的运用和发展。

实践证明，一般路线、政策都有起作用的具体的历史条件。随着条件的变化，路线、政策的发展变化是极为正常的事情。而各国特色社会主义理论，都是在指导思想一元化的要求，即"指导我们思想的理论基础是马克思列宁主义"的本源下，基于马克思主义根本原理而衍生出来的理论、思想、观念，它们是现阶段对马克思主义的最新发展。也只能是在马克思主义的指导下，在改革开放这一历史阶段中所适用的具体的路线、方针、政策和办法，从而有其阶段适用性，不宜作为整个社会主义的历史阶段的指导思想，以免造成指导思想上的混乱。这也是马克思主义的实事求是理论在实践中的体现。

另外，由于时空的差异和个人不同的视域感受，这些理论、思想、观念，如同上面所分析的那样，自身亦由于存在着某些先天不足、不能自洽以及和下一届理念的衔接等问题。作为统一指导思想，客观上会导致本本主义，形成另一形式的多元，最终可能导致马克思主义指导思想的一元化走样和虚设。

四　一元为主多样并存

提倡指导思想的一元，并不排斥思想文化的多样性，而是强调坚持马克思主义在意识形态领域的指导地位与发展丰富多彩的文化,这与社会思潮的多样化不仅不矛盾,而且根本一致,它是主旋律与多样化的统一。正确处理好二者的有机关系,不仅可以防止思想僵化,而且可以防止各种错误思潮的泛滥。二者结合得越好,马克思主义在意识形态领域一元化的指导地位就越巩固、学术的研究和争鸣就越有发展前途、思想的碰撞就越活跃,进而在思想文化领域形成一种真正和谐的局面。

如果否认社会主义初级阶段思想文化的多样性,坚持马克思主义指导思想就失去了理论依据和事实依据,由此,加强党的思想政治工作就会成为无的放矢的空洞口号;相反,如果否认指导思想的一元,多种思想文化并存的状态就没有了主旋律的引领,也就会消解主流意识形态,成为社会不和谐的因素。所以,我们坚持一元化,是在多样化烘托下的一元性;我们允许的多样,是在一元主导下的多样性。没有一元化,多样化就失去了主导;没有多样化,一元化就会只是简单的公式和生硬的概念。从这个意义上说,一元化与多样化共存不仅不矛盾,而且多样化本身就是一元化的内在要求和固有特点。

同样,建设社会主义核心价值体系,必须毫不动摇地坚持马克思主义的指导地位,用一元化的指导思想引领多样化的社会思潮,巩固和发展积极健康向上的主流意识形态。① 同时,我们要尊重差异、包容多样。我们要努力在多样中立主导、在多样中谋共识,用多样推动一元化的发展,用一元主导多样并存,并在最大限度上扩大共识,进而取得较佳的社会效果。

第三节 高校思政工作要坚定不移地批判各种歪理邪说

提倡理论多样并存,并不等于包容一切理论思想。在尊重差异、包容多样的原则下,必须保持清醒:对这种理论尊重和包容的内涵和外延有没有边际?哪些是我们必须坚持的,哪些是可以包容的,哪些是必须明确反

---

① 刘云山:《更加自觉、更加主动地推动社会主义文化大发展大繁荣》,《人民日报》2007年10月29日。

对的，应当有一个明确的界定。而且，在界定中要正确区分学术问题、思想认识问题和政治问题。在出现错误思潮泛滥的情形下，更应注重反对两种错误倾向：一是借马克思主义之旗，行反马克思主义之实。有些人在马克思主义中国化的口号下，或借马克思的个别词句，贩卖自己的私货；或借发展之口，篡改马克思主义的基本原理，行修正主义之实；或对马克思主义一般认可，但在重大是非问题上背离马克思主义的精髓；等等。二是公然打着反马克思主义的旗帜，行资本主义之实。在我国的思想理论界，有人公然对马克思主义持贬低与排斥态度。他们在各种讲坛、媒介和出版物中，颂扬西方理论体系、排斥马克思主义理论体系的暗流非常强劲。其中，比较典型的就有如下几种表象。

（一）在政治上，公然反对走社会主义道路，反对党的领导地位；

（二）在理论上，鼓吹资本主义的普世价值观，削弱社会主义核心价值体系的指导作用；

（三）从经济上，扩大私有范围，倡导一私就灵，借口市场经济大搞体制私有化，甚至提出要"走一段资本主义道路"的谬论；

（四）从价值观上，放大所谓"理性经济人"的处世观念；

（五）从道德观上，信奉"人不为己，天诛地灭"理念；

（六）在立法主体上，背离"为人民服务"的根本宗旨，导致某些执法观念和制度已成为社会不稳定因素的幕后推手。

以上的一些乱象表现，无论是思想糊涂也好，还是利欲熏心也好，我们都要从马克思主义一元化的指导思想的角度思考，认识到它们都是反马克思主义的意识形态，要求我们思想政治工作者要给予坚决、有力的回击。在学术争鸣的基础上，我们要发动群众进行讨论，分清是非，明确方向。至于那些明确表示反对马克思主义、反对走社会主义道路的，我们则要坚定不移地对其言行进行批判，尤其是对那些表面挂着共产党的招牌而暗地反对共产党的"两面人"，更应在帮助教育的基础上进行严肃处理。毕竟，那些所谓内部的"两面人"的歪理邪说更具迷惑性，更有影响力。这就是我们常说的，堡垒最容易从内部被攻破。

时任全国人大常委会委员长的吴邦国曾说过：从中国国情出发，我们不能搞多党轮流执政，也不能搞指导思想多元化，更不能搞"三权鼎立"和"两院制"，不搞"联邦制"，不搞"私有化"。这个"五不搞"，绝不是无的放矢，而是针对性极强的郑重政治宣言，是对那些主张搞资本主义的西化派的一记猛锤。我们要以此为据，对上述的歪理邪说主动进行有理、有据、有力的批判，从而为贯彻马克思主义一元化的指导思想扫清前进的障碍。

第四节　马克思主义理论必须和当前的社会实践紧密结合

马克思指出：批判的武器当然不能代替武器的批判，物质力量只能用物质力量来摧毁，但是理论一经掌握群众，也会变成物质力量。理论只要说服人，就能掌握群众；而理论只要是科学和彻底的，就能说服人。这里所说的彻底，就是抓住事物的根本。① 这一结论充分说明了马克思主义的理论必须用以掌握群众，而掌握群众的基本评判方法就是说服人。只有说服人，让理论变成群众的自觉行动，才会变成改造世界的物质力量。

坚持理论联系实际，就必须坚信马克思主义的理论是科学和彻底的。其彻底不仅表现在对资本主义社会腐朽思想的否定，还表现在对人类社会进入社会主义的必然发展方向的肯定，更表现在为实现这种发展方向而采取的思维方式和思想方法。坚持把马克思主义的理论和当前的社会实践紧密结合，就是我们为实现马克思主义一元化指导思想所必须遵循的思想方法。

坚持理论联系实际，就必须扫除现实中不良的思想障碍。由于现实各种潜规则的流行，思想领域也被带向了泛市场经济化的方向，蒙上了严重的功利主义的色彩。马克思主义虽然在某些正式场合被他们奉为经典，但同时也在一些关键场合被束之高阁。一时期，充斥各种媒体的是"打左灯向右拐"的黑话和假、大、空的时髦话，或者是正确而无用的废话和八股气息浓烈的官话。要彻底改变这种状况，必须来一场思想大革命。最近中央的主题教育活动，应该就是在党内自觉进行的一次自我思想革命活动。

坚持理论联系实际，除了要做到理论要掌握群众，更重要的是要掌握

---

① ［德］马克思：《〈黑格尔法哲学批判〉导言》，《马克思恩格斯选集》（第1卷），人民出版社1972年版，第9页。

制定政策的行政主体及其代理执行人。这种掌握，不是被动地接受，而是一种内部自觉的意识，是把马克思主义的精髓内化为自己的主观世界，从而达到一种自觉地去用马克思主义的思想来指导自己的言论和行动的境界。对于一般人来说，就有一个从口头上赞成，到被动地接受，最后主动地运用这样一个逐步推进和转化适应的过程。这个过程有可能是漫长的甚至是痛苦的！特别是在世界的社会主义处于相对低潮之时期，马克思主义在被一些人淡化、边缘化的情景下更是不容否认的客观事实。在这种情形下，这个过程还可能会经历一个同资本主义思潮进行博弈的且前景不太明朗的惨烈阶段。同样在社会主义内部，当马克思主义者刀刃向内，用手术刀在切割恶性肿瘤的时候，被切割者虽然从理性的角度会认可这是对自己唯一且有利的方法，但很难想象他们会去笑面相对且不担心癌细胞扩散的！

坚持理论联系实际，就是要在新的历史条件下坚持马克思主义，关键是要及时回答实践提出的新课题，从而为实践提供科学指导。就是要从人们最关心的民生问题入手，用马克思主义的世界观科学解答并及时解决各种社会乱象产生的原因，说明当前社会各种病源思想产生的机理，特别是贫富差距加大、社会道德滑坡的深层次原因，并在马克思主义的基本原理指导下，不失时机地提出解决这些问题的路线、方针和政策。而不是说一些所谓的没什么错误但无用的空话，开一些空头支票；或是采取头痛医头，脚痛医脚的简单平衡术，为维稳而维稳，为大家和谐而和谐。

社会的发展由青年主导，而高校的在校大学生是青年中的最有活力的优秀分子。在校园学生中频发的集体性诉求，其带来的社会恶劣影响毫无疑问是最强大的。但是，只要我们从思想上认真加以高度重视，从实际上（包括教材选用、课程误置、教师政治素质、讲授方法、批判精神等）而不只是口头上用马克思主义作唯一的指导思想，而是采取包括五个思政（学生思政、教师思政、课程思政、学科思政、环境思政）在内的各种有效措施切实提高大学生整体的政治思想素质，那么，高校思政教育工作职能才能真正得到落实，校园侵权及集体性诉求的可能性才会大大减少。

第八章

把党建与思政工作优势不断转化为高校治理效能

我国党建与思政工作实质是强化社会主义核心价值体系建设，而建设社会主义核心价值体系，是意识形态领域里的一场硬仗，要想把社会主义核心价值体系变成干部和群众都能普遍理解接受，从而自觉遵守奉行的价值理念和基本准则，正确的思想方法是关键。在把七个方面的思想方法和工作方法作为建设社会主义核心价值体系的基本手段的基础上，还必须强调以敢字为前提，以紧密联系社会生活实际为主要形式，以马克思主义哲学的三大规律为思想武器，才有可能对社会主义核心价值体系的建设起到实质性的推动作用。

然而在具体的高校思想政治教育工作实践中，思想方法的正确与否决定着事物的成败得失。特别是在意识形态领域，一个好的观念的形成、推广，到最后能内化为广大干部和群众能自觉遵守奉行的行为准则，离不开思想方法的有效指导。自推行社会主义核心价值体系以来，收效不大，与之相对立的某些价值观念反有愈演愈烈之势。究其原因，除了社会主义核心价值体系的推行仅限于理论上的探讨、书面上的宣传、文字上的堆砌以外，思想方法上的失误和缺失是一个极其重要的原因。大量的有关文章，仅局限在对社会主义核心价值体系的内涵、内容、必要性、重要性、意义等层面的论述，稍作深入的，也只是对社会主义核心价值体系四个方面的内容作了一些平铺式的展开，但对于推行社会主义核心价值体系能收到卓越成效至关重要的思想方法（包括工作方法），研究的文章较少，特别是能联系社会生活实际，有的放矢的文章几近于无。这对于建设社会主义核心价值体系的工作是极为不利的。

一种理论、一种观念，它的主要作用在于指导社会实践。箭再好，如果不用来射敌，则再好的箭也是没有意义的。社会主义核心价值体系的提出，是一个理论上的创新。对于我们反思现在社会出现各种问题的原因，进而找出解决问题的办法，以利于巩固党的优良传统和作风，坚持社会主义主流意识形态的主导地位并在新时期大力贯彻科学发展观，都有着极其重要的作用。为把社会主义核心价值体系的推行落到实处，使其真正内化为绝大多数干部和群众的精神支柱和行为准则，本着学术研究无禁区的原则，本书作者试图从思想方法上对建设社会主义核心价值体系中存在的问题有针对性地提出一些具有探索性的设想和办法，以促使社会主义核心价值体系的建设能又好又快地向前推进。

第一节　要敢于正面提倡社会主义核心价值观念

改革开放以来，虚假的东西不仅在经济领域盛行，在意识形态领域也是潜滋暗长。什么"说的不做，做的不说""打左灯向右转"，等等，在思想战线似乎已成了某些主流们心领神会的潜规则。正是由于这些潜规则的流行，使得用马克思主义的指导思想作为建设社会主义核心价值体系的灵魂基本处于停顿状态。

习近平总书记强调：我们党必须坚持马克思主义的思想路线。坚持把马克思主义基本原理同推进马克思主义中国化结合起来，就是要在坚持马克思主义的基本立场、观点和思想方法的基础上，结合中国的实际情况，创立中国特色社会主义理论体系。这个理论体系，坚持和发展了马克思列宁主义、毛泽东思想，而不是放弃和偏离了马克思列宁主义、毛泽东思想。

承认马克思主义的指导思想是建设社会主义核心价值体系的灵魂，就要分清什么是真正的马克思主义，什么是披着马克思主义外衣的其他社会思潮，什么是公然和马克思主义唱对台戏的资本主义思潮。敢于正面宣传和提倡马克思主义的理论体系，包括马克思主义中国化的毛泽东思想，而不是说的是一套，做的是另一套；或是会上决定的是一套，会后执行的是另一套；党中央号召的是一套，某些地方政府执行的又是另一套。

某些主流媒体，或是受到了利益集团的诱惑，或是受到了某种思想的束缚，或是受到了来自某些方面的压力，不敢或不愿发表宣扬社会主义核心价值观念的文章，看见马克思、毛泽东的字眼就神经性地反跳。更多的人，是揣着明白装糊涂，在圆滑处世的思想指导下，也是不敢公然表明自己的观点,更不用说认真研究实行了。所以要建设社会主义核心价值体系,首先就要解放思想,敢于坚持真理。而解放思想,首先就要有正确的表达方式,即表达如何建设社会主义核心价值体系的思想和方法。

马克思主义能够为建设社会主义核心价值体系提供正确的立场、观点和方法,奠定社会主义核心价值体系的科学的理论基础。坚持马克思主义,就要坚持马克思主义的基本立场,坚持马克思主义关于国家、阶级、社会制度等的基本表述,要用马克思主义关于生产资料的所有制形式、产品的分配形式、生产力和生产关系的相互作用等基本原理来指导我们的经济体制改革。离开了马克思主义的这些基本原理,坚持马克思主义就成了一句空话,或是一张虎皮。

坚持马克思主义,还要坚持马克思主义中国化的毛泽东思想,胡锦涛同志曾经强调:"在任何时候,任何情况下,我们都要始终高举毛泽东思想的伟大旗帜!"而现在的情况是,有些人不仅没有高举,也没有平举,有些举动可以说就是在砍旗。除此而外,在思想战线上还有一种怪现象,即对毛泽东及其时代所谓的错误可以进行肆无忌惮的批评,而对另外的错误却是讳莫如深!如果从某些新自由主义力挺的公平角度来讲,这种做法也是有失公允的。难道批评错误还要看人看脸色行事?有的理论家还有一种怪论,说什么中国特色社会主义理论体系"不包括"毛泽东思想,继承和发展了毛泽东思想却可以"不包括",难道中国特色社会主义理论体系是从天上掉下来的?①

在建设社会主义核心价值体系的过程中,正面宣传工作要有特色:要采取群众喜闻乐见的形式,不要板着面孔训人;要联系实际解决问题,不要不着边际地空发议论;立论要生动活泼,不要八股文;少讲正确的废话,多做有效的工作。要真正做到解放思想,就要丢掉敏感和忌讳的束缚,丢掉"千文一面,千声一腔"的抄袭,以促进优秀思想的表达和传播。

第二节 要敢于对错误思潮进行理性的批评

党的十七大指出:要"积极探索用社会主义核心价值体系引领社会

---

① 陈英:《论毛泽东唯物辩证法思想对二元对立思维的超越》,《毛泽东研究》2020年第2期。

思潮的有效途径，主动做好意识形态工作，既尊重差异、包容多样，又有力抵制各种错误和腐朽思想的影响。"对这一精神，有的主流媒体很是有点不以为然。一方面，它们祭起淡化意识形态的旗帜，以思想站立者的傲慢抵制社会主义核心价值体系的正面宣传；另一方面，又高举不争论、不反思的棍子，以满腹经纶的底气拒绝对新自由主义的批评。其实，它们所谓的淡化意识形态，不过是淡化无产阶级的意识形态，以利于强化资产阶级的意识形态；所谓的不争论，实际上是只许州官放新自由主义的邪火，不准百姓点社会主义的明灯；所谓的不反思，就是企图将"民主社会主义"的错误道路坚持到底。对错误思潮不批判、不制止、不斗争，则错误思潮就一定会泛滥，就会不断蚕食社会主义的舆论阵地，社会主义核心价值体系就可能遭到惨败。苏联的亡党亡国已经充分地证明了这一点。

马克思主义的哲学从来就认为，任何事物都是处于对立而又统一的矛盾运动之中，统一是相对的、静止的；而矛盾的斗争是绝对的、运动的。不破不立、不塞不流、不止不行，对于错误的东西，你不打，它就不倒。不破"理性经济人"的错误思潮，全心全意为人民的宗旨就没法立起来；不塞普世价值观，社会主义核心价值观就别想成主流；不止资产阶级的"新自由主义"理论，科学发展观就无法盛行。这就是事物的运动法则在意识形态对立上的具体体现。

由于资产阶级新自由主义思潮的蔓延，有些主流媒体根本不把社会主义核心价值观念放在眼里，而是肆无忌惮地宣扬什么"民主社会主义""普世价值""理性经济人""牺牲自己造福别人是愚蠢的想法""没有禁止的就可以干"等极其庸俗的或资本主义的价值观，如有些为了一味讨好观众的影视产品，公然歪曲历史、美化汉奸、宣扬色情的电影在一些公众场合放映，给社会、给青少年造成不良的影响时有发生，这必须引起我们宣传部门的高度警惕。

对于党的十七大精神，有些媒体确实是有点阳奉阴违。迄今为止，还很少看到在主流媒体上由官方或是民间发表的具体批评错误思潮的文章。相反，大量的错误言论却经常堂而皇之地出现在主流媒体上，某些人一提起人性、人权、自由、民主、普世价值就津津乐道（当然不排除社会主义也可以利用其中的合理部分）。而对为人民服务、消灭剥削压迫、公有制的主体地位等就讳莫如深。辩证唯物主义从来就认为：人们的社会存在决定人们的社会意识，立场决定言论，屁股决定脑袋。某些主流媒体，自我标榜思想中立，人格上特立独行，实际上是新自由主义的甚嚣尘上。是西方资本主义意识形态的翻版，说得更直白一点，就是老百姓所说的美国鹦鹉。

当然，如果就百花齐放这个层面上说，错误思潮的存在和反映也不是不可以，"学术研究无禁区"嘛！但是，反驳错误的文章却登不了大雅之堂，这就有点奇怪了！如果我们用比较思维来鉴别一下，这种怪象不能不使我们联想到这样一个问题：主流舆论阵地是不是已经有点失控？要想真正坚持马克思主义在意识形态领域的指导地位，主流舆论阵地一定要牢牢掌握在真正的共产党人手里，要牢牢掌握意识形态领域的控制权、主动权、话语权。

我们要使多样化的社会思潮尽可能发挥最大限度的正面影响，就必须正确认识和把握社会主义核心价值体系与多样化社会思潮的关系。在意识形态层面，采取"不破不立"的态度，提倡积极的思想斗争，对错误思潮应当进行理性的批判。

在批判中，应该做到立场坚定、态度鲜明、大义凛然、尖锐泼辣。文风要锋利明快、一针见血。反对那种不着边际的隔靴搔痒，讨厌那些态度暧昧、隐晦暗涩的语言，那种欲言又止、欲说还休、遮遮掩掩、羞羞答答、犹抱琵琶半遮面，生怕触动了利益集团敏感的神经，是做不好批评工作的。当然，批评错误，并不是否定已取得的成绩，更不是一棍子把人打死。要分清层次，区别对待。有的是思想模糊，有的是恶意宣传，有的是企图颠覆。根据错误的程度、影响的大小、错误的根源，可分别采取沟通、讨论、商榷、批评、批判等形式。不论何种方式，均须分清是对还是错、是荣还是耻、是提倡还是反对。对某些有代表性的错误思潮，就是要理直气壮、针锋相对、抓住要害、反击到底，坚决打击利益集团的错误言论，而不要投鼠忌器。

有人利用汶川大地震激发出来的"一方有难，八方支援"的生动场景，他们不说它们是中华民族的传统美德、血浓于水的激情，也不说是毛泽东提出的为人民服务的宗旨的具体体现，而是借机宣扬什么普世价值。我们要充分利用优势，打压恶意言论，在操作层面上应明确提出，要理直气壮地、毫不客气地批评资产阶级所宣扬的"理性经济人""牺牲自己造福别人是愚蠢的想法"等极端自私的意识形态。民间在网络上的批评如火如荼，但官方的却是"沉默是金"，主流们是推波助澜。民间的批判代替不了官方的意图，更起不了引领作用。有些内容虽然不是尖锐对立的，但也是不兼容的。在社会主义核心价值观的比对下，其他的价值观都会不同程度地露出自己的尾巴。

第三节　要敢于让群众（师生）发表观点见解

密切联系群众、批评和自我批评是我们党的三大优良作风，要密切联系群众，就要认真、广泛地听取群众的意见和呼声，接受群众正确的建议和批评，这是我们搞好各项工作的最基本的保障，也是共产党能永远立于不败之地的基础。建设社会主义核心价值体系的最终目的，无非是把社会主义核心价值观念变为群众自觉的行为，这就更需要群众的认可了。如果说在信息闭塞的古代和近代，实行愚民政策还可暂时奏效，在信息高度发达的当代，那么做就显得有点自欺欺人了。民意宜疏不宜堵，要让群众说话，天不会塌下来。不让明说，势必私下议论。所谓的敏感问题，在互联网相当发达的今天，其实是锁不住的，越是封堵，越是容易从好奇、揭盖发展到不满。有意见明着说，正确的可以接受、不清楚的可以解释、错误的可以引导，因错误的私下议论，其影响如同小道消息，将会越传越广，影响越来越大。所以，要进一步提高透明度。

事无不能对人言，共产党人襟怀坦白，无私无畏，没有什么见不得人的东西，没有共产党怕群众的道理。从另一个角度来看，改革开放是一项伟大的事业，是"摸着石头过河"，既然是摸，就表明有些情况不是很清楚，在鱼目混珠、泥沙俱下的情况下，就有可能摸错，就有可能摔跤。如果我们在错误政策出台前就能听取意见，就有可能不出错；在错误执行过程中听取意见，就有可能及时终止错误；在错误造成恶果后听取意见，就有可能今后不再犯类似错误。总之，如果是群众监督，就可将错误造成的损失减少到最低。敢于及时纠错是立信的表现，也是自信力的外示。

从保护群众的利益出发，也必须倾听群众意见，群众愿意说话，表示还有爱党爱国的热情，还没有完全麻木。如果真的万马齐喑，那就相当危险了。不愿提意见的，除了麻木以外，可能是相对自私的，生怕影响自己的前途或是招来厄运。利用工作上的失误进行恶意攻击的人终究是极少数；热忱希望改造错误的，肯定是绝大多数。从这一点上说，我们应该热忧欢迎来自基本群众的批评意见,不要忌讳敏感,不要怕冲动、不要怕上访。

但在实际工作中,有些地方政府和某些干部,却是视群众意见为大逆不道,防民之口甚于防川,如重庆的彭水诗案、辽宁西丰警方赴京抓记者案,就是防民、怕民乃至害民的较为典型的案例。

还要尽可能地端正学术风气,大刀阔斧,力挽狂澜,如果说实践是检验真理的标准(暂且不说是唯一标准),那么40多年改革的实践,检验出了什么?

第四节 要敢于面对社会(高校)的现实问题

实事求是是我们党的一贯的思想方法,在建设社会主义核心价值体系的过程中,要贯彻中国特色社会主义共同理想这个主题,就必须接受社会生活实际的检验,也只有社会生活实践,才能检验社会主义核心价值体系的正确性和实际贯彻情况的可行性。必须紧密联系社会生活实际,坚持用人民拥护不拥护、赞成不赞成、高兴不高兴、答应不答应来衡量我们的一切决策,把实现好、维护好、发展好最广大人民群众的根本利益作为制定实施改革、发展、稳定各项方针政策的依据。根据这个道理,那么,房改造成的高房价,人民拥护吗?教育产业化导致的高学费,人民赞成吗?医疗市场化使得老百姓看不起病,人民高兴吗?国企改革致使大量的国资流失和几千万名职工下岗,人民答应吗?造成公务员和一般职工收入巨大差别的退休双轨制,人民满意吗?应该说,答案都是否定的,然而,这些政策都制定了、实施了,且后果也显现了,谁来为此埋单?谁来为此善后?谁又为此作过一次认真的而不是敷衍的自我批评?这些实实在在的民生问题,如果没有认真负责的精神、力挽狂澜的勇气,是很难从根本上彻底解决的。如果真想以民为本,真想扎扎实实地建设社会主义核心价值体系,就应该有勇气承认这些问题,认认真真地研究这些问题,并采取有力措施切实解决这些问题。只有这样,社会主义核心价值观念才能深入人心、赢得人心,才会获得人民发自内心的赞同,才会发挥巨大的指导作用。反之,当人们对社会公平的期待和追求与现实生活中种种不公平现象产生强烈反差的时候,理想信念就有可能动摇,产生严重的不平衡心理和失落感，就有可能从一个极端走向另一个极端，导致信仰危机和信任危机，这是当前某些领域认识问题增多、社会思潮激荡的一个重要原因。因为一定的思想认识问题乃至社会思潮总是同一定的利益关系联系在一起的。

要贯彻中国特色社会主义共同理想这个主题，还必须正视越来越扩大的贫富差距和两极分化问题。根据世界银行公布的数据显示，中国居民收入的基尼系数曾一度由改革开放前的0.16上升到目前的0.47，不仅超过了国际上公认的0.4的警戒线，也超过了世界所有发达国家的水平。由于部分群体隐性福利的存在，有专家认为中国实际收入的差距还要更高。《瞭望》周刊载文指出，中国的基尼系数高于所有发达国家和大多数发展中国家，也高于中国的历史高点，中国居民收入差距已超过合理限度。那么，号称是为中国最广大人民的根本利益服务的中国共产党人，我们所有方针、政策、制度、规定、措施、办法，是在扩大这个分化，还是实在地真诚地在逐步缩小这个分化，这是考验我们是在真贯彻还是假提倡中国特色社会主义共同理想的试金石。

社会主义的共同理想是一个美好的愿望，社会生产关系的变革应该朝着这个美好的愿景去实施。主流意识形态的张扬也必须有深刻的社会经济形态作背景，社会主义核心价值体系即便是真理，如果经济形态不予配合，反差太大，甚至反其道而行之，再正确的理论也会引起群众的反感，遭到强烈反弹，甚而破产。因此，我们建设社会主义核心价值体系，不仅要敢于面对社会现实，还要敢于弄清社会现实中存在的黄赌毒黑假、贪坑骗打杀等社会丑恶现象的根源，并采取有力的经济手段进行相关的制约。研究社会道德滑坡的经济形态方面的原因，可以说法各异，但私有制及其思潮是万恶之源，这还真是已被社会实践反复检验过的相对真理。从这一角度来说，我们必须重视社会主义核心价值观念对经济形态的反作用，并敢于纠正不符合社会主义核心价值观念的某些经济体制的改革。比如国企改革，如果我们的国企改革只是为了让企业高管以高工资和MBO无偿地蚕食国有资产（这比贪污受贿还划算）而让几千万名职工失业，（这类丑剧还在继续上演），那又叫人如何相信全心全意依靠工人阶级不是在作秀？以民为本是一个正确的执政理念，一般地说说可以，真要落实到行动，那还确实是需要勇气的。如果在实际执行中又是另一套，那这个以民为本还有多少人能相信？

因此，要把社会主义的共同理想变成人民大众认可并为之去奋斗的行为，首先，就要做到在制定大政方针时，充分考虑最广大人民的眼前利益和根本利益的结合，而不要打着"阵痛"的招牌既损害群众的眼前利益，更损害群众的长远利益。其次，在处理具体问题时，应该排除利益集团和为其服务的某些"官学媒"的干扰，既治标，更治本。要让群众从内心真诚感觉到社会主义核心价值观是真心诚意为人民的利益服务的，而不是仅限于做表面文章和流于形式主义。

因此，我们必须对社会做一个倡导性、规范性、强制性的要求。做到道德建设既有崇高目标的指引，也有实事求是的落实。在一定条件下，努力把目标性、规范性的要求变成群众内在的长久的自觉行为。在这里，社会主义荣辱观是基础。目前的社会道德滑坡现象，这已不需论证。要提倡社会主义核心价值观念，就要充分肯定英雄人物的英雄事迹，不仅要肯定历史上已有定论的民族英雄和现代的英烈（这一点看来已经很困难，最典型的莫如董存瑞，竟然闹到要其家属为其打官司正名的地步），还要正面肯定那些见义勇为的义举和反腐败的斗士，不要让英雄流血又流泪。即使这中间有其他问题，也应对群众有一个明晰的交代，比如南京彭宇案、安徽阜阳李国福案、鞍山市国税局李文娟案等，以利于树立正气，打击歪风，以此做好正面行为导向。

第五节 要敢于号召领导干部先"廉"起来

政治路线确定之后，领导干部就是决定的因素。干部的廉洁奉公，是建设社会主义核心价值体系的有力保障。因此，我们倡导干部带头，党员当先锋。在当前的情况下，改革的大方向都是正确的？不论是定性分析还是定量分析，这个结论都是不正确的。在此引用邓小平同志的一句话：在干部中存在大量腐败的现状下，要号召干部先廉洁起来，是需要勇气的。很多时候反腐败的力度仅仅体现在口头上、文件中，尽管也惩处了一批重大腐败分子，然而所起的威慑作用微乎其微，腐败愈演愈烈趋势并没有得到根本扭转，"前腐后继"的现象屡见不鲜，以至于有百姓对我们官员队伍发出"腐败是常态，廉洁是例外"的评论。话虽然有些偏颇，但也从侧面反映了百姓对根治腐败缺乏信心！

群众看党员，党员看干部。从干部到官员的转变，不仅是称谓的转变，实际上是地位的改变。干部和群众，官员和老百姓，看似一样，其实是两个不对等的概念。可以说是权力、地位、利益、服务等诸多关系的转变。在这里，领导干部是关键。领导就是领路引导，干部应该先行一步。领导干部的行为及其体现出来的理论素养、理想信念、精神面貌、思想境界、道德情操，对社会主义核心价值体系建设起着重要的示范和导向作用。每个领导干部都要以社会主义核心价值体系为镜子，日日对照、时时自省，以身作则、率先垂范。要求老百姓去做的，自己首先做到；要求老百姓不做的，自己坚决不做，用自己的模范行动和人格力量为群众作出榜样。不仅在于旧的三年清知府，"十万雪花银""千里做官，为的吃穿"等腐朽思想的影响，也有当代的理性经济人的诱惑，还有大量的腐败干部"牺牲我一个，幸福全家人"的价值观的作祟，更有大量的企业高管利用工资、MBO 等"合法"手段鲸吞国有资产的类比心理。

干部是建设社会主义核心价值体系的带头人，应该时时、处处、事事做群众的表率，本身的行为是最有影响力的无声命令，比空洞的说教更起作用。必须首先规范干部在经济方面的要求，对那些群众强烈要求采取措施而实行起来困难并不是太大的问题，如公款吃喝、公车使用、公费出国的"三公问题"，公务员的财产公示问题，应该立即采取有力措施予以解决。只要规定是合情合理、适度可行的，执行起来就一定要有霹雳手段，决不能心慈手软。

当然，本身的行为比空洞的说教更重要。某些干部的言论，特别是有些高干的某些模糊的、不规范的、与社会主义核心价值观念不太合拍的言论带来的副作用，比如最大限度地宽容民企初期的不规范、没禁止的都允许去干，等等，对人们的价值观念和道德养成也带来了极为不利的影响，应该谨言并对已造成的影响作适度的自我批评。

教化应该首先从党员干部特别是领导干部入手。只有当他们都真正树立了社会主义核心价值体系并且随时将之体现在他们的工作、学习、生活当中，民众才有可能由衷地接受这些作为客观之文的价值体系并且转化成作为主观之文的价值体系。正确的价值体系只有被人民群众普遍接受、理解和掌握并转化为社会群体意识，才能为人们所自觉遵守和奉行。建设社会主义核心价值体系，发扬党员干部的先锋模范作用，促使其成为社会发展的中流砥柱。

第六节　要敢于继承优良传统批判糟粕再创新

　　要敢于继承和创新，不要朝三暮四，反复无常，要有阶段稳定性。不要随个人的喜好和浮躁心态而动。我们老祖宗的文化中，是有很多东西可以继承的，我们要有文化自信，主动继承中华民族古老文化的精华。对于当前的指导思想，以爱国主义为核心的民族精神和以改革创新为核心的时代精神是精髓。我们坚持社会主义核心价值体系，必须很好地与这些传统文化中的优秀成分衔接起来，才能植根于中国深厚的社会土壤，才能获得人们的广泛认同而富有生命力。同时，社会主义核心价值体系是在思想大活跃、观念大碰撞、文化大交融的时代背景下提出来的，必须立足时代发展要求，反映时代发展特点，才能真正发挥其主流导向、价值引领作用。传统与时代的统一，使社会主义核心价值体系既承接了传统的精华，又富有时代的生机与活力。反之，如果我们不能正本清源，就只能是痴人说梦。

　　对于继承发展问题，我们强调继承要有根，什么是根呢？那就是我们的核心价值体系，只有同时植根于历史传统并符合时代要求，才能成为动员整个民族为中华民族的伟大复兴而共同奋斗的推动和凝聚力量。如果传统也被疯狂地颠覆，比如否定岳飞的抗金和狼牙山五壮士的抗日，那当然也被说成是"爱国"，只不过表面上的"曲线爱国"，实际上爱的是大金国、大日本帝国而已！不要把颠覆当时髦，也不要把叛逆当美德，如果颠覆和叛逆已被当成可以津津乐道的潮流，则反颠覆和反叛逆就需要极大的勇气了。我们不能忘记，中国人的爱心、仁慈、善良、互助、无私奉献、集体主义和社会主义价值观，华夏儿女、骨肉同胞血浓于水的激情，中华民族汇聚成的爱心和力量，这种精神才是中华民族的魂，中国人民的胆，中华民族的脊梁！

　　以爱国主义为核心的民族精神的传承，是一个大国复兴的重要条件。民族复兴要有深刻的文化底蕴，这就是中华民族优秀的传统文化和道德观念。不要把一个有源远流长的传统的书香之家变成一个毫无根基的暴发户。一个没有文化和精神寄托的"有钱人"是永远也跻身不了"上等人"行列的。

当然，我们所说的继承传统，并不是说不要创新，在传承基础上的创新，既是必要的也是可能的。那种把西方的价值观念不加分析的拿来主义式的创新，把苍蝇当蜜蜂、把毒草当香花的做法，是必须反对和唾弃的。尽管西方世界在后殖民主义时代通过文化渗透向大众所传播的个人主义、自由主义思潮在我国大众的伦理文化生活领域已形成一定的影响，国内也有一些人在推波助澜，但我们正义的力量是强大的，只要我们坚持文化上的自信，中华文化思想将永立不败之地。

第七节　落实好高校"立德树人"目标下的大学生素质教育方法

在我国，对中、小学生进行素质教育的重要性毋庸多言，只是由于社会习惯、教育体制等诸多因素，一时还无法从根本上扭转单纯的应试教育的运行轨道。然而，对于大学生的能力和素质培养，特别是从大学教育引导的角度，从发展的趋势及成长成才需求来看，却有许多需要改进的内容。

一　高校素质教育的现状

（一）从发展趋势上看，我国的大学教育已从原来的精英教育阶段大步跨越到大众化教育阶段。经过前些年的大规模扩招，我国高等教育毛入学率达到21%，在校生已超过2300万人，进入国际公认的大众化发展阶段。在这一阶段，由于大学毕业生人数的急剧膨胀，对社会的就业形势以及大学毕业生本身的质量带来了严重的挑战，人才的竞争进入了白热化时期。各大学应对这一局面的主要措施，就是要使自己的教学质量及时跟上社会就业形势的变化，也就是通常所说的要从注重外延的发展转到注重内涵的发展上，从单一的应试教育转到全面的素质教育的轨道上，这是其必要性。

（二）从教育的层次上看，高校毕业生的质量主要是而且必须经受社会用人单位的检验，而不是像中小学生那样只受上一级教育单位考分的检验。随着社会对人才理念的逐步成熟，对人才的价值取向也发生了巨大的变化。在市场经济条件下，用人单位对人才的要求是"实际、实用、实效",具有鲜明的功利性。适合的才是最好的,不适合的,学历再高,牌子再硬,头衔再多,也不感兴趣。那种高分低能型的毕业生不再受到市场的追捧,用人单位考虑更多的是人才的实际工作能力、是否具有创新精神和社会活动能力,一般都不希望对聘用的大学生支付很高的适应期成本。社会要求我们教育培养的人才具有宽广的视野,善于捕捉信息;有果断的决策能力,敢想敢干,勇于创新;有经济头脑,注重经济效益,讲究工作效率;同时还要有较强的法制观念,具有社会责任感,善于处理人际关系等品质。有的单位还要具体考查学生在大学参加过什么社团组织,做过哪一类型的工作,组织能力和相互沟通能力怎样,等等。这就为大学进行素质教育工作提供了可能性。

(三)如果说普通高校特别是名牌大学,由于受到国家财政拨款的大力支持,及多年的文化积淀形成的学术权威地位,尚可靠应试教育暂时支撑(其实这种支撑力也由于外国的某些大学,如哈佛、剑桥等教育模式的影响,及社会对普通高校毕业生的部分否定,如北大学子卖冰糖葫芦、清华学子毕业6年未找到工作等,从而变得十分脆弱),而新兴的民办高校一没有国家充足的财政支持,二没有悠久的文化积累,三没有社会对其教育成果长期、稳定的共同认可,要想在社会上站稳脚跟,就更必须扎实、全面地实施素质教育。

(四)从发展的前瞻性看,实施素质教育,不仅是个人自身现代化、发展持续化的需要,而且也是国家努力开发人力资源、积极参与未来国际竞争的需要,同时还是形成人类社会合作共存、人与自然和谐相处的大世界观、大人生观、大美学观的需要。

二 高校素质教育内涵界定

说到素质教育的内容,包括分类,就不能不谈到对素质教育内涵的界定。对其内涵,各方面争议较大,以至于搞了十几年的素质教育,在理论上还没有形成比较完整的思想体系。其中较为极端的说法,是认为素质教育这个概念本身就是一个悖论。从"素质"这个概念的原定义说,素质"一般指有机体天生具有的某些解剖和生理的特性,主要是神经系统、脑的特性,以及感官和运动器官的特性。是能力发展的自前提和基础";再来谈"教育",无疑是个悖论。然而,世界是不断发展的,时代是不断进步的,汉语的某些词汇,也要根据约定俗成或是不断发展的需要而不断地推陈出新。因此，我们在这里根据实用的原则，认为在特定的语境下把素质定义为"人在后天通过环境影响和教育训练所获得的稳定的、长期发挥作用的基本品质结构，包括人的思想、知识、身体、心理品质等"，是比较妥当的。而素质教育，则是"依据人的发展和社会发展的实际需要，以全面提高全体学生的基本素质为根本目的，以尊重学生主体性和主动精神、注重开发人的智慧潜能、注重形成人的健全个性为根本特征的教育"。

国内外学者对于素质及素质教育的分类，也是五花八门的。有从遗传和发展的角度认为素质由两部分构成，即先天素质和后天素质。把先天素质叫作内在素质，后天素质叫作内化素质。有人从结构角度出发，认为素质是由生理素质、心理素质和社会素质三个层次构成的。生理素质是素质的最低层次，它是人们与生俱来的感知器官、运动器官、神经系统特别是大脑在结构上和机能上的一系列特点的综合。它是纯先天的自然素质。心理素质是第二个层次，它是在先天自然素质的基础上，通过后天的教育作用、环境影响而逐步形成的。社会素质是最高层次，是人们后天获得的一切东西，如政治观点、思想认识、道德品质、行为习惯、知识技能，乃至世界观、人生观、价值观，等等。有人从教育的角度认为素质应包括思想道德素质、文化素质、业务素质和身心素质。还有人从全面教育方针划分为德、智、体、美、劳的。更有人从素质教育培养目标体系一级指标出发，包括6种素质，即德能素质、智能素质、体能素质、美能素质、技能素质、心能素质。说法不一而足，各有千秋。

综上，我们在比较研究后认为，对素质教育的分类，第一，要有一定的依据。第二，要有很强的概括性。第三，概念之间既有联系，又不易混淆。第四，方便开展工作。根据这些原则，参考《中国教育改革和发展纲要》的提法，把素质教育分成思想道德、文化科学、劳动（业务）技能、身体及心理素质这五个方面是比较合适的。其中，思想道德素质是根本，文化科学素质是基础，劳动（业务）技能素质是本领，身体素质是本钱，心理素质是保证。这五者既相互区别，不可混同；又相互联系，无法分割。

三 高校素质教育的五大分类表现

（一）思想道德素质

思想道德素质，一般来说包括三个大的方面，即政治观、人生观、道德观。这三方面既有区别，也相互联系。其中，人生观是基础，只有在正确的人生观的基础上才能保证有正确的政治观，才能有正确的行为规范，才能使自己的行为符合社会道德标准。

人生观就是对人生的目的、意义的根本看法和态度。人生观是世界观的重要组成部分，是世界观在人生问题上的具体表现。它指导着人们的生活方向，影响着人们的道德品质和道德行为，决定着人们一生的价值目标和生活道路。人生观同时也可称作人生价值观，是人们以自己的劳动创造出物质财富和精神财富去满足社会主体的需求，因而得到社会对他们创造的价值所作的肯定的衡量尺度。在人的一生中，由于先天禀赋和后天机遇及所受教育的差异，人生的价值也就有大小的差别。素质教育在这方面的任务，就是要教育学生对人生价值有一个正确的理解，树立一个正确的人生价值取向，建立正确的幸福观、苦乐观、荣辱观、恋爱观、友谊观、生死观等。

政治观主要是指对政治的看法和态度。政治在本质上体现了社会经济发展的利益要求和客观过程，反映了社会经济生活中各个集团、各个阶级的根本利益和利害冲突。没有纯粹的政治活动和政治关系。用通俗的话说，政治并不是抽象的、空洞的东西，而是以一定的经济条件为基础，具有特定的经济内容。必须坚持马克思列宁主义、毛泽东思想这一正确的政治方向，把实现共产主义的最终目的和社会主义初级阶段的现实有机结合起来，根据党在社会主义初级阶段的历史任务，和改革开放以来的历史经验，不断地解放思想、更新观念。要善于运用马克思列宁主义、毛泽东思想的基本理论和基本方法来理解、解释、处理改革中遇到的各种矛盾和问题。根据各人不同的经济地位以及基本上由此决定的政治态度，运用马克思主义的哲学，历史地辩证地看待改革中的成败得失，让大学生知道社会发展的客观规律，知道只有社会主义才能救中国、只有社会主义才能发展中国的道理。

道德观主要是指人的道德品质，指大学生在道德品行、集体主义、公民意识、法治观念等方面必须具备的条件。它包括树立科学的世界观、全心全意为人民服务的思想、高尚的道德情操、诚挚的爱国主义情感、强烈的主人翁意识和法制观念等内容。一个人的任何一种品德都包含着道德认识、道德情感、道德行为三个基本因素。提高一个人的道德品质就是提高一个人的道德认识，培养他的道德情感，形成道德行为。只有当这几个要素都得到发展时，特别是道德认识与道德行为之间形成稳定的联系时，一种品德才算形成起来了。道德品质的重要性主要表现在社会的高度重视上。很多专家认为，21世纪教育工作的重点，已经由知识和技能的传递，转移到"人"的培养，健全人格的形成应该成为大学教育的终极产物。在今天的人才市场上，用人单位的理性突出表现在对人的思想道德素质的关注上。很多招聘单位都把责任、敬业、诚信、友善、合作等品质放在首位，对情商（EQ）的重视超过对学历的重视。那种眼高手低、好高骛远、自以为是、大事干不来、小事不愿干的人，即使毕业学校的牌子很硬也不受欢迎。

改革开放以来，由于一些舆论导向的不健康，过分地追求经济效率及人们对"先富论""猫论"的片面理解，导致社会道德观的滑坡。受此影响，大学生对社会上的拜金主义、唯利是图、行贿受贿、贪赃枉法、奢侈浪费、沉迷酒色等违法乱纪的腐败现象，尽管深恶痛绝，但又无可奈何；不但思想上受到侵蚀，有的甚至为了达到某种目的也去刻意模仿，这无疑对大学生的思想道德素质教育是极为不利的。我们除了要坚持马列主义、毛泽东思想在意识形态领域的统治地位外，还要善于发掘和扬弃古圣先哲们遗留的道德观，弘扬中华民族的传统美德，培养大学生的求实精神，尚气节、重情操，自强不息、刻苦耐劳，宽容大度、平和安详，豁达乐观等民族精神。

对于民办高校的学生来说，由于录取的分数线相对较低，因此而形成的学生家庭的经济状况悬殊较大，不同的经济地位决定了各人不同的政治观、人生观乃至道德观，相对来讲思想道德素质的起点也大不相同。因此，思政课的教学就必须根据学生的特点，有针对性地把"两课"的教学内容紧密联系社会实际和学生的思想实际，从理论上提高学生观察问题、分析问题的能力。要善于应用辩证唯物主义和历史唯物主义的思想武器，教育学生正确认识社会上贫富差距和各种不良现象产生的原因，培养学生不迷信不盲从的良好品质。少一点"灌输式"，多一点潜移默化式，使学生在不知不觉中、不间断地自主地修正思想意识中的错误导向，不停息地自觉建立正确的世界观和方法论。

思想政治课的特点决定了其教学必须坚持理论联系实际，切忌空洞说教。要使学生不仅掌握马克思主义的基本原理，更能运用这些立场、观点和方法认识世界、改造世界。要坚持实践是检验真理的唯一标准的观点，要求学生大胆质疑,探索真理,敢于怀疑那些"真理再往前多走一步"的"假真理"。要培养学生积极思考、勇于创新的精神。就政治课而言,学生创造性思维的结果,不一定是人类未曾发现、未曾解决的新问题,更多的是他自己对人生、对社会的思考,或通过自己的思考掌握了即使是别人早已解决了的问题。在教学中,要学生注重对知识的理解和接受,对社会上的各种思潮、行为,具有分析鉴别的能力,绝不是墨守成规、人云亦云。对学生某些"独出心裁""标新立异""与众不同"的思维,要扶持和鼓励。

从社会环境来看,现在对学生进行思想道德素质教育比过去要好得多,特别是党的十八大以来,除了坚持改革开放不动摇,坚持马列主义、毛泽东思想为我们指导思想的理论基础外,还特别看重意识形态领域的理论和实践,做了不少有价值的探索和实际工作。如习近平总书记上任不久,就专程到西柏坡,重温党的七届二中全会的"两个务必",后又接连提出国家安全观、生态文明建设、大力扶贫等重大决策,最近又强调"六稳""六保"工作,等等,无一不是在缩小贫富差距、缓和国内的阶层矛盾方面的必要、有益的工作,也为高校对大学生进行思想道德素质教育作了一个很好的铺垫,创造了一个良好的社会舆论环境。

(二) 文化科学素质

它是大学生素质教育的基础,包括知识、能力、方法、仪态等,是知识和能力的综合。其主要内容有高科技水平和高文化素质,通过专业教育及与之相关的教化熏陶,培养既专又博、有文化内涵的专门人才。

在大学生文化科学素质教育中,传统的单学科教育,只重视专业基础知识教育,而忽视适应社会主义现代化建设需要并与社会全面进步相适应的渊博的学识教育;只重视基础理论教育,而忽视大学生运用知识进行创造的能力素质教育。致使高校培养的一些学生,既没有渊博的文化知识,又缺乏专业技能的训练,理工科学生文化素质欠缺,文科学生则对现代科学知识知之甚少,文理科学生运用知识和创造的能力都偏低,不能适应市场经济的需要。因此,在文化科学素质教育中要正确解决好知识与能力之间的矛盾,在培养大学生专业文化素质的同时,还要培养大学生技能素质和渊博的知识素质,为社会输送出所学专业优秀、文理兼顾、实践能力强的大学生。

为达到这一目的,我们必须对课程设置(后面在操作篇中将涉及)

及考核的方法作必要的改革。一是调整考试目的，既考核学生的知识掌握程度，又侧重于考查学生运用知识和解决实际问题的能力，特别是鼓励和培养学生的创新精神；二是改变考试方法，做到形式多样，如采用测评、测验、抽查、分等、排序等，推行结构化考试；三是用全面发展的标准来评价学生，充分发挥能力培养和素质教育对人才评价的指挥棒作用。把考试作为培养学生知识素质和专业技能素质的有效手段，由单纯地对考试成绩评分到对以态度、能力和人格为主要内容的全面基本素质考核评价。由只重效果的评价扩展为同时注重效果和过程的评价。使学生感到自己所学的知识都是在今后的工作中直接、间接地用得着的适用知识，从而增强学习的兴趣和自觉性。

对于民办高校的学生，由于招生时的分数相对较低，特别是专科生的分数反差太大，由此形成的文化科学知识基础良莠不齐状况就很突出。在实际教学过程中，出现的缺勤、上课讲话等厌学现象也较严重。除了正面开展端正学风教育、加强学习纪律检查、批评读书无用论外，还应该想办法主要从课程设置、讲课方式、考核办法等各方面提高学生的学习兴趣，根据学生的不同情况做到因人施教，因材施教。切实避免一刀切、一锅煮。

（三）劳动（业务）技能素质

首先要知道劳动是一个广义的概念，对于大学生来讲，劳动技能素质的培养主要的还是适用于脑力劳动或者说是业务素质的培养。当代大学生应具备的专业素质包括：合理的知识结构、强烈的专业意识和科学观念、辩证的思维方法和工作方法、求实的进取精神和客观态度、适用的综合能力。知识结构是大学生业务素质的核心内容。这里所说的知识结构，是指一个人的知识构成状况，其中包括各种知识间的相互比例、相互联系、相互协调和相互作用，以及由此形成的整体功能。如果知识技术程度是业务素质的量，那么知识技能结构则是业务素质的质。一个人的业务水平高低，主要取决于其掌握的知识技术程度和知识技能结构，及其由此而内化成的业务能力。

在综合能力方面，要求学生具有较强的自学能力、分析归纳能力、利用信息能力、科学研究能力、实践和动手能力、组织管理能力以及操纵一定技术的能力、对不断变化的世界的迅速反应能力、人际沟通交流能力、敏锐的观察能力，以及一定的写作和语言表达能力。这些能力是业务素质的外在表现。除此而外，还必须具备较强的评判性思维能力、新知识的及时吸取能力以及知识的更新和创造能力。只有具备了较强的创新精神和创新能力，才能在实际工作中运用已掌握的知识去解决各种复杂问题。

大学生的这些能力都应在学生的学习、工作和生活中得到培养。主要通过担任学生干部，参加或组织学生的各种社团活动、文体活动、实践实习等得到锻炼和成长。学会文化科学知识向业务技能的转化，学会从各种活动中锻炼自己的业务本领，从而实在地掌握一项至几项和自己专业有关的业务技能，是业务技能素质教育的主要任务。

从一定意义上说，我们提倡高校从应试教育向素质教育的转轨，主要的就是从知识型向能力型的转轨，从学历型教育向职业型教育的转轨。说得更直白一点，就是为了适应计划经济向市场经济转轨的需要，适应用人单位为追求利益最大化而向受聘者支付最低的适应期成本的需要。而民办高校的很多学生，其家长和本人之所以愿意支付较高的学费来学习，最终也是希望在毕业后能找到一份较高收入的较稳定的职业，从而使自己的投资得到较满意的回报。

（四）身体素质

是人体活动的一种能力，是在先天素质和后天获得性的基础上所表现出来的功能和相对稳定的特性。身体素质包括体格、体能、适应能力三个方面，是人体在运动、劳动与生活中，在速度、灵敏、柔韧、力量、耐力等方面所表现的能力。实施身体素质教育，是指传授和掌握健身知识、技能，并在此基础上培养学生身体素质教育意识和身体素质教育能力的教、学、练相统一的过程，最终达到增进学生身心健康的目的。

根据这一定义，我们知道它和传统的体育教学既有联系，又有区别。体育教学是实施身体素质教育的一种手段，但在实际教学过程中，我们却把它当成了目的，并因此而走向了两个误区，或者说两个极端：第一，过分地强调达标和竞技，在体育教学中掺进了太多的功利主义色彩，使得一些学生不但身体没锻炼好，反而因大运动量和高强度的训练，可能对身体造成损坏，个别的甚至形成了畸形发展；第二，认为学生的主要任务是学习（其实体育教学也是一种学习），轻视体育锻炼的作用，加之家庭和社会对独生子女的娇纵，造成很多的学生体质太差，特别是眼睛的近视程度，几乎是可以和学历成正比的。实践证明，以达标和各种测评作为手段来促进学生的体育课学习，弊端丛生，是对学生的误导，它排斥了个体的先天差异性和后天环境造成的差异性。个体素质先天好的无须锻炼和学习成绩仍然很高,个体素质和后天环境不好的即使加大练习量也达不到要求。素质与技能测评固然重要,但更重要的是体育过程本身和学生学识能力的提高。兼顾个体的差异性,突出教育主体的人格特征,就必须把过程与结果结合起来评价学生。高校体育教学要以人为本,掌握好体育锻炼"度"的标准,让学生关注体育知识、技能、方法对自身健康的影响,注重体育的行为规范和科学健身态度的养成,这才是作为手段而应用的评价体系所追求的效应。

因此,为了提高学生整体的身体素质,确保体育教学能达到增进学生身心健康的目的,就必须改革现行的体育教学方式,更新教学观念,树立终身体育的教育思想。要正确地认识教与学的关系,重视教与学双方的积极因素,充分发挥教师的主导和学生的主体作用。"以人为中心",运用"引导式""指导式""启发式""发现法"等教学方法,避免强调那种整齐的对立,让学生从被迫状态下解脱出来,进入积极、宽松、和谐的学习状态,形成双向互动。在给学生以"鱼"的同时授之以"渔",从而奠定学生自我学习、自我发展的基础。

以学生为体育教学的主体,由学生自定计划,自选项目,这样可促进其自觉主动地进行体育学习,把学习体育知识、技能和身体锻炼建立在自身的愿望需求上。使学生自觉地去体验体育教学中的乐趣,从而培养自主的体育兴趣、习惯与能力,也有利于培养学生的自我管理、自我锻炼、自我学习、自我启发、自我完善的能力,更有利于培养个人作为与社会完全结合的成员所应具备的综合能力、意志力和自律力。教师在课内指导学生根据自己的身心特点和学校的客观条件,选择锻炼内容,制订锻炼计划,独立从事体育锻炼的实践,这样不仅能得到近期效益,而且能得到长远效益,从而奠定了终身体育的基础。健康体育、轻体育、能力体育、主动体育、快乐体育等指导思想得到进一步的贯彻落实,学生整体的身体素质就一定会大大提高。

(五) 心理素质

是指一个人在社会文化(广义的文化)活动中养成的以心理机能为主体的心理特性或品质。大学生心理素质是在生理素质的基础上,通过后天环境和教育的作用形成并发展起来的,是与大学生的学习、学术研究和生活实践密切联系的心理品质的综合表现。完整的心理素质结构包含认知品质、情绪、意志、个性倾向性（兴趣、需要、理想、信念、世界观等）和个性心理特征（性格、能力、气质）等多方面因素。刘华山对心理素质的特征概括为如下四方面。

稳定性与发展性。心理素质一经形成，就具有比较稳定的性质，并在各种活动中表现出来。当然这种稳定只是一个相对的概念，大学生的心理素质是在各种因素的影响下逐步形成和发展的。

综合性。对心理素质，不应从简单的心理过程或心理特性的角度来加以研究，不能将心理素质简单地看成感觉、知觉、记忆、思维、情感、意志及其特性，对心理素质的研究应从个性层面上着手。心理素质是人的个性心理品质在学习、工作和生活实践中的综合表现。

可评价性。心理素质对人的活动成效有影响，其品质具有优劣高低之分，因而具有社会评价意义。

基础性。心理素质不是大学生在特定领域中获得的某一专门知识和技能，而是那些对大学生学习、生活、社会适应性和创造性等活动效果产生重要影响的心理品质的综合。在大学生整体素质中，心理素质占有重要的地位，心理素质的好坏影响着其他素质的发展提高。良好的心理素质是优良的思想品德发展的基础，是有效学习文化科学知识和进行智力开发的前提，是大学生掌握劳动技能的保证，是身体健康的必备条件。

大学生的心理素质包括正确的人生态度、积极的自我概念、敬业与责任感、关爱与合作精神、智慧与创造力、实践与生存力、耐挫与坚持力。上述七个因素分别反映学生在学习、研究、工作和生活实践中与内外各个方面的关系，即对整个人生、对自己、对工作与社会、对他人与团体、对知识与信息、对实际事物、对困难与压力情境七个方面应具备的基本心理素质。结合国内外专家的观点，确定大学生心理健康的七个标准是：

1. 保持对学习较浓厚的兴趣和求知欲望。

2. 能保持正确的自我意识，对自己全面了解，客观评价，接纳自我，自信乐观。制定的生活、学习、工作目标切合实际，经过努力可以实现。

3. 能协调和控制情绪，保持良好的心境。心理健康者经常能保持愉快、开朗、自信、满足的心情，善于从行动中寻找乐趣，对生活充满希望，情绪稳定性好。

4. 能保持和谐的人际关系，乐于交往。

5. 具有健全的统一人格。心理健康的最终目标是保持人格的完整性，培养健全人格。保持气质、能力、性格和理想、信念、人生观等各方面平衡发展。

6. 具有较强的环境适应能力。环境适应能力包括正确认识环境及处理个人与环境的关系。和环境保持良好的接触和协调一致。

7. 具有坚强的个人意志。这就要求学生有较强的心理承受能力,在挫折、逆境、困难面前保持百折不挠的毅力,充满信心和勇气。"良好的性格与钢铁般的意志比智慧和博学更重要。"[①]

当前的大学生由于受到社会因素、学校因素、家庭因素的影响,其心理卫生问题突出表现在以下几个方面。

一是脆弱的封闭心理。一部分大学生个性内向、孤僻、抑郁,主要表现为自卑、孤独、焦虑、苦闷四种类型。二是固执的逆反心理。三是变态的审美心态等。

其中,由于严重的心境障碍导致的抑郁症引起的自杀自残已成为严重的社会问题。据《瞭望》杂志报道说,中国自2000年以来,每年10万人中有22.2人自杀,平均每两分钟就有1人自杀、8人自杀未遂。在15岁至34岁的人群中,自杀在死因中位居首位。而因抑郁症自杀又高居自杀总数的50%—70%,社会变迁过程对青少年心理健康造成不良影响已引起全社会的关注,人们强烈要求学校重视并加强对学生进行心理素质教育。

根据庄佳骝在《心理素质培养与素质教育》一文中的相关研究,进行心理素质教育的过程必须掌握好下列几个观点。

1. 内因与外因的辩证统一。决定学生心理发展方向在于环境的影响和教育的作用,而环境影响与教育条件对学生心理发展的决定作用必须通过学生心理的内部矛盾来实现。这就要求教师要经常研究学生、了解学生,掌握其原有心理发展水平与新的需要。不但对学生群体有一般的了解,还要了解个别学生的特殊心理。通过外因这个变化的条件,来促使内因这个根据发生变化。

2. 自我意识与人际交往的和谐。自我意识是指人对自己的认识及调控。它能促进人的心理发展,调节人的心理活动及行为表现。学校的心理

---

① 桑志芹、魏杰、伏干:《新时期下大学生心理健康标准的研究》,《江苏高教》2015年第5期。

素质教育要求既要学生培养自我意识，树立自我形象；又要教育学生必须适应人际交往的集体生活，学会自我调节心理，正确处理好个人与集体、自己与他人的关系，处理好自信与乐群的关系、自负与自卑的关系，在自我意识、人际交往的和谐中端正自己的价值取向。

3. 稳定与发展的两面性。心理总是变化发展着或者说是自我延伸着的。稳定性和发展性共存，稳定性是相对的，发展性是绝对的。对学生进行心理素质教育时，必须坚持心理具有稳定与发展两面性的观点。一方面，坚信通过教育，学生的心理素质会向好的方面转化。同时，好的心理因条件的变化如社会变革、家庭环境及经济条件恶化、个人受挫等也会向坏的方面转化。这就是我们看到平时各方面都表现不错的学生，何以突然反常甚至出现极端行为的原因；另一方面，一些学生不良的心理品质、心理障碍具有一定的稳定性，必须花大力气才能促使其转化。

由于高考成绩的不太理想、学费又较高，民办高校的学生进校后，心理上的负担和复杂程度远比普通高校的学生严重。要使这些学生具备健康的心理素质，心理素质教育就要做到：一是要适应社会发展的需要，二是要适应本学院大学生群体的特点，三是要适应学生个体的不同需求。要达到这一点，民办高校必须比普通高校付出更多的努力，进行更多的研究，对此我们要有冷静的头脑和清醒的认识。

总的来说，我们对素质教育五个方面的要求，可以用"5S"来简单概括，即思想道德素质教育要"实际"，文化科学素质教育要"适用"，劳动（业务）技能素质教育要"实在"，身体素质教育要"适度"，心理素质教育要"适应"。当然，这个概括，只是针对目前素质教育工作中存在的薄弱环节和不足提出的，并不是对素质教育整体工作的全面概括。其中，对心理素质教育的叙述稍微多一些，也是考虑到在五个方面的素质教育中，心理素质教育的实施显得略薄一些，而心理素质教育作为其他方面的素质教育的保证，其作用决不可以轻视。

第八节　高校受惠招录民族学生学习倦怠现状及其分析

学习倦怠主要是指学生在长期的学习压力下，开始退缩或不愿投入精力，最后导致身体、情绪、态度等方面的耗竭并逐渐丧失学习目标，致使开始对学习产生无意义感，相应的学习绩效和自我价值感降低。调查高校民族学生群体后显示，高校中有一个不能被忽视的学习弱势群体——受惠录取的民族学生，他们较大程度地享受了国家高考政策，但在高校班级里明显表现出基础水平较差，特别是诸如英语、数学等基础学科起步较低，一直处于班级群体学习的后进行列之中。其中，部分学生失去学习的动力，学习自信性、自觉性明显下降，专项调查中发现，此类大学生基础课逃课率在25%以上，专业课逃课率在20%左右；至于马克思主义哲学、政治经济学、毛泽东思想概论、邓小平理论等公共课的逃课率在50%以上。在一些高校，该类因不喜欢所学专业而厌学的大学生比例竟高达40%，甚至还有一些少数民族大学生因厌学而退学。由此，我们发现受政策优惠入校的民族大学生的学习倦怠对大学生学业及身心健康发展有着重要影响，必须加以特别关注。[①]

在理论上，我国目前对学习倦怠的研究主要是针对普通高校大学生和中学生的，专门针对高校少数民族学生倦怠情况的研究比较缺乏。因此，了解当前高校少数民族学生学习倦怠状况，如何有效地缓解学生学习倦怠现状成为亟须面对和解决的问题。通过问卷调查等方式，我们初步了解到受惠录取少数民族学生学习倦怠的基本情况，从成就动机的角度来全面分析学习倦怠的状况和影响因子，为找到减轻其学习倦怠的途径提供思路，从而有针对性地对少数民族大学生学习倦怠的干预提供依据。

一 高校受惠录取少数民族学生情况抽样调查情况

（一）研究对象

采用整群随机抽样的方法，研究人员在高校少数民族大学生相对集中的学院选取了在校大学生631人，后得到有效被试559人。样本中男性196名、女性363名；一年级236名、二年级140名、三年级102名、四年级81名；专业文科331名、理科228名；来自城市126名、县城126名、农村307名。

（二）采用两种具有代表性的抽样研究工具

1. 受惠录取民族学生学习倦怠问卷。以杏仁阿依（维吾尔族）等人

[①] 傅园洁：《高校少数民族学生与发展状况调查报告》，《黑龙江教育：高教研究与评估》2015年第9期。

编制的《大学生学习倦怠量表》为框架，参照 Maslach 的量表研制成新的《学生学习倦怠量表》。该量表共有 20 道题目，分为三个维度，即情绪低落，行为不当，低成就感。该量表采用从完全不符合到完全符合五个等级记分，量表分半信度为 0.8800（P<0.001），a 系数为 0.8653，三个因子和总问卷之间的相关分别为 0.914、0.799、0.704（P<0.001），均达到了十分显著的相关表现，因此认为具有较好的内容效度。

2. 受惠录取民族学生成就动机问卷。使用叶仁敏修订的《成就动机量表中文版量表测试》，包括两个分量表：获取成功的动机 Ms 和回避失败的动机 Mf；Ms 大于 Mf 则总的追求成功的动机水平比较高，同样，Ms 小于 Mf 则总的追求成功的动机水平比较低，认定个体倾向于避免失败；相应的 Ms—Mf 则为成就动机水平总分。结果显示分别是：追求成功分量表内部一致性系数为 0.83、回避失败分量表内部一致性系数为 0.84。[①]

二 对受惠录取少数民族学生在校状况抽样结果

使用以上统计工具，获取的所有数据通过 SPSS13.0 进行统计分析处理，显示如下。

（一）抽样受惠录取民族学生学习倦怠整体情况

为了考察高校受惠少数民族大学生倦怠的一般特点，本调查首先对受惠少数民族学生在倦怠总分、情绪、行为与成就等参考维度上的平均分和标准差进行了描述性统计，结果表现为总学习倦怠分值为 2.88±0.33、情感衰竭分值为 2.86±0.50、行为不当分值为 2.37±0.60、个人成就感低落分值为 3.40±0.65 等。从以上分值来看，与理论中值 3 比较，抽样民族学生学习倦怠总体水平接近中等程度，并通过单样本 t 检验，结果具有显著性差异（P<0.001）。从关注的各维度来看，民族学生学习倦怠情况中最严重的是低成就感，其测试的分值为 3.4，高于理论中值 3，通过单样本 t 检验，差异具有显著性（P<0.001）；结果是其次为情感衰竭，最次为行为不当。

（二）受惠少数民族大学生学习倦怠特征表现

1. 不同性别学生学习倦怠表现的差别较大。通过不同性别少数民族学生对学习倦怠性别情况的方差分析，得出不同性别学生学习倦怠的表现

[①] 杨林、郭巍伟：《大学生成就动机，择业价效能感的相关性研究》，《中国健康心理学》2010 年第 3 期。

差别,如表8-1所示。

表8-1　　　　不同性别少数民族大学生学习倦怠调查分析

学习倦怠	男生		女生		均方	F检验
	平均数	标准差	平均数	标准差		
总均分	2.86	0.41	2.88	0.29	0.18	0.67
情绪低落	2.80	0.59	2.90	0.44	2.29	0.131
行为不当	2.43	0.68	2.33	0.55	2.16	0.14
低成就感	3.34	0.72	3.42	0.61	0.73	0.39

从表8-1显示,受惠少数民族大学生学习倦怠无论从各维度到学习倦怠总均分都无性别差异,男女表现差异不大。但是从分值来看,在学习倦怠总体水平、情绪低落以及低成就感上,显示女生要比男生分值偏高,即抽样的女生比男生情况严重一些。但在行为不当的维度上,抽样男生比女生分数略高,即男生比女生情况显示较弱些。

2. 不同年级受惠民族学生学习倦怠表现的差别(见表8-2)。

表8-2　　　　不同年级的民族学生学习倦怠调查分析表

学习倦怠	一年级		二年级		三年级		四年级		均方	F检验
	平均数	标准差	平均数	标准差	平均数	标准差	平均数	标准差		
总均分	2.84	0.35	2.88	0.37	2.92	0.26	2.95	0.27	1.211	0.306
情绪低落	2.91	0.54	2.77	0.51	2.81	0.41	2.93	0.41	1.644	0.180
行为不当	2.35	0.62	2.40	0.65	2.27	0.59	2.52	0.42	1.308	0.272
低成就感	3.25	0.66	3.46	0.65	3.67	0.55	3.39	0.62	5.525	0.001

表8-2显示,受惠录取少数民族学生在倦怠总水平、情绪低落以及行为不当上年级差异不明显,不过各年级存在一定差别。譬如,他们在学习倦怠总水平上,随年级逐级升高,大四学习倦怠程度最高;在情绪低落的维度上,大一和大四的学生情绪低落水平高于大二大三;在行为不恰当这一维度上,大四的学生高于大一大二大三的学生;但是抽样民族学生在低成就感维度上存在年级的显著差异,在大二大三的时候成就感明显较低,尤其是大三年级,抽样学生的成就感严重低于中等水平,大四年级学生成就感有所增强。经过LSD事后分析,一年级与三年级的

3. 不同专业的受惠民族学生学习倦怠表现的差别（见表8-3）。

表 8-3　　　　不同专业受理民族学生学习倦怠调查分析表

学习倦怠	文科		理科		均方	F 检验
	平均数	标准差	平均数	标准差		
总均分	2.87	0.35	2.86	0.35	0.089	0.766
情绪低落	2.86	0.54	2.84	0.47	0.093	0.760
行为不当	2.34	0.63	2.38	0.60	0.284	0.594
低成就感	3.41	0.58	3.35	0.73	0.553	0.458

表8-3显示抽样文理科大学生在学习倦怠上差异不很明显，但在倦怠总水平、情绪低落、低成就感上，文科的学生表现严重程度略高于理工科的学生；在行为不当上，理科学生严重程度稍高于文科的民族学生。

三　受惠录取民族学生学习倦怠与成就动机分析

本调查结果显示受惠民族学生学习倦怠的低成就感情况严重，高于理论中值3，因此我们对该类大学生倦怠和成就动机进行相关分析。

使用Pearson相关分析法对受惠民族大学生学习倦怠和成就动机的测量结果进行了相关分析，结果如表8-4所示。

表 8-4

	倦怠总水平	情绪低落	行为不当	低成就感
追求成功	0.092	−0.203 **	−0.112	0.411 **
避免失败	0.203 **	0.278 **	−0.140 *	−0.025
合成动机	−0.096	−0.370 **	−0.194 **	0.317 **

注：** $P<0.01$。

从表8-4可以看出，抽样民族学生学习倦怠与成功动机存在相关关系，尤其是抽样的学生学习倦怠总水平与学生避免失败动机存在明显的正相关，其情绪低落与追求成功、合成动机也存在负相关，与避免失败动机存在正相关，而行为不当与合成动机却存在负相关，低成就感与追求成功和合成动机同样存在正相关关系。

(一) 受惠录取的少数民族大学生学习倦怠基本情况

经过比较研究，受惠少数民族大学生学习倦怠总体情况无疑存在中等程度的学习倦怠，在学习倦怠总分、情绪低落和行为不当上略低于中等程度，比预先设想结果要小一些。这表明随着受惠少数民族学生所在高校教学管理的加强，学生学习质量呈上升趋势，其大学生学习倦怠情况比以前显著减少。但其抽样学生的低成就感严重高出中等程度，这个统计结果值得我们关注。这表明，虽然受惠录取的少数民族大学学生学习倦怠总体情况有所好转，但是其低成就感仍然非常严重，出现这种情况的重要原因在于他们大多是因民族地区少数民族学生高考优惠政策才进高校的，虽然大部分学生在进入大学后刻苦学习，但是他们的自身条件和学习能力显然较同在班上的其他同学差，使其内在的自信心和自尊受到影响。对于正处于心灵成长的重要时期青少年阶段的在校大学生来说，这种压抑在他们内心留下的阴影会持续很长一段时间，对于他们中的某些同学，特别是跟同班级的其他一般同学缺少正常交流的人来说，如果没有高校的心理辅助，它的影响可能会持续到整个大学生活阶段。尤其是现阶段，大多高校没有专门针对少数民族学生的心理辅导助学经验，个别民族学生，特别是母语非汉语的民族学生，其内心的问题与困惑没有受到足够的重视和了解，致使大部分受惠录取的少数民族学生缺乏自我价值感和认同感。从另一个角度来讲，他们进入高校后，才逐渐体会到自己的学习能力较同班的汉族生差，因受照顾降低标准毕业的少数民族学生，在社会各企业单位也不受欢迎，致使就业压力相对比较大，所以大部分学生对未来充满迷茫，在校期间就开始表现不知自己何去何从，导致自我成就感就明显不足。

对比同类研究结果，国内同行对相关学生群体也有抽样调查研究，结果显示学生学习倦怠程度处于中等水平，倦怠总分均值为 2.7 ± 0.7。而本研究的抽样结果显示的学习倦怠分值为 2.88，说明本研究受惠录取民族学生群体的学习倦怠程度明显高于其他大学在校生。

(二) 受惠录取少数民族学生学习倦怠在性别、年级、文理科差异上的特征表现

以上调查表现，受惠录取少数民族学生学习倦怠在性别上无显著差异，以此看出，随着社会的发展，男女性别的差异在缩小，在受教育水平上差异也在缩小，因而统计结果呈现的男女学习倦怠性别差异不明显。但是从收集的分值来看，在学习倦怠总体水平、情绪低落以及低成就感上，

抽样女生要比男生分值略高，即受惠录取民族学生的女生比男生情况严重一些。但在行为不当维度上，其男生比女生分数略高，即受惠录取民族学生的男生比女生情况严重。这表明在受惠少数民族学生人数相对集中的高校，其女生学习总倦怠及情绪与成就感低落上要比男生弱，但在行为不当上，男生要比女生弱。

在年级差异上，受惠录取少数民族学生在低成就感维度上存在年级的显著差异，在大二大三的时候成就感非常低，尤其是大三，其成就感严重低于中等水平，大四时民族学生成就感有所增强。分析其原因主要是在于大一新生刚来，到比自己民族区域家乡发达的新区域学习，一般对新生活充满了向往，激情比较高，成就动机也较强，但经过一段时期的学习，一部分同学对所学课程开始失望，另一部分则受到周边同学的影响而沉迷于网络世界或者忙于学生之间的交往活动中，所以开始出现迟到、旷课等情况，因此在大二的时候成就动机有所减弱，而到大三时，由于面对社会严峻的就业压力以及自身的不确定性与无力感，他们对学习的态度会发生微妙的转变，觉得用心学习或者学习成绩好也改变不了就业难的命运，所以可能干脆放弃努力，其成就动机自然会降到最低，因此在一般情况下，会出现大二大三的受惠少数民族学生退学率较高的现象。到了大四，学习倦怠情况较低的学生仍然会选择按规定学习，而学习倦怠情况严重的一部分同学选择了退学，所以统计结果显示大四学生成就感比大二大三学生增强。在别的维度和学习倦怠总分上受惠少数民族学生不存在年级的明显差异，不过各年级存在一定差别，譬如，大一大四的学生情绪低落高于大二大三，因为大一新生存在生活和学习适应等的情况，大四学生开始为就业担心，所以他们在学习倦怠的情绪低落上略高于大二和大三学生。行为不恰当上，大四的学生高于其他年级的学生，因为大四年级的学生面临实习和找工作的现实问题，所以旷课早退迟到等行为不当上高于大一大二大三的学生。

在文、理科差异上，文、理科大学生在学习倦怠上没有显著的差异。从总分到各维度，文科和理科学生没有表现较大的差距，但是在学习倦怠总水平、情绪低落、低成就感上，文科学生严重程度略高于理科学生。因为从就业情况来看，理科学生普遍较文科的学生就业条件好，因此，在这几个方面学习倦怠情况稍低于文科生。但在行为不当上，理科学生总体比文科学生比例多，这里面可能是因为理科学生中男生较女生多的原因，这与前面性别差异的分析一致。

(三) 受惠录取少数民族学生学习倦怠与成就动机的关系

统计显示为受惠少数民族学生的学习倦怠与成功动机存在明显的相关关系。尤其是抽样学生学习倦怠总水平和情感倦怠与学生避免失败动机存在正相关，这表明受惠录取少数民族学生学习倦怠上情感衰竭的原因主要与避免失败动机相关，这种情况值得关注。受惠录取少数民族学生大部分是因高考得到照顾而录取的学生，因此内心对失败的恐惧成为其情感衰竭的主要原因，这提示我们要更加关注该群体的学生成长，特别是在日常教学时要给予必要的照顾，同时要加强对他们的心理关怀与辅导，此外，还可以开设各种类型潜能激发训练课程，增强其学习的适应能力，并通过各种方法和手段来提高其自我效能感和价值观，如此便能慢慢消除或降低其不自信的心理态势。

毋庸置疑，学习倦怠的个人成就感低落与追求成功存在正相关关系，但抽样学生的相关系数达 0.411，说明受惠录取少数民族学生的追求动机仍然不强，这直接导致学生学习倦怠中的低成就感。由此，提醒学校应该以增强学生的成就动机为教育管理目标，譬如，高校可以在校园文化塑造中，强化对受惠录取少数民族学生成功事迹的推广，营造推崇民族学生社会价值和民族团结交流交融的校园文化，从而增强其成就动机，我们还可以从加强民族学生的传统文化教育以及生命价值观教育方面入手，提升其人格素质，并以此开展各种心理训练课程，防止其因学习困难而产生自卑、无价值感等的老旧心理，以此降低或者消除学生的学习倦怠感。

四 对上述抽样调查的综合性评论结论

（一）当前，受惠录取少数民族大学生学习倦怠存在中等程度的厌倦，但一般显示低成就感较严重，高于中等水平。

（二）高校受惠录取少数民族大学生学习倦怠在性别、文理科、生源地上的差异不明显，但在年级阶段上表现差异明显，从专业表格统计分析看出，民族大学生在低成就感维度上存在各年级阶段的明显差异，综合表现为，在大二大三的时候成就感都很低，尤其是大三年级，其成就感严重低于一般中等水平，但大四年级时成就感开始有所增强。

（三）高校受惠录取少数民族学生学习倦怠与成就动机呈相关关系，尤其学习倦怠总水平和情感衰竭与其避免失败动机存在明显的正相关关系，学习倦怠的个人成就感低落与其追求成功存在明显正相关关系。

第九章

岗位需求视阈下大学生结构性就业问题及应对

党的十九大报告提出,"就业是最大的民生",这也是习近平总书记多次强调的要坚持就业优先战略和积极就业政策,实现全社会更高质量和更充分就业。然而近年来,尽管我国高等教育事业与经济发展齐头并进,均取得了一定成效,但教育发展层次及资源失衡,人才供给质量不高和就业难等问题依然存在。尤其在一些普通高校就业中还存在个别专业长期处于多年无市场需求的不良状态,没有得到缓解。

从第三方教育质量评估机构麦可思研究院撰写的《就业蓝皮书:2018年中国大学生就业报告》显示的情况来看,从2017届大学毕业生(全国样本为30.6万)毕业半年后,以及2014届大学毕业生(全国样本约26.4万)毕业三年后的调查问卷中得出的结论是:2017届大学生毕业半年后的就业率为91.9%,但2017届大学毕业生的就业满意度只有67%,高质量就业率不到统计就业率的一半。从就业城市来看,"北上广深"就业的比例已从2013届的28.2%下降到2017届的22.3%。除了应届毕业生之外,毕业半年后曾在"北上广深"就业的本科生在三年后离开的比例从2012届的13.7%上升到了2014届的21.7%。除了地域选择,从就业去向的类型来看,大学毕业生在民营企业就业的比例从2013届的54%上升为2017届的60%;与此同时,在国有企业就业的比例从2013届的22%下降到2017届的18%,在中外合资/外资/独资企业就业的比例从2013届的11%下降到2017届的7%。[①] 报告分析指出,本科就业中的软件工程、网络工程、通信工程专业,高职高专就业的电力系统自动化技术专业近年来为需求增长型专业,就业率、薪资和就业满意度综合较高;而本科就业的

---

① 麦可思研究院:《就业蓝皮书:2017年中国本科生就业报告》,社会科学文献出版社2017年版。

美术学、音乐表演、法律事务、生物工程、语数体教育类等专业近年来就业形势相对较为严峻，并出现较大比例的不能就业和不能专业就业现象，这说明大学生就业难的问题不仅存在，而且表现出稳定、持续增强的特点。究其原因，除了社会对大学生就业需求能力要求变化外，主要还是人才需求和供给的不匹配，使得人才供求矛盾日益突出，从而出现在现今各大招聘会上，一方面大量的大学生找不到工作，另一方面用人单位高呼"招不到需要的人才"的局面，这就是大学生结构性就业矛盾的主要表现。

大学生就业供给与社会需求的不平衡，两者之间的矛盾受多方面因素的影响。从市场就业需求的角度来看，随着社会经济结构、体制、增长方式等的改变，市场劳动力的技能、经验、专业、主观意愿、体能等方面也在随之改变。

同样，从大学生就业供给的角度来看，我国高校就业市场不仅存在数量上供大于求的矛盾，毕业生的质量（社会对大学生就业能力素质要求）与就业市场的需求也存在差距。通常，为了满足市场需求，要求当代大学生的知识结构、能力素质、技能水平及就业观念要与市场需求相匹配。比如，从社会岗位需求来看，传统的大学生就业能力（适应、沟通能力及基本技能）的内涵发生了根本性变化。有研究团队在对东北五所高校373名大学生问卷调查时，对"你认为大学生就业最应该提升的能力是什么？"，问答结果显示，164人选择"沟通协调和人际交往等纵向能力"，占49.70%；77人选择"心理素质和品质"，占23.33%；68人选择"团队协作"，占20.61%；64人选择"专业知识能力"，占19.39%。[①]

另外从国际就业视野来看，据英国的肯特大学（University of Kent）研究得出，社会用人单位对大学生最需具备的十项就业技能按顺序分别排列为：语言沟通能力、团队合作精神、经济与商业意识、分析及观察能力、自我激励与决断能力、文字写作水平、计划组织能力、环境适应能力、计划与时间管理水平及信息收集处理能力。显然，这与我国传统高校培养的就业人才有距离，究其实质，还是表现在人才需求和供给的不匹配上，使得人才供求矛盾日益突出，从而出现了"大学生找不到工作，企

---

① 麦可思研究院：《就业蓝皮书：2017年中国本科生就业报告》，社会科学文献出版社2017年版。

事业又招不到大学生"的现象,这就要研究解决大学生结构性就业矛盾问题,说明教育事业也需要不断地改善和更新才能适应和满足新时代的需求。由此可见,造成当前大学生结构性就业矛盾的主要原因有二:一是就业单位的需求不断发生变化,即社会用人的技能需要发生改变;二是大学生自身的知识结构的差异,即传统的人才培养体系和人才类型不能满足新时代社会用人单位对大学生就业能力需求,甚至出现了高校在培养方向错位的情况,综合表现为"失业"和"空位"并存。这无疑是对我国社会资源的极大浪费,也阻碍了经济社会的进一步发展。因此,探究大学生就业结构性矛盾的形成原因及破解之策意义深远。

第一节 大学生结构性就业矛盾的诱因

当前我国为了化解产能过剩,提出了去产能策略,然而在该策略进程中同样凸显了诸多问题,最终导致了结构性就业矛盾的产生,这主要集中在三个方面:一是政策保障方面,各级政府政策的制定与执行尚不能完全适应行业发展和市场自由调节的需要,各地及各行业实际情况差异较大。比如,我国在 2015 年政府工作报告中大力推行的"大众创业,万众创新",基层组织在政策实行中由于准备不足,往往存在缺乏抗风险等前瞻性设计,推行效果不好;二是资金筹措方面,化解产能过剩人员安置资金无保障,企事业自筹安置员工的资金困难较大,政府主导的失业保险收支矛盾突出等;三是社会服务方面,政府提供的培训形式单一、内容与市场关联度不高、针对性不强、培训服务效果不好,化解产能过剩就业与员工安置的组织协调工作尚未形成等。

在市场经济条件下,市场结构总是在发生变化,这使得社会对大学生的人才需求也相应地发生改变,特别是目前的产能严重过剩时期,更是要"在适度扩大总需求的同时,突出抓好供给侧结构性改革,既做减法,又做加法,减少无效和低端供给,扩大有效和中高端供给",要"抓好去产能、去库存、去杠杆、降成本、补短板"。这个"三去一降一补",也是国家当前对社会企业的急迫要求,实践中,也逼着一些企业头痛医头、脚痛医脚地进行所谓的供给侧改革。而因供给侧改革导致的技术和产品的变动、对人才需求的变动,导致了原有人才的过剩、新的人才的欠缺。

当然，市场中并不存在一个仅仅处于供给侧的主体，任何对供给侧作出的结构性改革，也都必然会牵涉处于需求侧的其他主体，无论是企业，还是自然人，都是如此。任何一个向社会提供产品或服务的企业，都有必要提出对生产要素的需求，而社会上向企事业单位提供劳动力的自然人，也都是市场产品的最终消费者。因此，作为生产力中最活跃因素的劳动力，特别是具有相对较高知识和技能的大学生群体，同样必须为适应用人单位的需要而对自身的知识结构和工作技能进行"供给侧改革"，使自己成为有效的高质量的供给，从而与市场的需求相匹配。所谓的大学生结构性就业矛盾，从供给侧理论体系角度上来说就是大学毕业生在学历层次、专业结构、能力质量等方面的供给与社会需求脱节或错位，直接体现为大学生"就业难"与用人单位"招聘难"现象的并存。

第二节 影响大学生就业失衡的主要因素

一 待就业大学生的就业政策体系亟待完善

自我国高校快速扩招以来，从中共中央到各级教育行政部门，开始更加重视大学生的就业工作。借助国外一些成熟的做法，我国总结中国特色社会主义道路中的相关成功做法，已先后出台了一系列的促进大学生就业政策。据不完全统计，从2002年至2017年，国家出台的直接涉及大学生就业层面的文件70余个，形成以中央、省、群团组织三级、三类的大学生就业政策主体，它们分工合作、协同运行，在各自的职能范围内对大学生就业政策体系的构建起到了应有的作用。但伴随社会的迅猛发展，特别是我国经济体制的变化，大学生就业政策体系的发展仍然存在一些瓶颈性问题，现有体系也有待完善的地方，从宏观政策层面上看，其集中表现在三个方面：一是由于部分政策规定滞后、操作路径和责任归属不明确、制定的内容法律依据不足、制定过程缺乏大学生主体的参与等因素导致就业政策法律依据不足，执行性不强；二是在现实大学生就业方面，普遍存在院校歧视、学历歧视、性别歧视、区域歧视和生理歧视等不公现象，显然也限制了大学生们的就业空间和积极性。同时，在大学生就业权利保护政策上，相关司法实践反映缺乏细节性规定，也难以保障就业市场的公平竞争；三是大学生就业政策制定主体之间缺乏协同性，导致我国就业政策稳定性不够,也制约了地方大学生就业政策发挥规范作用的长效性。

在具体实践中,由于从国家层面上对大学生就业政策制定主体之间缺乏高效联动机制,各级政策的系统性、科学性、规范性不强,导致地方就业政策与国家就业政策的协同性表现不够突出,加上各地区域之间情况差异大,一些必要的衔接不够,操作与执行效果差,也使大学生合理流动与异地就业渠道不畅,地方临时性政策没有相关法律法规支撑,并表现为促进大学生就业的职责定位和分工、政府财政投入等均得不到有效落实,等等。

二 待就业大学生其自身就业目标的不明确

重新审视新时代我国高校的培养目标体系,普遍存在有待修正完善之处,尤其是在定位高校培养人的方向问题上,出现培养精英的教学观念与市场需求脱节的现象,这是阻碍当前大学生就业的主要障碍。习近平总书记在全国高校思想政治教育大会上对大学培养什么样的人这个总目标上,已经给出非常明确的定论,那就是培养"我国社会主义现代化建设的可靠接班人",这是我国高校根本性的目标任务。围绕这个教育的总目标,在 2018 年召开了新中国成立以来的第五次全国高层教育工作专项会议,并提升命名为全国教育大会。会上,习近平总书记以新时代、新思想、新方向再次给当前高校教育工作方向定了调,并再次强调了高校在人才培养上要着力九个坚持的重要内容,以此号召全国教育界以致力培养德智体美劳全面发展的可靠社会主义接班人为目标,这将长期引领我国高等学校的社会主义办学方向。接下来,各高校应该在这个总目标下,重新审定和规划好学校各自的培养目标体系,以此完善和充分体现中国共产党领导下各高等学校自己的办学特色与文化优势。但过去有一些高校采取了不适当的做法,他们在规划目标上政治敏锐性不够,出现在规划目标和思想引领方面力度与效率参差不齐,少数目标体系构建长期缺乏合理性,政治担当和对大学生的正面引领不够。另外,从市场需求的角度来看,大学生就业主流应该是以事业单位的基层人员和企业"灰领"阶层为主,而对于高端管理和技术开发型人才的需求相对较少。但在高校大学生中却普遍存在唯理论精英型人才就业主流思想,他们对薪金和工作环境期望值往往很高,这就导致多数大学生从一开始就存在将自己的定位与市场脱节,使其自身职业规划与市场需求失去平衡。而市场有时也是残酷无情的,即使你是精英，企事业单位也往往不会率先考虑你的优势，因为真正的精英是需要在长期的实践中检验才能得到公众认可和接受的，也如青年大学生们的亚文化一样，即使是先进的部分，在主流文化面前，也往往需要有一个显现发展的过程。

三 待就业大学生的知识结构普遍与就业相关性弱

课程设置与就业岗位需求的知识相关性太弱，这可能是目前高校存在的普遍性结构问题。在大学的课程设置中，所学课程往往与能实际运用的知识结构相去甚远，笔者曾就所在的综合性高校到东北三省就业的近十届206名毕业生进行过专题走访和跟踪，他们普遍认为这一问题的存在。从统计的数据看，他们在校课程设置与工作所涉及的知识相关度甚至不足30%。从近年来社会用人情况来看，市场青睐实用性较强的课程，除集中反映课程内容过时、淘汰滞后外，诟病较多的还有：大学生在校投入精力近半的英语过四、六级，其初期就业的使用率不到10%；"两课"效果不理想，一些高校的教与学的方式方法还存在许多需要改进的地方；还有一些学科大学生感到理论性太强，实践性不够，普遍接受度不高，致使在校学生被动学习现象突出。这样，且不说是否能理解该课程的核心思想，更谈不上能主动将其知识灵活运用到实际工作中了。

四 待就业大学生专业分布与市场需求失衡

高校专业分布失衡，毕业生的就业方向与所学专业对口率不高。一方面，大学生毕业人数逐年递增，而人才市场急需的应用性、技术型人才难求。大学生就业难与企业人才招聘难共存的怪状，即所谓的失业与空位共存，证实了高校在专业设置上确实存在着多年来难以解决的问题。虽然经过市场的倒逼，教育行政部门也开始督促高校逐年改进，但解决的程度却总是难如人愿；另一方面，教学活动与就业指导脱节，劳动力的变化不能适应经济结构的变化，即不能满足用人单位供给侧结构改革的需要。不断变动的产业结构与相对稳定的大学人才培养模式之间存在着结构性错位，这个错位是由市场经济发展规律和特点决定的，也是大学生结构性就业矛盾产生的根本原因，必须从教育体制上完善，比如2018年宁波高教工作会议提出的，要下决心彻底解决高校连续出现就业红牌专业的现象等。

五 待就业大学生普遍缺乏相关的社会实践

高校实践教学与实际社会需求相左,导致多数大学毕业生的动手能力较差。通常具备了理论知识并不等于就有了实践动手能力,在大学学到的有限的实践知识中,能否将其转化为实用技能和能力还是未知数,这也是现代普通高校一直以来努力的方向。近些年,一些高校分别采取相关补救措施,诸如成立大学生素质拓展中心、修改教学大纲、倡导大学生通识教育等来强化实践性教学,总体来说,这类仅在高校校园内模拟的实践教学效果与真实的变化着的社会岗位相比,有较大的差别。另外,多数高校安排的时间往往不够,且时间往往集中在学期末,千人一课的大锅饭现象,并没有有效地针对提高大学生就业能力进行合理的设置,满足不了就业岗位所需的实际能力要求,这也正是很多用人单位在招聘条件上往往要求受聘者有3年到5年的工作经验,成为滞后大学生们按时就业的原因之一。

大学生缺乏实践性能力的另外一个重要因素就是,高校在规划和实施第二、第三课堂效果不佳,突出的表现是影响大学生的环境不够,这显然与一些高校对校园文化活动重视不够有关,没有从国际视域下及时、全面把握好市场用人要求,即我们说的就业能力内涵,导致较少有高校专门为提升学生的沟通协调、人际交往、情理素质、团队协作等综合能力而开设的课程和相关实践环节。

第三节 大学生结构性就业矛盾破解的途径创新

一 高校切实构筑新的大学生培育体系

高校的培养目标要切合市场要求,不要一味地只追求创新型高尖人才的培养,最根本的是要努力使自身的教育教学模式适应社会发展的人才需求,使得高校培养目标与市场需求接轨。以服务社会经济发展需求为教育核心,努力提升高等教育的办学质量和人才培养水平,并结合社会需求进行自我拓展,不断提高教育质量,真正为社会培养出具有多种技能的专业实用人才。具体来说,在市场倒逼高校的教学改革中,你的实际签约率、就业率比其他高校高,你的社会影响力和评价就应该比其他高校好,相应地更能吸收优秀的学生生源,其发展速度就比其他高校快,从而形成一种良性的循环。另外强调专业招生计划要大致和市场的需求相匹配,要根据不断变动的产业结构及时调整高校的人才培养模式。同时,减少专业设置和专业招生的盲目性,这些无疑都要作为一项硬指标来考核高校的招生工作,通常高校的签约率与就业率只是一种事后的鉴定,真正迅速而有效的办法,是从源头抓起,用高校目前最在意的招生数量这个硬指标来倒逼高校教学质量和专业设置"中庸"而"适宜"的改革。

二 高校应按需调整教育资源和专业布局

进行供给侧的改革,从社会对人才的需求建立相对动态的课程,特别是专业设置,使学生所学知识和技能与就业岗位能基本挂钩。正如教育部教育司司长吴岩2018年11月2日在浙江宁波2018年高等教育国际论坛年会上强调的那样,"专业是大学生人才培养的基本单元。专业是人才培养的腰,腰不好,这个人就站不直,挺不起胸,抬不起头,因此,对不起良心的专业就应该停办"。按这种说法,在我们具体高校专业分布上,要注意试行以需定产、定向培养的方式,即根据大型企业和上市公司今后发展所需的专业人才的类型及数量,由社会人力资源指导就业公司进行总体平衡后交高校实行定人、定向培养。只有这样,除了可前瞻性地解决培训单位、用人单位、人力资源公司的大量事务性问题外,还可解决贫困生的学费困难和及时就业问题,相当于进行了四向沟通。另外可适当改变人才自身的知识结构和专业水平,以适应市场结构的变化。以供给侧改革为突破口,在不变更学生专业的前提下,以企事业的新技术、新产品及新要求为导向,采用短期培训、进修、补短板等方式,提高学生的专业素质,以满足企事业结构性调整的需要。同时,强调高校对市场广泛调研常态化机制构建,使其精准掌握政府权威部门发布的就业率和就业对口度等参考数据,适时增减专业,避免重复设置,优化专业结构。

三 高校应加大市场的职业教育方向办学理念

高校教育必须扎根中国、融通中外,立足时代、面向未来,发展具有中国特色、世界水平的现代高等教育。当前,我们要准确把握我国高等教育发展的阶段特征,警惕身子、脚已经步入普及化阶段而思想却还停留在精英化阶段,所有事情都用精英化的狭隘视角考虑,这显然是不正确的。

作为我国新时代高校，我们应该主动出击，帮助解决用人单位去产能进程中的结构性人才需求的矛盾。利用自身人才智库的优势，帮助他们在分清自己是朝阳产业还是夕阳产业的同时，主动去适应、改革、开发市场需求。在老产品的升级、换代甚至质变的过程中，做好新产品各阶段的创新、研发、生产等工作。使原有的管理和技术水平在产品的结构调整中获得新的提高。比如，随着我国由"制造大国"向"制造强国"的迈进，人才要求也随之大幅提高。然而，随着自动化大生产时代的来临，结构性就业人员所扮演的角色更多的是"螺丝钉"，而不是"工匠"，这使得结构性就业人员缺乏独特性，很容易被替代，这无疑给大学生就业带来前所未有新困难。因此，高校在按需调整教育资源和专业布局的基础上，还应面向市场大力实施职业教育办学，推行工学结合和校企结合的新模式，提高高校学生的实践能力和适应社会需求的技术能力。引导他们向第三产业和一些新兴产业就业的发展，同时深化国内外"校际交流与学分的置换"制度，鼓励大学生持两校毕业证或多方向的学位、学历证书。

四　高校应进一步强化实用性的实践教育理念

在对大学生就业能力的培养上，应强调要求高校对其软实力和硬技能的联合培养。正如2018年浙江宁波高等教育国际论坛年会上大家取得的共识，我国高校要全面整顿大学教育秩序，不仅要在专业、课程、教师、质保方面有所改进，更要强调在课程设置上尽量做到学以致用：一是根据学校办学的定位，拓宽大学生的知识口径，增加其跨学院、跨系选修课的比例；二是在结合精英化思维转向大众化的教育实践中，要考虑适当降低课程的理论性难度，增加课程的实用性内容；三是调整部分课程安排的顺序，实现理论课与实践课的有效对接；四是在外语学习的比重问题上，既要努力为大学生参与国际竞争和高等教育国际化打下基础，也要反对唯外语过关标准的学业评价模式；五是增加综合性与通识性课程比重，并注重科学教育与人文教育有机结合，努力培养适应我国社会发展的应用型人才。在这个问题上，我们强调在实际操作上，要从实用主义角度尽可能地把那些所谓"花里胡哨"的东西裁剪掉，对那些不能及时替换的内容，如传统的非实用性的基础理论内容，在没有很好找到新的补充内容前，加以尽量灵活的处理，通过改变其权属比重来正向引导其发展过程，也可考虑从数量、面积、程度、时间上减少或减轻一些形式主义的课程。对部分学生或今后特殊工作确有需要的，考虑到就业订单要求，可在专业必修课中予以单设或加强。同时，在指导实践教学中，尽量发挥大学生的动脑特别是动手的能力，并坚持实践教学的不可替代性原则，通过校方的主动实践补充，实现让用人单位去掉"3年至5年的工作经历"的招聘条件，以此，将其列为对高校实践教学效果最好的考核范围。另外，高校也可以考虑扩展实践空间，在其完成必要的教学内容后，订单式地将他们送到用人单位进行半年以上的带薪实习，主动接受单位的岗前培养与选拔，签订若满意才签约正式上班的就业协议。

五 高校应打造专业化、职业化的就业指导师资队伍

"没有清晰职业生涯规划、就业目标定位不准确"是现今大学生存在的普遍现象，对此，研究认为造成该现象的主要因素是我国高校对大学生职业生涯规划培养起步晚、经验不足，要改变这种现状，提高其认识水平，培养与市场需求相匹配的人才，首先是要有一支专业化、职业化的就业指导师资队伍，也就是要树立全新的专业人才服务的理念，高校通过对大学生就业前的职业规划、就业目标指导，切实缩短院校与企事业之间的距离。现阶段，如何在短时期建成这样一个高效的队伍，是各大高校普遍重视的内容，特别是近年来组织高校就业50强评比、就业率在高校综合排名等活动中权重的增加，高校专业的就业指导队伍建设受到更多重视。例如，借全国高校围绕双一流建设的时机，各校大力加强"双师型"队伍建设，鼓励校内专业指导教师通过校本职业培训和社会考试取得相关执业资格证书；通过帮助教师深入企事业挂职、聘请企业工程师走上讲台、加强校企之间交流与合作等方式，促进高校就业指导的实效性，以此在共同为大学生提供专业规划和就业指导的同时，构建大学生与企业沟通、交流的桥梁。

同时，在就业指导机制上，强调高校就业部门在必要时与社会专门就业服务机构联合，把企业的岗位要求、技能和能力的需求传递给学生，并提供必要的专业辅导，帮助他们按照企事业的要求进行能力提升，促使其成为企事业所需要的人才。另外，注重建立完善的大学生就业人员数据库，包括在充实社会各级人力资源服务机构人才数据系统基础上，高校自身也应有效掌握真实、动态的人才运用和沟通平台。比如，用"互联网+人才库+需求库+预备库"的模式来沟通和衔接人才、部门、用人单位的

有关信息，并进一步采用自动对接、远程考核、网上面试等方式，做到就业服务的精准、高效、节能。

六 高校应不断探索国内外大学生就业政策的制定与评价体系

欧美国家一般都有完善的大学生就业政策制度体系，也有较为统一的就业能力评价标准。比如，欧洲国家认为资格框架对于欧洲就业市场的统一、形成标准至关重要，早在2008年，欧洲议会及欧盟理事会就提出建议，为终身学习而确认欧洲资格框架。显然，我国对就业资格框架的开发有助于对就业市场能力的比较和就业岗位间的顺利转换。对于大学生就业政策而言，亟待建立政策效果评价机制，只有尽快将之前缺少的政策评价过程弥补起来，才能将在宏观政策上指导大学生就业。我国各级政府应统筹思考，扩大内需，增加投资和产品出口，协调发展，增加就业岗位。应具体做好以下三点：一是制定并实施积极的就业政策，确立"就业优先"与"以创业带动就业"的战略目标，要把促进就业增长作为宏观经济决策重要原则，并将其作为政绩考核评价的主要指标，避免出现没有增加就业的经济增长；二是统筹城乡与东西部地区发展，推进城乡经济社会发展的一体化，缩小地域间、行业间的收入分配差距，防止大学生择业的"羊群效应"，加大"西部计划""大学生村官""士官兵"等就业指导与规模，缓解城市劳动力市场的就业压力；三是大力扶持第三产业，重点发展现代服务业，加快战略性新兴产业、先进制造业、高效生态农业等知识、技术密集型产业的发展。积极扶持中小企业的发展，引导中小企业版主创新、技术革新和结构调整，努力促使科学技术成果向其转化，从而不断提高我国中小企业的抗风险能力、核心竞争力和吸纳大学生就业的能力。[①]

综上，要将完善大学生就业政策体系上升到促进大学生有效、充分就业的战略地位，并予以重视。从新时代社会岗位需求视阈下，以处理好大学生就业结构性矛盾问题为导向，坚持以市场需求为导向调整专业和课程设置，实行精细的就业指导与服务，注重对大学生软实力和硬技能的校企联合培养，完善师资队伍，协调各方面的发展，特别是通过发展第三产

---

① 欧阳美平：《构建以增加就业为核心的供给侧结构体系》，《中国社会科学报》2019年5月27日第8版。

业、增强中小企业吸纳大学生就业的能力等途径，来破解当前大学生就业结构性矛盾问题。随着我国各项改革的深化和经济的发展，相信大学生这一巨大的人才储蓄库将会得到更好的配置和发挥，人才的供应和需求实现平衡，最终形成良性循环。

第十章

高校大学生服务与管理队伍建设与工作创新

第一节 高校学生工作队伍现状及其发展

高校学生工作队伍是指高校专做学生工作的人员，即在学生工作处、团委工作和在院系做专职学生工作的教师，也包括专做招生就业和心理咨询的人员。这支队伍在高校占有很重要的地位。随着市场经济进一步发展，高校改革进一步深入，学生工作队伍面临着新的挑战。如何适应新形势的发展，如何贯彻落实中央16号文件精神"加强和改进大学生思想政治教育工作"以及加强学生工作队伍自身建设，是高校面临的一个重要课题，也是学生工作者务必思考的课题。

一 了解现状，正视现实

应该说，高校学生工作近些年来，尤其是1989年风波以来，取得的成就是巨大的，仅就高校稳定而言，就是一笔巨大的财富和资本，无论从政治上、还是经济上，乃至声誉上来计算，都是无可估量的。因为，社会稳定不稳定看高校，高校稳定不稳定看学生工作。高校是稳定的，社会也是稳定的，高校的稳定不能不说与学生工作队伍有关。是这支队伍，兢兢业业、任劳任怨、不计报酬、无私奉献，做了大量不被人知或者不被人提及的工作，不仅得到了学校教职工的认可，也得到了社会各界人士的广泛认可。然而，在现实生活中，学生工作者却始终有两大困惑：一是付出了许多却难以见成效；二是出路在何方，百思不得其解。由此导致了社会对高校不满意，高校对学生工作者不满意，学生工作者对自身也不满意的状况。具体就学生工作队伍而言，呈现出以下症状。

（一）重视不够，地位低下

学生工作本应在高校中处于显赫地位，因为学生工作是做人的工作，

做人的工作，不像其他工作那样容易见成效，也不像其他工作那样容易量化。它毕竟有一个过程，也需要有一段时间才能显现出效果，人们却很难认识到这一点，比较普遍地误认为：学生工作可有可无，学生工作谁都能做，其实并不是谁都能做好学生工作的。然而，现实中却存在着对学生工作的不重视。加之各高校都是以教学为中心，学校的一切工作都围绕教学工作而开展，这无疑是对的，但仅强调教学是唯一的，而忽视了教育、管理、服务的功能，也是不对的。现实中还有一个普遍的看法：学生的质量只看分数，分数高质量高，分数低质量低，因而从客观上自觉不自觉地将学生工作放在学校工作的次要位置。对学生工作不投入，只要有几个人在那里看管学生就行，疏于对学生工作队伍的建设。因而，呈现出学生工作讲起来重要、做起来不要、出了问题还是要的不良状况。

（二）责任不清，负荷过重

高校学生工作职责是教育管理学生和做学生的思想政治工作。应该说这是学生工作者的主要职责。但现实往往让人琢磨不透，学生工作者不知做什么才好，而职责却在无限制地增加，行政的、党务的、教学的、后勤的、保卫的、饮食的、财务的、电教的各种事务，只要与学生沾边的事情统统甩过来，本来以职能部门为主、学生工作为辅，相互协作是可以的，但往往变成了由学生工作队伍主动承担，实在是肥了别人的田而荒了自己的地。然而，身为教师的学生工作者既无课堂，又无管理人员的名分，时常处于十分尴尬的境地。学生工作者普遍认为：种他人的田比种自己的田重要，自己的田不种，没人过问，而他人的田不做倒有人说三道四。这种不务正业的思想，极大地影响了学生工作者的积极性。

（三）人心不安，队伍不稳

同年留校或进校的教师，在教学或其他岗位上不几年的，职称、职务都解决了，干学生工作的，却无人问津。继而一想：为了学生，无论在时间、精力，还是体力上，都付出了很多，远远超过了其他岗位上的教师，却无法解决职称职务问题，与他们相比，距离越拉越大，实在是有些想不通。甚至还要这支队伍的人，一专多能、一人多岗。这本无可厚非，然而周围的环境又不是那么好，风言风语还不少：没有用的或打杂的才到学生工作队伍去。再加上政策又不是那样明确，待遇差，导致绝大部分学生工作者或是孔雀东南飞、往好处奔，或者纷纷改行做其他工作。

（四）知识陈旧，方法单一

一旦加入学生工作队伍，就很少有出门交流进修的机会。尤其是辅导员，年轻、机会更少。他们始终封闭在校园里，与外界接触不多，信息量不大，个人发展十分缓慢。尤其是部分学生工作者，工作知识匮乏，工作理念不新，工作方法不多，仍沿用过时的东西来应付当今的学生工作，实在是不能适应形势发展的要求，也不能满足学生的需要和要求。这些都极大地降低了学生工作者的威信和在学生当中应有的形象。

二　追根溯源，寻找症结

（一）社会成因

社会进入新世纪，经济建设日益加快，市场机能在不断地充分体现。人们谈的是市场、竞争，是开发、发展。看的是眼前的利益，讲的是实惠——钞票、住房、饮食、车子等，却不谈或很少涉及思想政治教育，即使是一个时期强调思想政治教育，也像一阵风似的一吹而过。很多单位的党委系统和政工部门，本该有的却没有设置，即使设置了也形同虚设，挂个牌子连人员也没有，无疑助长了重业务轻政治、重利益轻教育单边发展的风气。尽管有思想政治教育工作者在那里单打独斗，也无济于事，也难于形成气候。只有从全社会做起，在抓物质文明的同时，抓精神文明、抓政治文明，才能真正实现思想政治教育的春天。

（二）学校成因

由于受社会大气候的影响，学校也追求规模，追求效益，对学生工作缺乏足够的认识。有人认为：思想政治教育工作没有教学实在，思想好不如学习成绩好，把成绩好与质量好等同起来。重视教学，忽视学生工作在培养学生人格和素质上，在成长成才上乃至学校的稳定和发展上所起的关键性作用。另外，还有人认为：学生工作纯粹是一项消耗性的投资，没有必要把优秀人才和钱、物花在这方面上，从而导致对学生工作不支持或支持不到位、不投入或投入甚少、不管或过问不多的现象。

（三）自身原因

学生工作者也存在对学生工作的模糊认识，尤其是部分辅导员，认为辅导员工作就是一般的事务性工作，完成即可，而根本没有认识到学生工作是做人的工作，做人的工作，是很有价值的，也是十分有意义的工作。因为学生是有思想、有感情的，学生的成才，需要教育工作者去引导、疏导、开导，才能健康成长。往往部分学生工作者未认识到这一点，因而对自身的工作没有规划，没有长期打算。其次，不注重自身的形象，说话、办事、处理问题都与学生工作者的身份不符,缺乏一名政工干部应有的人格魅力。另外,学历不高,能力不强,又不思进取,缺乏锻炼,致使不能随着形势的发展而发展,处于非常被动的局面。

三 不断思索,积极应对

(一) 树立新的"以生为本"的理念

科学的发展观,即坚持以人为本,全面、协调、可持续的发展观,为各行各业指明了方向。高校学生工作更应该树立新的教育管理观、新的学生发展观,结合自身工作对象,确立新的"以生为本"的工作理念。坚持"以生为本",就是要在学生工作中以实现学生的全面发展为目标,从学生的根本利益出发,不断满足学生各方面的需要,切实保障学生的各种权益,确实为学生的个性和发展服务。为此,"以生为本"要做到:一是牢固树立"三个一切"的思想,即一切为了学生、为了一切学生、为了学生一切。真正视学生为"人"而并非"物"。心中一定要装有学生,从学生的一切和身边的事做起,关心学生,爱护学生,帮助学生,真心实意为广大学生服务。二是"以服务为主,教育、管理、服务并重"的教育理念。变过去的教育者的姿态为"导游"者的全程跟踪服务,变过去把学生作为教育的对象为教育服务的对象。一切围绕学生,提供全面而优质的服务。三是带头推进"三进"工作,即思想政治教育工作进学生公寓、进校园网络、进学生社团。学生工作者要真正深入到学生之中,贴近实际,贴近工作,贴近对象,做深入细致的思想政治教育工作。

(二) 走终生职业化、专业化的道路

高校学生工作是一种专门的职业,需要学生工作者为之奋斗终生,才能在工作岗位上结出丰硕的成果。因为学生工作与其他教学、党务和行政工作一样,具有自身的特点和规律,只有潜心学习,深入钻研,才能掌握其特点,摸清其规律,才能真正做好学生工作。要做好学生工作,就要学习相关领域多学科的理论知识,掌握其精髓。以理论武装自己,以知识丰富自己,以实践铸造自己,使自己成为完成学生日常行为教育管理服务的多面手,又能承担在政治上引导,学习上指导,生活上帮导,工作、就业和心理咨询上开导的责任,而且成为精通某一方面的专家学者。紧跟时代步伐,锐意进取,使自己立于不败之地。这既是21世纪学生工作的客观需要,也是学生工作者谋求生存和发展的必由之路。

（三）构建针对性强的运行机制

处在 21 世纪的当代大学生，其个性特征和精神素养发生了很大的变化，再用过去的老办法已不适合学生的要求和学生的需要，必须采取广泛的、有针对性的、切合实际的有效办法，建立新的学生工作运行机制。

——学生帮扶咨询服务机制。目前高校弱势学生群体越来越多，问题也越来越突出，如不尽快加以解决，不仅影响学校声誉，而且还会辜负学生、家长和社会的信任。为此，要尽快成立此项机构，专门研究此项工作，更好地为弱势学生群体排忧解难，开导服务。弱势学生群体包括贫困生、残疾生、心理压抑学生、不适应学生及其他需要关爱帮助的学生。他们渴望有人帮助，也迫切需要老师和学校的帮助。学校学生工作部门应急他们所急，想他们所想，主动为他们服务。还要争取配备心理咨询师，把物质资助和心理疗法结合起来，把物质助弱和精神助弱结合起来，把奖、贷、助、勤、减、免结合起来，建立个人资料档案。同时呼吁和寻求社会力量，共同来做弱势学生群体工作。这必将受到广大学生和社会各界人士的欢迎。

——学生就业指导服务机制。就业问题已摆在高校的议事日程中，作为一把手工程。就业率不高，不仅影响学校的声誉、来年的招生，而且更重要的是关系到每位学生和每个家庭的切身利益。学校应主动为学生和家长着想，建立专门的就业指导服务机制。一是构建全程性的就业指导体系，将就业指导贯穿于大学教育的全过程；二是构建全员性的就业服务体系，广泛收集内外信息，及时与人才市场、用人单位联系，发布各种信息；三是加强就业指导，开设就业指导，进行诚信教育，鼓励学生抓住每一次的机会，自主创业，大展宏图；四是主动出击，宣传学校，上门服务，拓宽就业市场，疏通就业渠道。还要广泛动员全体教职员工，人人参与，献计献策，为学生早就业、就好业争做贡献。

——学生网络教育管理机制。随着互联网的发展，网络越来越受到大学生的欢迎。他们在网上接受新知识、开阔眼界的同时，也会受到不良信息的影响甚至侵蚀。在网络双刃剑面前，如何既避免大学生失范，又能有效地进行教育管理，是当前高校思想政治教育工作面临的又一难题。学生工作者不能让网络社会成为思想政治教育的真空地带，更不能成为学生工作者的"盲区"，要尽早破解这一难题。要主动出击，迅速建立网络教育管理机制，占领网上大学生道德教育阵地，充分利用那些对大学生具有吸引力、点击率颇高的网站，进行正面引导和宣传，开展"网络文明工程"。同时组建专门的网监队、清扫队、发布队，及时抵御各种网络失范行为的侵袭。主动引导学生，服务学生，让网络为我服务，成为教育和引导学生健康成长的新载体。

——学生社团管理服务机制。学生社团是学生的自发组织，是学生课外活动所依托的主要场所。由于学生的需求呈现出多元化，学生社团也争相斗艳，竞相开放，这是学校所希望见到的。然而若不能加以引导，进行有效的管理，就不能发挥学生社团应有的作用。为此，要加强学生社团的管理和服务，统一由学校团委专门负责和领导学生社团工作，建立社团章程，规范社团行为。开展社团竞赛和有益于健康且进步的社团活动，同时请教师指导，提升社团质量和平台，对那些有影响、有活力、有成就的社团及时给予奖励。力求把大学生社团活动开展得富有科学性、趣味性和创造性，使学生在社团活动中增长才智、培养能力、陶冶情操的同时，增强社会责任感和为社会服务的精神和能力。

——学生党员教育管理机制。随着对高校学生党建工作的日益重视，学生党员人数在逐渐增多。对学生党员如何教育、如何管理，尤其面对全面推行学分制、选课制，在原先以班为建制的管理越来越弱化的情景下，学生党建工作越来越显得重要，无疑对党组织和学生工作又带来了新的挑战。为此，党组织和学生工作要密切配合，形成合力，做好学生党员的教育管理工作。一是党组织进学生公寓，在每一栋楼成立学生党支部，宣传党的基本知识，引导广大学生向党组织靠拢；二是组织学生党员密切联系群众，将楼层的党员分片分任务，承包寝室和人员，结成对子做好工作；三是充分发挥党校的作用，大力培养先进分子；四是广泛开展"我为党增辉"的先进分子表率活动，努力开创学生党建工作的新局面。

(四) 着力辅导员队伍建设

辅导员是学生工作队伍中人数最多又最年轻的重要力量，他们在学生工作的第一线，直接面对学生，学生工作怎样，与他们至关重要。因为，他们代表的不仅是自己和学生工作队伍，更重要的是代表学校，学生对他们反映的情况和需求，就是对学校的反映和需求。往往向他们要求得最多，期望也最高。倘若辅导员政治素质、精神境界、业务素质和学识技能不高，不能适应形势发展要求，将直接影响学生的成长成才和全面发展。建设一支高素质辅导员队伍刻不容缓。为此，要按照中央"提高素质、优化结构、相对稳定"的要求，努力建设一支政治强、业务精、作风正的辅导员队伍，使之成为先进生产力的促进者、先进文化的传播者、最广大学生根本利益的维护者。

一是完善制度。制度是做好工作的必要前提。没有制度，不可能建设一支高素质队伍。要努力制定和完善既合理又可操作的"辅导员工作条例"。它主要包括辅导员职责、辅导员选拔条件、辅导员工作细则或考核标准、辅导员配备和奖惩以及待遇、出路等，以便让受聘者或辅导员明确自己的职责和所肩负的培养合格建设者和可靠接班人的历史重任，做好学生工作的思想准备。

二是岗位培训。培训是提高理论水平、思想认识和工作方法的途径。要充分利用这个途径，对新上岗的辅导员进行岗位培训。在他们工作一段时间后，要进行再次培训或进修。培训的内容是多方面的，主要通过理论的学习、形势的分析、专题的研讨、社会的调查以及有效的工作经验介绍等，让他们真正进入角色，尽快适应和开展工作。

三是业务学习。学生工作是多方面的，任务也是繁重的。既有思想政治教育，又有日常行为管理；既有专项的服务，又有专门的指导，还有心理咨询；等等。必须认真学习，才能了解和掌握学生工作的政策和规律性。要尽快使自己成为学生工作的内行，精通业务、精通教育、精通服务，不断提高自身的人格魅力和业务水平。

四是交流研讨。长期工作在第一线的辅导员，遇到和面临的问题很多，尤其是学生所关心的热点、难点问题，需要在自己认识和解决的基础上引导和帮助学生，但仅靠自身摸索多数是难以解决的。这就需要组织或上级领导为其创造条件，经常组织辅导员在一起交流，研讨一些棘手的问题或困惑，还要组织知名专家讲授先进单位和个人经验介绍，以理论指导实践，以实践检验和充实理论，促进学生工作向前发展。

五是考核表彰。辅导员工作怎样，直接或间接地反映了某个单位的学生工作怎样，要促进学生工作，推动学生工作，就要对学生工作队伍进行考核，同时也要给予表彰。最好每学期考核小结一次，每学年总结表彰一次，并形成制度，坚持下去，以不断发现问题、纠正错误、与时俱进、开拓创新，让学生工作真正充满青春，充满活力，做出更大的贡献。

（五）争取政策，稳定队伍

队伍稳不稳定，除了加强建设和做工作以外，还要争取政策的支持。

因为政策导向很重要，政策好，可以安定人心，激励斗志，鼓舞士气，稳定队伍；反之，会影响学生工作者的情绪和队伍的稳定。为此，要按中央16号文件精神，配齐学生工作队伍，明确队伍的职称评聘、待遇及出路等问题，真正解决学生工作者的后顾之忧，以便学生工作队伍静下心来，全身心地投入学生工作，为高校培养更多的合格而优秀的人才。

第二节 高校思政工作人员的"校本"培训与发展

近来，党和国家高度重视高校大学生思想政治工作，在2019年全国教育工作大会上，再次强调为适应高等教育新形势发展需要，要重视提高高校学生工作人员的整体水平。在组织高校思政工作人员培训方面，各大高校有其不同的形式和方法，相关培训部门和组织人员也进行着一些新的方式方法的研究与实践，力求达到培训的实效化与科学化。在众多形式中，我们认为，高校思政工作人员队伍的培训应重点做好"校本"化。

一 高校人员"校本"培训的由来与运用

这里，对于"校本"的意蕴，国内外理论上已有颇多诠释。中国教育科学研究协会等还定期坚持组织在各地举办了"高校辅导员师资校本培训"等相关课题的研讨。但从实践来看，相关人士普遍认为，颇难给"校本"一个明晰的界定，"校本"英文是school-base，大意为"以学校为本""以学校为基础"。就目前大众的理解来看，它包含三方面含义：一是"为了学校"，二是"在学校中"，三是"基于学校"。

（一）为了学校，对于高校来说，意指要以改进高校大学生思想政治工作、解决学校在做好大学生思想工作中面临的问题为指向，"不断改进"是其主要特征，它既指要解决在校大学生思想政治工作中存在的种种问题，也指要进一步提高高校思政工作队伍的综合素质。"校本"关注的不仅是宏观层面的一般问题，而且是大学生日常工作遇到和亟待解决的实际问题和如何提高大学生思想政治教育管理工作的效率等问题。

（二）在学校中，意指要树立这样一种观念，即校内大学生管理工作的突出问题，要由高校内自己人员来解决，要经由学校全体教职员工，特别是高校的思政人员的共同探讨、分析来实地解决，由此所形成的解决问题的诸多方案要在高校内加以有效实施，真正对高校思政工作有发言权的应该是长期工作在学生工作第一线的校内学工"前辈"和有心人。而"局外人"，即那些搞理论研究的学者以及上级职能部门的非专业人士等，是很难对高校思政工作的实际问题有真切体会和全面把握的。而那些"前辈"在长期的高校大学生日常管理中，有明确行动的目的、责任，能够体察实践活动、背景以及有关现象的种种变化，也能够通过实践检验理论、方案、计划的有效性和现实性，他们往往对大学生思政工作的实际问题有其他人难以体会也是不可能体会到的经验总结。

（三）基于学校，意指要从所在高校的实际情况出发，所组织的各种内部培训、展开的各类研究、设计的各项培训内容等都应充分考虑高校自身实际，挖掘本校自身所存在的种种培训潜力，让学校知识储备资源更充分地利用起来，让本校的生命活力释放得更加彻底。也就是说，参与指导培训的校外人员应从有效地解决本校的实际问题出发，他们需要深入实际工作，直接参与从培训计划到评价体系的全过程，是为了提高高校思想政治工作人员培训的实际效果，找到提升学校思政教育整体队伍综合素质的有效路径。①

二 高校思政人员队伍"校本"培训的优势

高校思政人员校本培训强调以本校自身拥有师资队伍为主体的内部队伍培训，一般是从规划、实施、管理直至评估，均在校内甚至主要是在本校的学工专家的自我组织下在校内进行。它扬弃了传统的外控式培训观念，进入由校内自身拥有理论与实践的专家来主体运用的培训方式。这种培训能随时渗透到思政教育工作队伍的自身建设过程中，能随时为本校思政教育队伍素质培养提供服务。与传统培训比较，其培训重心下移、阵地前移，是校本培训方式的主要特征，代表了培训改革的方向。它的推广应用有利于克服当前高校思政教育人员在职培训无经费保障、脱不了身、培训量大等方面的弊病，是一种高效而快捷的培训形式，具有五个显著优势。

（一）校本培训是高校思政人员更为有效的培训方式。它适应中国高校的实际需要，以所在的高校为培训基地，使思政人员所学到的理论知识

---

① 古力新：《校本培训内涵与课题》，《山东教育学院学报》2004年第4期。

迅速地与本校工作实践紧密结合，避免了理论与实践脱节，具有很强的针对性和实效性，培训的成果可迅速转化为"生产力"，便于直接提高一线思政教育管理人员的学生教育管理能力，有助于学用结合。

（二）校本培训是高校思政人员最为普遍的培训方式。它把培训工作贯穿于高校思政人员的具体工作中，常常与管理、服务学生相伴进行，实现了培训的经常化与长期化，可以真正落实全员可持续性培训任务，是实现高校思政工作人员继续教育工程的一种有效形式，同时可以解决高校在岗学生工作人员培训要求中工作紧张的矛盾。

（三）校本培训是高校思政工作人员更为灵活的培训方式。每位思政工作人员都可以根据自己的实际情况和需要，采取适当的方式，选取适合需要的内容，有的放矢、机动灵活地达到培训工作目标。

（四）校本培训是高校思政工作人员更为经济高效的培训方式。高校利用自身资源，重新配置了思政工作人员在职培训系统中的各种资源，充分利用本校已有的教育管理资源，既节省了不必要的经费又有效地缓解了进修与工作的矛盾，解决了大面积培训带来的人力、财力、物力不足等问题。

（五）校本培训是高校思政工作针对性较强的培训方式。它把本校思政教育工作目标和现实工作及形势有机地结合起来，把培养思政工作人员某一方面的素质与遇到的问题结合起来，做到有的放矢、循序渐进，避免了培训的盲目性。

以上，在了解高校"校本"培训意蕴的同时，通过分析我国高校思政人员校本培训存在的优势，结合目前高校思政人员培训现况，强调高校思政工作人员校本培训要注意和应遵循的科学规律。以下提出了应注意抓好的几个环节。

三　高校学工人员校本培训应注意抓好的几个环节

（一）抓好以老带新，是高校思政工作人员校本培训的启动环节。在高校从事大学生思政工作多年的老同志具有丰富的大学生思政教育管理工作经验，对学生中发生的突发事情大多不同程度地遇到过，知道如何预防，应该怎样处理。初到岗的思政人员则不同，对学生的心理把握与日常管理工作不熟悉，缺乏工作经验，因此心中没数，仅凭一股热情去工作，往往事倍功半。所以，高校新入职的思政人员的成长离不开老同志的传、帮、带。特别是在他们上岗伊始阶段，高校主管领导代表学校领导要与之谈话，了解他们的具体情况，关心其成长，指出该注意的问题，并提出要求和希望，并给其压任务，上担子，鼓励加鞭策，使其放下包袱，轻装前进。学校负责思政工作的职能部门领导也应对他们第一学期的工作给予密切的关注，对其严格要求，查找其工作漏洞，指出其不足之处。同时有意识地让有实践经验的老同志利用自己的优势带动一下新人，以便使年轻的思政人员集采众家之长，及早地走上工作的正常轨道。

（二）实施以点带面的工作方法，是高校思政人员校本培训的主要环节。当代大学生思想明显存在多样性、差异性、选择性强的特点，这对如何有效地做好大学生思政工作提出新的要求，在相关工作研究方面既要做到客观全面又要注意抓好典型，这样通过工作中有代表性的典型事件切入整个学生思想教育工作，这也是校本培训要强调的内容。这要求我们要善于抓住常见的、多发的、有典型意义的案例进行分析，认真规划好学校思政人员整体素质的培训工作。

（三）强调理论学习特别是时事政治学习，是思政人员校本培训的关键环节。实践中，要注意把握好理论学习的重点，一是要按照科学化、系统化的要求，确定适量的学习内容，做好课程的合理安排；二是强调以自学为主、辅导为辅的培训；三是尽可能地对在岗思政人员提供机会，学习一些相关的课程，如安排有经验的一线辅导员兼代大学生的《大学生思想品德修养》课等。这样他们在备课的过程中，不仅要翻阅大量的资料，还要思考整理所授的课程的内容，这对提高授课者的理论水平会起到促进作用。

（四）抓好研讨交流环节，是高校思政人员校本培训的重要环节。常见的以自学为主的思政人员培训，缺点是会受到每个人自学能力及兴趣的影响。为提高广大思政人员自学的兴趣、激发其热情，需要推动他们相互间的交流，包括理论学习上的交流和工作实践经验的交流，或者两者兼有的交流。高校思政工作重要的特点是实践性强，面对流动的大学生们，会不断遇到新问题，需及时解决，交流会达到互相学习的目的。交流的对象尽量是多人一起进行，范围可以扩大到全校的师生员工。交流的内容应该是广泛的，如党团建设、主题教育、大学生热点与焦点、学生干部培养、大学生文明宿舍建设，等等。这样的交流以学院内部为主，每周至少一次，学校职能部门组织的比较正规的交流每月应该有一次。校级思政工作交流会带来学校思想政治教育工作水平的提高，以此减少一些因盲目而导致的失误。研讨也是高校思政工作必不可少的。因为大学生思政工作经常出现新问题、新动态，思政人员必须对此进行深入的研究，拿出解决问题的方案，并适时制定工作的方法和步骤，高校思政工作的任务正是依靠研讨及时地摆正方向。同时，研讨成果也可以作为思政人员的工作成绩，浓厚的研讨风气也会推动高校思政工作的前进。学校集中举行的研讨会应每学期一次，届时每个思政人员可以拿出自己的研究成果进行集中交流。

（五）做好检查考核，是思政人员校本培训的检验环节。组织人员应随时了解思政人员学习过程中的积极程度、参加各项学习活动的出勤率，发现问题即时解决，以保证学习规划进程的按期完成。对于考核，须做到合理，注重实效。校本培训的成绩包含学习成绩和工作成绩两部分。成绩至少每学期评定一次，学习成绩便是单课结业的成绩。单课结业的考试采取论文和工作答辩的形式，在进行论文或工作答辩时，评委在听完汇报后，有的放矢地问几个规定的问题。这就要求答辩不仅要掌握课程内容，还要对某些规定的学习和工作内容进行深入研究，这对理论水平的提高会起到很大的推动作用。工作成绩即教育管理学生的业绩。组织思政人员的校本培训，目的在于学以致用，所以大学生教育管理成绩也是检验思政人员校本培训工作的一项重要内容。

（六）强化管理是做好高校思政人员校本培训的保证环节。强化管理对于调动广大思政人员自我提高的积极性和创造性，对保障校本培训工作的顺利进行，都会起到良好的促进作用。具体来说，重点应抓好两点：一是对高校思政人员的交流材料、研讨论文做好存档工作。根据学习后提交的论文，除推荐公开发表之外，高校思政管理部门应适时汇编成交流材料集，作为校本培训成绩的体现及书面参考资料；二是校本培训的成绩要作为思政人员评定岗位津贴、评定先进、评定职称等的一项重要参考指标，以引导全校思政人员不断强化自我培训的能力。

第三节　高校辅导员工作"课程化"模式的启示与思考

辅导员工作课程化，就是用教学的理念认识辅导员的工作性质，用课程的形式规划辅导员的工作内容，用教学的标准规范辅导员的工作行为，用科学的方式评价辅导员的工作效果，促进辅导员履行教师职责，充分发挥教育功能。具体包括：辅导员的工作内容进教材，工作方式要进课堂，工作安排要进课表，工作时间要算课时（学时），工作节奏要坚持教材的稳定性与学生工作实际的变化性相结合。通俗理解，就是辅导员通过上课的方式达到对全体学生进行教育、管理和服务的目的。

一 辽宁工程技术大学实施辅导员工作课程化模式

地处辽宁省阜新市的辽宁工程技术大学，从2009年起开始探索辅导员职业化、专业化建设路径，创造性地提出实施辅导员工作课程化模式。该校为此陆续出台了《辅导员基础指导课教学大纲》《辅导员专项指导课教学大纲》《关于实施辅导员工作课程化及绩效考核工作的通知》等多个文件，并从2011年开始，辅导员工作课程化模式正式在全校实施。

据该校学生工作部部长叶玉清介绍，以教育部《普通高校辅导员队伍建设规定》提出的辅导员8项工作职责为框架，学校创造性地构建了辅导员工作课程体系，把辅导员从事的具体工作整合为基础指导课和专项指导课两大模块，每一模块设若干单元，每一单元再设置若干子课程，对每一子课程都规定了具体的教学内容、教学要求、教学学时和教分。比如，依据辅导员相关职责，在基础指导课模块中，设置思想政治教育单元，此单元包括形势与政策教育、道德修养教育等5个子课程，每学期授课共计40学时。学期初，辅导员依据学校下发的辅导员工作课程化教学大纲和所在学院的学生工作计划，制订出本学期本人所带学生的思想政治教育单元5个子课程的教学计划。

以上措施实施以来，学校辅导员队伍建设效果显著。2013年2月，教育部《加强和改进大学生思想政治工作简报》《中国教育报》分别对该校实施辅导员工作课程化新模式进行了专题报道。甘肃省教育厅、黑龙江省教育厅和兰州理工大学、哈尔滨理工大学、郑州航空工业管理学院等省级20多所高校教师前往学习课程化工作经验；2016年4月，作者见证了辽宁省高校工委在辽宁工程技术大学召开高校辅导员工作课程化研修班，由此开始全面推广这一模式。①

---

① 季贵斌：《高校辅导员工作课程化模式的体系建构》，《辽宁工程技术大学学报》（社会科学版）2018年第1期。

二 高校推行辅导员工作课程化的意义

（一）是落实上级领导有关指示的需要

以 Y 校为例，该校及时贯彻落实教育部《高等学校辅导员职业能力标准（暂行）》（教政思〔2014〕2 号）和湖北省第 22 届高校党建与思政工作会议精神（这是省高工委副书记严学军 4 月 22 日来校调研时强调的工作内容），并将它们付诸具体行动。

（二）是落实辅导员职业定位的需要

实施辅导员工作课程化，把辅导员的具体工作用课程形式进行整合，落实了国家和省级有关文件中关于"辅导员是高等学校教师队伍和管理队伍的重要组成部分，具有教师和干部的双重身份"的要求，落实了辅导员的教师、干部"双重待遇"。

（三）是辅导员队伍专业化、职业化建设的需要

实施辅导员工作课程化，是辅导员获得职业声望的重要途径，能够使辅导员职业成为像专业教师一样长期从事的稳定职业，解决了辅导员职称评定课时认定不规范的尴尬局面，并能够使辅导员从工作中获得预期的事业感，促进辅导员的职业素质可持续发展，极大地提高了辅导员的工作效率，是辅导员队伍专业化、职业化建设的有效途径。

（四）是科学规范辅导员工作内容的需要

实施辅导员工作课程化，使辅导员工作计划性、规范性、精细性增强，克服了工作随意性、工作粗放性、个人经验主义、工作效果不稳定，促进工作职责明确化、工作行为规范化、评价方式科学化、教育功能充分化。

（五）是增强大学生思想政治教育工作实效性的需要

我们强调学生思政教育，但现况是："马哲、毛邓三"等公共政治课教材通常沦为学时的垫凳纸、考前的佛脚、离校时的废纸，课堂不到三分之一的人"认真听课"，处于思政教育效果不明显的尴尬境地。实施辅导员工作课程化，有利于整合全校资源、形成合力、构建长效机制，共同做好大学生思想政治教育工作（有的学校实现了学科教师与思政教师的完全融合），从而进一步增强大学生思想政治教育工作的针对性和实效性。

三 辅导员工作"课程化"的具体实施设想

一般综合性大学的学生工作实行院校二级、以院为主的管理模式。近年来,各大高校加大队伍建设改革力度,借这股东风,学校落实上级有关文件,拟从制度层面上推行辅导员职业化进程,这是实践辅导员工作课程化的有利时机。如果在各大高校全面推行大学辅导员工作课程化,明确辅导员像教师"上课"一样工作,表面上看起来比较简单,但操作起来,还必须具备很多条件,且存在不少的困难,只有具备了这些条件,克服了这些困难,辅导员工作"课程化"才能真正付诸实施,并取得好的效果。

(一) 基本条件

1. 统一思想。学校上下形成一致意见,统一推行辅导员工作课程化制度;要有一本(而不是多本)能全面系统反映辅导员工作内容的教材和辅导员工作"课程表"(前期可先部分复制他校已有成果)。

2. 组建一支专兼结合的研究队伍。可以由一线的辅导员和大学生思想政治教育、日常管理方面有丰富理论和实践经验的领导、专家学者组成。

3. 构建团队工作模式。由校学工部牵头根据辅导员的专长和辅导员课程大纲内容分配其角色与责任,以使其各自在自己所擅长的方面得到可持续发展。同时,建立辅导员集体定期备课制度。

4. 建立完善的激励和保障机制。一是通过学校专项款或辅导员政策性补助补足设定辅导员工作课程化后的绩效津贴;二是调动多数长期在岗(5年以上)辅导员工作专家化的积极性,如职称条件应与入职条件一致,不需要拔高要求、在岗读博才有机会参评高级职称;三是建立专项评优奖励制度。

(二) 实施困惑

1. 目前,在岗的全体辅导员能力参差不齐,部分辅导员教学技能经验不足,能否立即胜任"杂家"的教学任务。

2. 传统的辅导员"上面千条线,下面一根针",工作习惯意识与学工部(处)、学院管理党政职能如何衔接。

3. 辅导员课程化与其他思想政治教育课程(如"两课")的区别在哪里。怎样实现。

辅导员工作"课程化"并非"课堂化",也不是指辅导员工作方式只有"上课",更不是指辅导员所有的工作时间都在"课堂",而是指面向全体学生的共性的教育内容必须以"上课"的形式加以固定,"上课"作为辅导员履行教育、管理和服务学生的职责不能被忽视,而要被重视。辅导员经常运用的谈心、开展校园文化活动等有效的思想政治工作方法，依然要坚持，但必须在"上课"的基础上和指导下来进行，这些方式只是对"上课"时没有解决好的学生思想问题的补充措施。

第四节 "心理契约法"在高校学生工作队伍管理中的实践运用

探索高校学生工作管理效率，运用有效的心理契约法管理可以大大降低管理成本，成倍提高组织工作效率；相反，无效的心理契约管理会使管理显得苍白无力。高校辅导员有着自身的人格特点、劳动价值取向和需求特点，对他们的管理应该用"心"去触发。同时，运用心理契约法对高校组织管理的统一有着导向作用，能极大地增强其组织凝聚力，并能在日常工作实践中减少阻力、消除冲突、促进组织的发展。

一 心理契约视角下大学辅导员管理问题分析

（一）辅导员流动性大

随着我国高校的发展，高校对辅导员师生比要求的提高，特别是民办高校的规模扩大，许多在岗辅导员人事身份出现多样性（如合同制、社会劳资派遣制人员等非事业编制），所以在待遇、行政晋升和职称评定等方面都存在许多困难，甚至有的辅导员很快就处于职业生涯的高原期。他们中有的人只把做辅导员当成是自己职业生涯的一个过渡时期，主要是考虑在学校工作时间相对宽松，可以利用这个有利条件继续进修或者择岗。所以，综观许多全国高校，辅导员的稳定性都成为亟待解决的重要问题。另外，现在许多高校在招聘辅导员时，过多地看重高学历（普遍要求是211、985高校毕业的硕士研究生），在一些较优越的地区甚至起步要求有博士学位且为中共党员才能竞聘辅导员岗位。而这些辅导员到岗后又不理解自己的日常工作多是一些事务性的工作，这是导致辅导员流动性大的一个根本性原因。另外，由于地区的差异，一些高学历的高校辅导员觉得自己的工资水平普遍较低，根据公平理论和期望理论，辅导员会产生心理落差和不平衡。

（二）常规工作过程很难监控

我国高校辅导员又名为高校大学生思想政治工作人员，首要任务是在服务管理在校大学生中做好学生的思想政治教育工作，这要求辅导员要深入学生中开展谈心工作，做好细致的管理服务工作等。在现实中，往往仅为一个重点学生得花费很长时间全力投入陪伴，这些工作都是很难量化的，仅靠一些规章制度是不可能对辅导员起到约束作用的，往往仅能靠辅导员自己的责任心去完成。

（三）工作热情不高，缺乏责任心

由于大学生层次多样的特点，有的要求辅导员像贴身保姆一样，关心学生的学习和个人情感等多方面需求。这样同样的工作流程，出现的工作效率可能就是千差万别的，而责任心问题就成了一切工作的关键。所以，我们说辅导员的很多工作都是凭良心去做的，其过程很难去监控。

（四）自身学习和提升不够

对于辅导员工作要求和自身发展来说，要不断地自我充电，不断提升自己的思想政治修养和文化修养，才能不断满足现在大学生各方面的要求。这就要求辅导员自身要不断地学习，自觉地形成一种良好的学习氛围。对学工队伍来说，学习型组织一直都是人们很关注的焦点，这个组织应该不断地处在学习、修炼的实践过程中。而现实是，许多辅导员常常被学生工作日常事务性的工作所困扰，加上自己定位不够，往往忽略了自身的学习和提高。

二 探讨契约与辅导员管理

契约是生活中普遍存在的一种社会现象。社会组织与成员之间在本质上是一种基于契约而形成的交易关系。一般契约可以分为显性的文本契约和隐性的心理契约两种，显性的文本契约譬如劳动合同、安全承诺书等。本研究所讲的心理契约这个概念则是来源于心理学，最早是由组织行为学家引入管理的领域。我们认为心理契约是一种隐性的心理约定，是组织和个人对彼此所获得的权利和承担的义务的一种期望。由此，从心理契约是一种心理约定来看，其主要特征表现在约定的主观性上。因为研究发现，心理契约一开始是运用在企业组织管理上的，许多学者证明保持双方良好的心理契约，对协调雇主和雇员之间关系等起到推动作用。

在如今，强调以人为本的时期，将心理契约引入高校的队伍人员管理当中，有很重要的现实意义，也有应用的土壤。学校和辅导员之间的管理关系，只靠一纸合同、一个规定，是不能起到约束作用和最佳效果的。制度经济学的交易费用理论认为，要使交易成本降低，减少机会主义和不确定性，必须建立一定的契约关系，从而使交易成本内部化。具体地说，高校通过与辅导员之间建立隐性的心理契约，可以实现过程交易内部化，降低交易费用，减少双方为此付出过多的时间和精力，以此达到强化双方的责任和义务的目标。实践中，我们还要注意，心理契约是一个动态的过程，我们在心理契约实施的过程中要不断地进行维护，如果一旦维护得不及时或根本不进行维护，心理契约会违背初衷，并可能造成不良的后果。

三 心理契约在辅导员管理中的适用性

（一）构建和谐高校校园的内在要求

心理契约是校园文化建设的重要载体之一。高校建立合理的心理契约，使之与辅导员之间形成一种良好的、积极向上的、平等的、和谐的氛围和精神。

近三十年来，心理契约成为组织行为学和人力资源管理的研究热点。而我们在回顾长期的高校管理者与辅导员的关系后发现，其实也或多或少地存在学校管理者与辅导员之间的心理契约现象，这种隐性的心理契约也在有意或无意地影响着辅导员的工作热情和态度。[①]

（二）辅导员自身的性质特征决定心理契约的适用性

虽然高校一直强调，教师是学校的主人公，辅导员是高校重要的教师队伍，可是在现实中，高校管理者和辅导员之间还是存在管理上的不平等现象。特别是民办高校的性质和企业具有相似性，都想获得利益最大化。所以，它们中的一些高校在办学过程中，总是通过宣扬办学理念和管理工作强调对辅导员的期望，我们的一些公办学校也同样存在这样的问题。最近，教育部规定的高校辅导员和学生的比例是1∶200，少数民族学生的辅导员配备比例是1∶50，但是很少有高校真正达到这个标准。

四 辅导员管理中心理契约的有效运用

（一）辅导员心理契约构建的基本原则

高校辅导员心理契约的形成是一个长期的发展和潜移默化的过程，需要辅导员和高校管理者之间在相互尊重和相互理解的基础上逐步自愿

---

① 勾柏频：《试论心理契约在学校管理中的应用》，《安顺学院学报》2009年第11期。

形成。

1. 学校重视原则。管理学中认为，一切组织的变革和活动，成功的关键在于上层领导是否支持。对于一般高校学生工作管理来说，构建良好的心理契约，领导一定要发挥其引导作用，正因为学校管理者和辅导员的地位不平等，所以领导要关心青年老师占多数的辅导员期望。

2. 以人为本的原则。管理学的发展过程中，对"人性"有了多种的假设，如"工具人""经济人""自我实现人""复杂人"和"社会人"等。而高校的辅导员作为高校师资队伍中的一员，他们有其独有的特点，譬如追求自我价值的实现，在日常的工作中要求有更大自主权、决定权和参与权，这样也能体现自己在学生工作中的核心地位和作用。另外，在强调以人为本原则时，在心理契约的构建过程中，高校要关注辅导员生存发展、职业发展和社会发展的能力。辅导员把自己的工作自由、时间和权利都交给了学校，他们相信学校的管理层能实现他们的期望，能够提供与自己工作内容相对等的发展。所以学校应注意辅导员能力和潜力的培养，在实践中，可以为达成与维持心理契约创造良好的氛围，增强辅导员努力工作的热情，激发学校与辅导员共同信守"契约"。

（二）辅导员心理契约的机制构建

1. 激励机制。这里所说的激励机制并不仅仅是局限在日常的物质奖励，更多的是指心理上的。社会上往往对辅导员的工作缺乏真正的了解，部分人认为高校辅导员与专业老师比，重要性差，从而对他们也缺少真正的尊重，使得辅导员在思想上比较苦闷。通过构建与辅导员的良好心理契约，使其从心理和精神上认同自己的工作，认同学校的管理，这样可以调动广大辅导员的积极性，提高组织的工作效率。

2. 约束机制。这里所说的约束机制是双向的。前面我们说的心理契约虽然是隐性的，但要能起到预期的效果，必须对双方都要有必要约束机制。首先，作为管理方面的学校应明晰，从学校引进他们开始，两者之间就已经开始建立自然的心理契约了。然后，要采取公开、公平、公正的方式加强辅导员与学校或其他高校工作队伍的交流、沟通。而高校辅导员作为心理契约的另一方，应该认真履行学校的规章制度，并严格要求自己。

五 促进心理契约理论对辅导员队伍建设的正向引导

首先，我们认为最有效的激励手段不是物质的，而是心理的。成功地运用心理契约管理可以低成本、成倍地提高行政组织的效率，而错误的心理契约管理可以使管理者在管理工作中的努力化为乌有。

其次，我们坚持高校职业发展与学校发展的双赢策略才是有效的管理策略。学校管理者要摆脱过去那种只从组织角度关注如何调动辅导员工作积极性的管理方法，而应站在高校整个辅导员职业发展的角度来考虑如何开发辅导员队伍整体的潜力、发挥辅导员的作用，把辅导员自己的职业规划与高校的发展目标统一起来，把辅导员自身的发展和学校的发展统一起来，使之互为因果、相辅相成，这样才能真正发挥管理的效能。

最后，心理契约是许多辅导员潜意识的心理问题基础，无意识的心理契约违背将对辅导员的态度和行为产生许多负面影响。组织承诺、工作满意度、他人的肯定、自我效能感以及其主观幸福感等的降低都可以看作潜意识的心理契约违背后出现的不良后果。[1]

---

[1] 王义全：《心理契约理论视野下的高校辅导员队伍绩效研究》，《江苏高教》2016年第4期。

第十一章

博弈论视角下重构我国高校校园腐败预防体系

党的十八大以来，反腐败力度不断加大。正如习近平告诫的："反对腐败、建设廉洁政治，保持党的肌体健康，始终是我们党一贯坚持的鲜明政治立场。党风廉政建设，是广大干部群众始终关注的重大政治问题。"物必先腐，而后虫生。"近年来，一些国家因长期积累的矛盾导致民怨载道、社会动荡、政权垮台，其中贪污腐败就是一个很重要的原因。大量事实告诉我们，腐败问题愈演愈烈，最终必然会亡党亡国！我们要警醒啊！

然而，在一些领域，腐败现象却有着愈演愈烈的势头，无论是频次、级别，还是贪腐金额，都没有丝毫减弱的迹象。这是值得大家深思的问题。尽管中央近年出台了大量的反腐措施和制度，各种反腐论文也是汗牛充栋，却很难对腐败现象的蔓延起到有效的遏制作用。即使是高校这块理想中的净土，腐败程度亦可和社会一较高低。要想卓有成效地预防腐败，看来得另辟蹊径。

腐败和反腐败的斗争，从博弈的理论上讲，就是一个非合作的博弈过程。这个博弈过程，凸显了腐败发展的外部影响、内在因素、变化条件三方面的互相制约、互相联系、互相作用的辩证关系。从贪腐者个人的角度，则是从思想认识、心理冲突、制度对抗三方面展开的。要想有效地预防和遏制腐败，亦必须对症下药，对这三方面存在的问题采取针对性较强的果断措施，才可能收到立竿见影的效果，从而重构行之有效的预防腐败体系。

从过去高校发生的违纪违法案件分析来看，高校腐败的表现形式大体可分为三类：经济类、人事类、学术类。经济类和人事类与社会上腐败问题有着相同的表现形式：如在基建和维修工程招、投标中的暗箱操作，在大型物资采购中存在的各种商业贿赂行为，以及存在于后勤管理、职务晋升、人事安排、收入分配等方面的违纪违法行为。而学术类则是具有"高校特色"的腐败问题，如存在于招生就业、学位授予、联合办学、晋升职称、发表论文等方面的违纪违法行为。尽管高校的腐败现象和社会相比还多一个"特色"，然而，就腐败的发展过程来说，仍然逃脱不了上述三方面的范畴对腐败者个人的作用。因此，就普遍的意义而言，高校作为社会的一分子，要想建立有效的预防腐败体系，仍需利用博弈论的方法，对思想认识、心理冲突、制度对抗三方面存在的问题进行有针对性的重构。①

第一节 认识论上的正面交锋是预防腐败的根本的思想基础

中共中央《关于实行党风廉政建设责任制的规定》强调了领导责任制，即必须进一步抓好领导干部教育、监督和廉洁自律。要从思想道德教育这个基础抓起，不断夯实廉洁从政的思想道德基础，筑牢拒腐防变的思想道德防线。而要有效地抓好干部的思想教育，就必须从思想方法上端正认识，在马克思主义的指导下，从理论的角度分清是非，和各种错误思潮划清界限，并勇于且善于对各种谬论及错误思潮进行针锋相对的批判，从而打牢预防腐败的思想基础，构建思想认识上的反腐机制。

一 对各种思潮的甄别必须做到泾渭分明

在市场经济条件下，人们的价值观念发生了重大变化，越来越多的人信奉有了钱就有了一切，极端个人主义、享乐主义和拜金主义思想恶性膨胀。对这种社会现实，无论是从舆论的引导角度，还是从理论的思辨角度，都必须正确地给予解答。然而，在教育宣传领域，我们不仅没有看到对错误理论严谨、科学、系统的批评，反而对它们分别采取了模糊、默许、纵容甚至推波助澜的态度。在各种社会思潮竞相表演的社会氛围影响下，为腐败行为度身定做的错误思潮的泛滥现象显得特别突出，比较典型

---

① 钱玲：《内部控制视角下的高校党政建设——基于高校 103 个违纪违法案例的分析》，《国家教育行政学院学报》2018 年第 12 期。

的所谓"理论"主要有三点。

其一，理性经济人假设。社会贫富差距急剧扩大，导致一部分人心理严重失衡。一些干部特别是领导干部由于受某些思潮的影响，对开放引来的精华和糟粕没有进行正确的扬弃，对所谓的舶来品一概来者不拒。其中，影响最大的非"理性经济人假设"莫属。

英国古典经济学家亚当·斯密在《国民财富的性质与原因的研究》中，明确提出了"经济人"的概念。在斯密那里，理性表现为对得失和盈亏的正确计算。他认为，自利原则不仅是个人经济行为的原始动因，而且是促进整个社会发展的"第一推动力"。

这种经济人假设，经"海归"们的无限放大，成了"猫论"在理论上的翻版和注释。其实，这种理论最后的利益结局，从纯个人的角度来看，有人的自然属性和社会属性的冲突；从集团的效益和大生产的发展要求来看，有单干和合作的矛盾；从人类社会的发展规律来看，有眼前的局部利益和长远的整体利益的对抗。这些矛盾的最终归属，都应该是抛弃前者，选择后者。且只有选择后者，才是合乎规律的真正的理性。

理论上的假设需要合乎逻辑的推理来予以证实。可惜的是，西方经济学家研究的博弈论的经典案例"囚徒困境"，却深刻地把这种"理论"的基础"经济人假设"的荒谬从方法论上客观地进行了证伪：从利己目的出发，结果往往是损人不利己，长远看甚至还可能是损己，结局是典型的双输或者说是负和博弈。① 从这个意义上说，"纳什均衡"② 提出的悖论实际上动摇了西方经济学的基石。结论应该是，无论是个人、集体，还是国家，都有自身的利益追求，但只有建立在适度利他基础上的合作博弈才是最有利的"利己策略"。

其二，"无阶级"的人性论。改革开放以来，人性这个较为"中性"

---

① 所谓负和博弈，是指双方冲突和斗争的结果，是所得小于所失，就是我们通常所说的其结果的总和为负数，也是一种两败俱伤的博弈，结果双方都有不同程度的损失。

所谓零和博弈，指参与博弈的各方，在严格竞争下，一方的收益必然意味着另一方的损失，博弈各方的收益和损失相加总和永远为"零"。双方不存在合作的可能。

所谓正和博弈，亦称为合作博弈，是指博弈双方的利益都有所增加，或者至少是一方的利益增加，而另一方的利益不受损害，因而整个社会的利益有所增加。

② 纳什均衡，指的是这样一种策略组合，这种策略组合由所有参与人最优策略组成。即在给定别人策略的情况下，没有人有足够理由打破这种均衡。从实质上说，纳什均衡是一种非合作博弈状态。

的词也得到了蓬蓬勃勃的利用和发展。看似中性，就其运用的语境和实际效果来看，其实就是资产阶级的人性论，是普世价值中最为得力的干将之一。当然，为了掩饰其阶级性，运用者力图把它美化成无阶级的、普遍适用的价值观。遗憾的是，毛泽东的一段至理名言，却一下子就将其打回了原形。毛泽东曾旗帜鲜明地指出："有没有人性这种东西？当然有的。但是只有具体的人性，没有抽象的人性。在阶级社会里就是只有带着阶级性的人性，而没有什么超阶级的人性。我们主张无产阶级的人性，人民大众的人性，而地主阶级资产阶级则主张地主阶级资产阶级的人性，不过他们口头上不这样说，却说成为唯一的人性。有些小资产阶级知识分子所鼓吹的人性，也是脱离人民大众或者反对人民大众的，他们的所谓人性实质上不过是资产阶级的个人主义。"应该说，即使是中国特色社会主义，也仍然逃脱不了阶级社会的属性。人性仍然要受到中国特色社会主义阶级性的制约。

在社会现实中，由于这种所谓中性的人性观的影响，"官员也是人""干部也有七情六欲"等充满人情味的话语就成了贪官们在腐败过程中摆脱自己良心束缚或心理纠葛的最有效的安慰剂。人性论亦成了腐败行为最好的口实和得力助手。

因此，对这种"无阶级"的人性论，亦应针锋相对地和其划清界限，而不能似是而非、含糊其辞、装聋作哑，任其泛滥而不知所以。

其三，最典型、最直接的，就是所谓"腐败有益论"。主张这一理论的人认为，腐败对于经济发展起着"润滑剂"的作用，因此对经济发展是有好处的。这一理论的始作俑者是美国学者亨廷顿。他认为：一个相对来说不太腐化的社会——例如在传统仍然强大而有力的传统社会——可能会发现，一定量的腐化不失为一种打通现代化道路的润滑剂。发达的传统社会可能因有少量的腐化而使自身得到改善——至少可以使它现代化。国内也有一些学者提出了类似的观点。他们认为，腐败可以矫正不合理的收入分配格局，促进社会公平。比较有代表性的是北京天则经济研究所学术委员会主席张曙光，他认为："腐败和贿赂成为权力和利益转移及再分配的一个可行的途径和桥梁，是改革过程得以顺利进行的润滑剂，在这方面的花费，实际上是走向市场经济的买路钱，构成改革的成本费。"这一论述虽然已受到了学界的普遍质疑，但它的社会影响是不能忽视的。它可能使得一些人面对腐败更加心安理得，不仅降低了贪官对腐败的"负罪感"，还在一定程度上降低了社会大众在心理上对腐败的激愤程度。

二 处理好正面宣传和批评错误的关系

即使我们在理论上分清了正误，但仅仅只是一味地宣传正确的东西，也是没有说服力的。试想，如果我们仅仅只是大力宣传社会主义的核心价值体系，而对普世价值的张扬不闻不问，社会主义的核心价值观立得起来吗？前些年，社会道德每况愈下，破坏中华民族道德底线的事时有发生，就是对这些错误思潮没有进行有力、有效的批判的结果。马克思在《〈黑格尔法哲学批判〉导言》中曾经指出："批判的武器当然不能代替武器的批判，物质力量只能用物质力量来摧毁。"这就说明，正确的东西只有在和错误的东西作斗争中才能发展起来。如果对错误思潮不敢批评，任其自由泛滥，正确的东西最终也将失去市场。

上述三种"理论"，在流毒甚广的现实中，不仅没有得到应有的、广泛的、公开的批评，反而在人为的灰色环境中，在中庸、特色、接轨等语境的掩护下大行其道，形成了腐败愈演愈烈的思想理论基础。要想彻底有效地反腐败，就必须从博弈论的角度对其进行针锋相对的有说服力的批评，使这些歪理邪说在学术上破产，在实践上触礁，在社会上无市场。要清醒地认识到，和腐败行为的理论基础进行的博弈，就是一场学术上的生死较量，是没法走中间道路的。

对于反腐败而言，关键的问题不在于你树立了多少廉政的典型，宣讲了多少场廉政报告，在"保先"教育中对干部关于世界观、人生观、价值观以及由此决定和引申出来的地位观、权力观、利益观的教育和诱导是如何的苦口婆心，如何的动人心弦。只要不触动腐败的理论基础，在潜规则盛行的环境下，这些正面教育稍微夸张一点说，就是耳边风，吹过就完。有些风，可能连吹风者本人也不相信，所以民间有"台上都是孔繁森，一查都是王宝森"之说。

从辩证唯物主义的角度来看，对错误思潮是不破不立，不塞不流，不止不行的。从博弈论的视角来看，两种思想的斗争就是山羊过桥博弈的翻版，在独木桥上，是没有任何中间道路可走的。然而，在宽松的舆论环境下，在单方自由的喧嚣中，"坏山羊"已经有把"好山羊"顶下桥之势，错误思潮已经卓有成效地把握了部分舆论阵地。从《南方周末》的"拥抱普世价值"，到《炎黄春秋》的"民主社会主义"，还有"某舆论媒体"的力挺"范跑跑",甚至有媒体居然请小岗村的好汉大讲"人不为己,天诛地灭",无一不说明了这个问题,而我们的正面宣传,对此却没及时引起重视,不闻不问,岂不怪哉?

三 "学术研究无禁区"不能是单向的

高校是学术研究的主阵地,在对错误思潮的批判中,理应拿出有分量的重磅炮弹。做到对错误思潮不仅要敢于批评,而且要善于批评。某些腐败的错误理论,就是打着学术研究的幌子出台的。既然反方可以研究腐败有理,正方亦可探讨腐败有害,应该是都无禁区。但在某些话语领域内,对错误思潮要么就是公说公有理,婆说婆有理,要么就是不着边际的忽悠和隔靴搔痒式的应付,缺乏一针见血式的尖锐泼辣的批评,从而导致错误思潮的泛滥和做大。

从现状看,反方的一些错误理论已自成体系,而正方的反击却还找不到方向。这从博弈论的角度来讲,就是把自己的主动权无原则地放弃给对方,是战略上的失误和战术上的失策。腐败和反腐败,本就是水火不容的对立面,表现为一种非合作式的零和博弈,结局就是一方的所得就是另一方的所失。因此,为争取最好的博弈效果,在反复的博弈中达到精练贝叶斯—纳什均衡状态,正方必须要进行正确的决策,选择对自己来说是最优的策略。这个最优策略,理性的状态并不是进行如广告约定的那样只说自己好、不讲别家差的谦谦君子式的表演,而是要勇于针锋相对,善于抓住对手的弱点、针对谬论的要害予以致命的打击。在这方面,是没有任何客气可讲的。

第二节 构建心理防线的内外双向干预

构建预防腐败的心理防线必须从外部条件和内在心理两方面进行干预。行动是由思想指导的,要想有效地反腐败,就不能不研究腐败者的心理动向,根据腐败的心理轨迹,量体裁衣构建心理防线。由于反腐败的心理防线具有事前疏导和堵截相结合的防范性,事中干预和冲撞相结合的抵御性,以及事后调控和抗击相结合的衰减性,因此,构筑好心理防线是预防腐败的第一道防火墙。要保证这道防火墙有效防火,关键的问题是要消除社会心理失衡存在的外部条件和欲腐败者心理冲突的内在不良因素,从而建立能自我约束的预防腐败的心理机制。

一 社会心理的失衡是腐败的外在条件

由于政府政策导向的失误和实际执行中的偏差,导致社会出现了大量的不公平。对腐败者心理影响最大的,莫过于国企的改制和价格双轨制等投机行为形成的一夜暴富。

所谓的国企改制,许多是在存在不规范的情况下,出现的两种结局:一是国营改股份,股份变民营,民营成私有;二是地方政府强制下的资本运作即大资本压价、低价、零价收购,一到手就变卖设备特别是土地,最终的结果就是出现了一大批巧取豪夺的亿万富翁。这种严重违背社会主义分配原则的犯罪行为,却被理论界披上了"原罪"的漂亮外衣。对这种政策引导下的犯罪行为,无论某些人如何美化,腐败者心里是清楚的。因此,在这种社会不公的反复刺激下,没有坚定的信念而想不腐败确实太难,更何况有"当官不发财,请我都不来"的内在欲望的支撑!

"社会存在决定人们的意识",要根治这种社会心理失衡,唯有消除这种不公平的社会存在,舍此都是自欺欺人的空谈。

此外,从博弈的角度看,只有条件大致相当,才有博弈的可能。在双方的优劣势都是在一定条件下可以互相转化的情形下,如一方首先就自撕伤口,把自己的弱势暴露给对方,就不能怪对手往你的伤口上撒盐。从这种意义上讲,基于社会心理失衡的贪腐行为也是对社会不公平的一种反动。

二 个人心理素质的优劣是是否腐败的决定因素

社会的不公并不足以决定为官者必然腐败,腐败者个人心理素质脆弱才是腐败的主要原因。腐败者心理的"发展的内在机制就是由于增强刺激与有机体反应之间的联系,建立更多、更复杂的条件反射系统,对腐败心理和腐败行为起到正向或负向强化作用"。可见腐败者的个人心理是一个不断发展、变化的动态过程,对其内在的心理冲突亦存在着一个由弱至强的干预过程。

对腐败者个人心理而言,由浅入深、逐渐强化的心理有如下三种。

一是对腐败行为"闻着臭,吃着香"的"臭豆腐"式的矛盾心理。

这是一个反向调适过程，是每一个初入腐败圈人必经的心路历程。在这一阶段构筑心理防线，就要促使其心理上对腐败行为向闻着臭、吃着也臭转化，防止向吃着香、闻着也香转化。转化的关键条件是驱逐腐败认同感，建立正确的荣辱观。在驱逐腐败认同感上，特别要厘清那些认为拉关系、走后门、讲人情等"潜规则"才是真正的为官之道，而坚持原则、抵制腐败被视为是"政治上不成熟"的表现等社会流行态度的正误，让虚置的"显规则"在官场盛行，让流行的"潜规则"淡出社交圈。

二是侥幸心理。从内在腐败心理到外在腐败行为的转化过程中，侥幸心理的作用贯穿始终。心理学研究表明，如果行为的结果给自己带来的利益，大大高于受惩罚的恶果，并且在他之前类似行为在逃避处罚方面绝大多数都获得成功时，就会促使犯罪分子实施某种行为。由于腐败受到惩治的概率并不是很高，腐败分子就逐渐形成了一种"共识"：没有被抓住那是自己运气好，抓住了就及时退赃，退赃及时就能减轻处罚，坐几年牢出来就又"重新做人了"。

有研究表明，"官员在腐败交易中被抓获的可能性低于1/3，而在法制尚不健全的社会，其被抓获的可能性则更小"。另外，"腐败分子多是政府官员，有权、有钱、有势、有保护伞。即使被查处，除极少数数额特别巨大的外，也多是免予刑事处分或者适用缓刑。"而且，"腐败者敢于腐败还因为有退路，一发现风吹草动，便携带巨款逃到国外。"如此小的风险，刺激一些人产生了侥幸心理，以至于越陷越深，不能自拔。解决侥幸心理的办法就是提高查处的概率和加大腐败的成本，要使风险大到腐败者事未发时提心吊胆，度日如年；事发时倾家荡产，身败名裂，即使逃到国外也一定引渡回国并加重惩罚。让他们从内心感受到即使是纯从个人利益的角度，腐败行为也是得不偿失的，因而不敢贪、不愿贪。

三是贪婪心理。贪官们初次腐败一般都是提心吊胆，夜不能寐，生怕检察机关敲门。但随着腐败行为的渐次得手，腐败者内心的喜悦感会不断增加，这些快感体验和"成功"的豪情又作为一种强化因素促进腐败心理的进一步发展，使腐败行为在心理上逐步适应并日趋平静，从而形成相对稳定的心理定式和习惯。这种养成的习惯反过来又进一步对腐败产生心理依赖，并由此逐渐进入成瘾性和自强性的状态，如同惯偷不偷东西就手发痒、心难受一样，当腐败心理结构趋于完善并自成体系时，就难以遏制了。这种欲望过度膨胀的变态反应，就是我们常人无法理解贪官们为什么贪了那么多的钱，几辈子都用不完还要贪且不畏生死的"道理"。腐败者一旦进入这个层次，就如同吸海洛因上瘾一样，是病入膏肓，无药可医了。

此外，在腐败者内心冲突中，还有攀比心理、补偿心理和从众心理等也在经常起作用。这几种心理，作为非主要的辅助心态，是从社会心理失衡派生出的具有一定个人特色的心理形态。这种心态，要随着社会公平问题的逐步解决而进行有说服力的干预。如果仅靠单纯的道德说教，那是一点作用也不起，反而会引起腐败者内心强烈的反感并助长虚伪心态和作风的进一步流行。

第三节　可操作性、力度和执行度是现行制度反腐的命门

我国现行的法律和各种规章制度，超过历史上的任何时期。然而，官场腐败的程度和烈度，也是前所未有的。撇开其他原因，单就制度防腐而言，无论是防范制度还是惩治制度，都存在着可操作性、力度和执行度的问题。这三个问题，正是制度防腐的软肋和命门，腐败者也是利用这三个问题存在的缺陷和政府进行着制度上的对抗游戏。在制度反腐上，离开这三个问题去研究什么针对性、时效性、前瞻性，无异于隔靴搔痒，本身就缺乏针对性！在这三个问题上，亦应从博弈的视角来观察和采取最优决策。避免在制度特别是法律的设计上走入面面俱到、条条正确，可就是不太管用的死角，使制度反腐的预防机制具有强烈的威慑作用。

一　可操作性是制度反腐的软肋

不是一项措施或者一个政策出台，就算制度反腐了。制度是根本性的安排，制度也是运转着的规则体系，制度的可操作性规定了制度的有效性。可操作的制度只有符合实际，具有现实性，才有强劲的生命力。否则，即便有再多的制度安排，如果无法操作，就形同虚设或犹如花瓶。利益集团正是看清了这个问题，才会攻击制度操作性的软肋。

在反腐制度特别是惩治制度在操作面的设计上，至少存在两个问题，是建立制度防腐机制必须解决的。

第一，在立法上预留空间和后手。社会上常说某某钻法律的空子，其

本意大概是说某某精明，善于打擦边球。但从另一角度思考：法律为什么会留下供人钻的空子？是有意为之还是另有其因？说有意为之似乎太过，但法学教授陈忠林根据 1999—2003 年最高检察院与最高法院报告等相关数据计算出：中国普通民众犯罪率为 1/400；国家机关人员犯罪率为 1/200；司法机关人员犯罪率为 1.5/100。这个结果显示，国家工作人员犯罪率比普通民众的犯罪率高 1 倍；本为惩治犯罪的司法人员的犯罪率则是普通民众的 6 倍。① 另外，根据 2005 年 3 月"两会"上的"两高报告"，在 2004 年，普通民众犯罪率的增幅为 9.5%，国家机关人员犯罪率增幅为 17.8%，国家机关工作人员因侵犯公民权利而导致犯罪的增幅为 13.3%。

前者是群体犯罪率的统计比较，后者是犯罪率的增幅统计，显示国家工作人员与司法人员两个群体不仅犯罪率高，而且倍数远高于普通民众犯罪率。难怪某些有权势的人能不给自己及"团队"留条后路？

再从具体的立法上看，给腐败者度身定做的某些法律也明显地感到这个留下的"后手"的用意：比如巨额财产来源不明罪的最高刑期由 5 年有期徒刑提高至 10 年有期徒刑，并美其名曰"进一步加大了反腐败的力度"。应该说，"说不清来源的财产"本身就是一笔糊涂账，或者说是有意糊涂。合法收入有"说不清楚"的吗？对这样的赃款赃物定受贿、定贪污、定盗窃甚至定抢劫都不为过！怎么处理起来会莫名其妙地设置了"上限"呢？是否在暗示贪官们：只要死不认账，最多也就 10 年！司法界的人员都是有较高的法律素养和智商的，他们会不清楚法律的漏洞在哪里？

最近，又有"取消刑法中关于国家公职人员犯贪污贿赂罪的死刑罪名"的议案和对刑法修正案（八）草案规定"已满 75 周岁的人，不适用死刑"的条款拟出笼，显然，缩小了处理范围。

第二，法律的自由裁量度太大。在社会公平原则的指导下，同罪同罚，知法犯法、罪加一等，诬人害人反坐等精神，理应贯穿到立法执法的过程，尽量减少执法的自由裁量空间，约束某些在执法过程中上下照应的劣行。然而，在实际司法实践中我们却看到，法律的弹性却成了维护某些利益的一种工具：同是贪污案件，由于官位不同，背景差异，审判的结果

---

① 经管之家网（http://bbs.pinggu.org/thread-774160-1-1.html）。

就大不相同；警察打人、刑讯逼供也少有问津；误抓误判甚至误死也只是国家赔偿，肇事者没有一个是负了同等的刑事责任的；等等。这类司法腐败的现象，甚至蔓延到高校的某些法学专家之中。尖刻一点说，法律在这里留下的不是自由裁量空间，而是社会人际关系网和官场潜规则。这种"自由"，既可为司法系统中的人带来一定的利益，亦可为其"身后事"留下伏笔。

法律本应对腐败行为的界定具体明确，查处程序简便、民主，惩罚规定刚性、果断，处理结果公正、透明。然而，在某些利益者的预后和潜意识的干预下，部分司法人员却在立法或执法上有意模糊，人为制造弹性，以便相互利用、相互牵制，刻意保护腐败集团的利益。而且，即使立法准确，在"上有政策、下有对策"的社会环境下，照样出现地方坐大不足为奇，"走样""变通"习以为常的怪状。这种状况，给了腐败者以极大的可乘之机，也最终达到了某些司法人员和腐败者所希望的"双赢"！

要增强法律和制度的可操作性，就应该加强其刚性，犯什么罪就有什么刑伺候，界限分明到老百姓一看就懂。要尽量减少一般性的"不准""应该"等规定，杜绝制度的模糊性，缩小弹性，规范实施中存在的随意性，不给腐败者留下任何规避的余地。特别是对于那些"警匪一家"、知法犯法的司法人员，更应加大惩处的力度，因其造成的社会恶劣影响数倍于其他公职人员。

二 加大风险收益比，提高腐败的成本

要加大制度执行的力度，就必须提高腐败的成本。然而，在保护犯罪人合法权益的幌子下，在"人性化"光环的关照下，在各种利益纠葛的算计中，对贪污贿赂的惩罚越来越轻，腐败者付出的代价太低，腐败活动因"低风险、高收益"而日益猖獗。这种现象若不及时遏止，将会产生诸如"模仿效应""攀比效应""破窗效应"等的恶劣后果，形成腐败队伍滚雪球式的壮大。

从博弈论的角度来看，腐败就是当事人在现有的约束条件下追求利益最大化的一种策略行为。从理性经济人的观念来分析，腐败的成功与否是看腐败与反腐力量相互对抗后，自己是否从中获得最大的利益。因而他们的种种腐败行为，通常都不是源于一时冲动，而是对可能产生的风险和收益进行认真比较后的冷静选择。明知腐败可能带来风险，但认为腐败的投

入会带来较大的收入回报，收益明显大于风险，所以腐败行为是值得投入的。具体理由有四。

其一，腐败行为都比较隐蔽，难于发现。腐败者被逮住的是少数，而逮不着的是多数，"成功"概率大于"失败"概率。

其二，即使被发现，根据中国特色的官场人际关系，有背景、靠山或保护伞的也吃不了大亏。

其三，就是没有保护伞，按照现行法律规定，只要死不认账，来它个"财产来源不明"，坐几年出来又"重新做人"了。且中间还有减刑、保外就医等好事。

其四，稍微聪明一点的狡兔一定有三窟。最后的底牌是"三十六计，走为上计"，出国做寓公。君不见众多的"裸官"，打的不就是这种如意算盘吗！

因此，上述的风险和到手的收益相比，实在是太微不足道了。这种低风险的成本投入和高收益的诱惑的刺激，"激励"着众多的贪官铤而走险，不断地以身试法。要有效地遏制腐败，就必须针对上述四条理由加大风险成本，采取诸如引进群众监督的人民反腐战争，对保护伞一锅端的连坐法，财产来源不明视作贪污受贿并罪加一等，限制"裸官"任职并严禁升迁，因腐败而逃往国外的不惜代价引渡回国或采取其他特殊手段予以惩处等措施，把腐败变成一种"高成本""高风险""难收益""无收益"甚至是"赔本钱"的行为，从而使贪官们算计失误，应对无门，躲逃无方，得不偿失。让每一个腐败者都受到应有的惩罚，付出沉重的代价。使每一个想腐未腐者不敢腐，甚至自觉或不自觉地不愿腐。

三 把悬挂在腐败者头上的达摩克利斯剑的钢缆换成马鬃

制度的生命力在于执行。一项好的制度，如果不去执行，就会形同虚设；执行不到位，就难以发挥应有的作用。这就好比悬挂在腐败者头上的达摩克利斯剑，剑无疑是锋利的，一旦掉下来就会要老命。可腐败者并不惧怕；因为，悬挂剑的不是马鬃而是钢缆，它可能永远也掉不下来！如果把法律比喻为一根高压线，通电的时候尚且有人不畏生死，一旦法律成了不通电的高压线，它还有一点威慑作用吗？大量事实表明，许多严重腐败案件的发生，大都与制度执行不力密切相关。众多腐败者"前腐后继"，亦与法律执行不到位有关。虽然错杀和轻判是一对矛盾，但到目前为止，还没有看到对腐败者轻罪重判乃至错杀的孤例，而重罪轻判的例子则比比皆是。就矛盾的主要方面来看，应该说还是应该适用"乱世用重刑"来遏制目前贪腐现象泛滥的势头，如同对民间犯罪的某阶段采用"严打"措施一样。

反腐败是一项长期的斗争，惩治腐败的力度和量刑的轻重程度给后来者具有强烈的示范作用，对腐败者无疑亦具有一定的杀鸡吓猴、以儆效尤的作用。因此，惩治也是预防。特别是对那些病入膏肓的腐败者，对那些愿意"带着花岗岩脑袋去见上帝"的冥顽不灵者，严刑峻法是最有效的警示。只有让腐败分子产生了如果腐败，就会在政治上身败名裂、在经济上倾家荡产、在心理上后悔莫及的预后心理，我们预防腐败的工作就会大大地向前推进一步。

对具有高校特色的学术腐败的预防，除在上述三方面针对存在的问题建立预防机制外，重点在于改善学术研究的环境，理顺学位职称的晋升渠道，构建适于论文创新和发表的体制机制。只要这几方面的具体工作做好了，腐败者没有可乘之机，遏制学术上的腐败就并不太难。

另外，改善滋生腐败的环境问题也极为重要。应该说，体制环境的改善是铲除滋生腐败土壤的根本办法，亦即常说的从源头上防腐问题。这里的体制环境，主要是指市场经济条件下产生的权力寻租问题和官本位影响下的卖官鬻爵、劣币驱逐良币问题。但由于这类问题对高校的腐败行为相关性不是太强，故不赘述。

第四节　高校基层党组织纪检委员职能的定位与强化路径

高校是重要的科研与教学机构、意识形态领域的重要阵地，但高校部分基层党组织对监督重要性的认识不够，少数党员纪律规矩意识不足、作风不够严实，慢作为、不善为现象时有显现，一些领域存在制度缺失和内控机制不健全，存在较大廉政风险。在当前党风廉政、从严治党的新形势下，发挥基层党组织纪检委员的"前哨"作用，可以对基层党组织及党员干部的苗头性、倾向性问题早发现、早提醒、早处置，并时刻保持清醒头脑，增强忧患意识，加强纪律作风和党风廉政建设。

一 高校基层党组织纪检委员职能定位

（一）落实党章、夯实执政基础的有力举措

中国共产党《党章》规定：党的总支部委员会和基层党组织委员会设纪律检查委员。高校基层党组织是党在高校基层工作中的战斗堡垒，基层党组织的政策落实和工作开展情况，不仅可以反映党执政根基的牢固程度，更是党的工作和战斗力的体现。发挥基层纪检委员作用，既是落实党章要求的具体体现，也是加强基层党组织建设，推动基层党组织落实全面从严治党主体责任，强化基层党员同志的廉洁奉公意识，提升基层党组织凝聚力和战斗力的有力举措。

（二）推进党风廉政、从严治党的迫切需要

习近平同志在党的群众路线教育实践活动总结大会讲话中首次提出"全面推进从严治党"，并在十八届中央纪委六次全会上强调：推动全面从严治党向基层延伸。经过几年努力，社会清正廉洁蔚然成风，党的执政能力和领导水平显著提高，全面从严治党成效显著。但是，基层不正之风和腐败问题盘根错节、易发多发、量大面广，党风廉政力度仍需加大。基层纪检委员是正风树纪的"前哨"，具有对基层党员干部进行"近距离监督"的天然优势。发挥基层纪检委员作用，切实把中央党风廉政、全面从严治党的要求落实到每一个党组织、每一位党员，做好"最后一公里"的监督引领工作，对基层党员干部身上的苗头性、倾向性问题早发现、早提醒、早处置，做到严把关、把严关，把腐败萌芽扼杀于摇篮之中，引导党内每一名党员高举廉政旗帜，提高党内清正廉洁风气，真正打通全面从严治党的"最后一公里"。

同样，习近平同志在十八届中央纪委五次全会上强调，党风廉政建设和反腐败斗争要坚持无禁区、全覆盖、零容忍，之后相继出台了一系列政策、完善了相关制度。全党现有461万多个基层组织、9000多万名党员，仅靠巡视组、各级纪检机关和派驻机构监督，力量远远不够。全面从严治党不仅需要政策的引领，更加需要基层党组织响应中央号召，严明基层党组织纪律，牢固廉政建设的根基。发挥基层纪检委员作用，有利于弥补现有监督力量的不足，把党内监督的触角延伸到每一位党员和党员生活工作的各个方面，实现监督多方位、全面化，激活党内监督的"神经末梢"，真正实现党内监督全覆盖、无盲区。

二　高校基层党组织纪检委员履职的主要形式

（一）监督党员教育管理基本制度工作落实

监督基层党组织落实"三会一课"、主题党日、集中培训等制度，使党员教育管理有力度、有温度，强化基层党组织发挥领导核心和政治核心作用。紧跟党中央的步伐，按时保质保量完成"不忘初心，牢记使命"主题教育各阶段工作和相关年度党建工作。完善基层党组织现存制度，经常性地检查基层党组织建设的相关材料，坚决纠正有令不行、变相执行现象，确保基层党组织的各项工作健康、高效、合规、有序开展。针对基层党组织现存的问题，及时向基层党组织会议和基层党组织责任领导反映，不断完善基层党组织规章制度，严明基层党组织纪律，增强基层党组织的凝聚力和基层党组织的战斗堡垒作用。

（二）监督基层党组织党风廉政建设"两个责任"

监督基层党组织主体责任和监督责任落实。按时认真学习上级党组织颁发的党风廉政建设有关资料，并检查落实情况，对内容缺项、学习不认真、落实不到位的要及时向基层党组织书记提出意见，进行整改。监督基层党组织所有党员遵守《廉洁自律准则》《纪律处分条例》，尤其是遵守"六大纪律"和中央八项规定精神，清晰认识"四大危险""四大考验"，做到"两个务必"，对违反"六大纪律"和中央八项规定精神的党员进行批评教育。监督基层党组织"三重一大"的执行情况，及时向上级纪检部门反映所在组织的违法问题，配合上级纪检部门开展案件查办工作。

（三）监督党员义务履行、权利维护落实

党员义务是党员对党应尽的责任，严守党员标准，认真履行党员各项义务，牢记全心全意为人民服务的宗旨，认真贯彻执行党中央各项规定，牢记"四个意识"，强化"四个自信"，做到"两个维护"，坚定中国道路、中国制度、中国理论和中国精神。同时，认真行使党员权利，党的任何一级组织都无权剥夺党员权利。基层党组织纪检委员监督基层党组织所有党员履行党员义务，监督基层党组织党员认真行使民主权利，监督基层党组织维护党员民主权利等，存在问题的要及时提醒、纠正并向上级反映，切实督促基层党组织党员认真开展各项工作，维护好每个党员的权利。[①]

[①] 黄存金：《增强高校纪委党风廉政建设监督责任》，《中国高等教育》2017年第3期。

三 高校基层党组织纪检委员职能发挥存在的不足

（一）思想认识不高

部分基层党组织虽设立了纪检委员，但对如何发挥纪检委员的作用没有一套行之有效的操作规程和保障制度，缺乏对纪检委员的规范要求和相关的职能培训，导致纪检委员自身不知如何行使纪检委员权利，履行纪检委员义务。部分纪检委员害怕检举其他同志不正当的作风被孤立，影响自己评先评优，工作不敢上心、不想用力。或碍于人情世故，存在包庇错误、不及时向上级反映的问题，导致基层组织党员对纪检委员岗位持观望怀疑态度，认为是走形式、走过场，起不到多大作用。部分党员干部认为当前纪检制度已经比较完善，并且不敢腐、不能腐、不想腐的风气已经形成，没必要再上一道"紧箍咒"，会影响其他工作的正常开展。

（二）组织设置不全

基层党组织纪检委员不设、空设、虚设的现象仍然存在。部分基层党组织没有设立纪检委员，或设立了纪检委员，"有岗无人""一人多职"现象比较普遍。没有专职的纪检委员，部分基层纪检委员，忙于其他工作事务，荒废主业，执纪监督职责被虚化。纪检工作和其他工作没有合理区分开来，出现工作主要侧重于材料和活动的展示，而对提高思想认识、严肃党风廉政纪律缺位的现象。

（三）职能定位不明

一方面，党内对纪检委员的工作职责、职能定位没有明确的规定，纪检委员在开展工作时缺乏强有力的支撑屏障，工作易受到误解和抵触，很多纪检委员成为"挂名委员"。在工作的实际开展中，部分基层党组织缺乏明确的纪检委员工作职责，纪检委员开展工作配备的相应规章制度缺乏针对性和实际可操作性，难以指导实际工作；另一方面，部分组织对纪检委员的工作不够重视，不能配备相应的保障支持，从而使部分党员认为纪检委员空有虚名、不干实事或只抓纪律监督、不干实事，因此不支持、不配合。

（四）能力素质不足

不少基层纪检委员对纪检监察工作"任前没接触、任时没培训"，缺乏做好纪检工作的理论知识和必备的经验，对纪律检查相关事项的法律法规认识不够，不知道如何有针对性地开展工作；或不注重知识的更新，工作技能缺乏，不能及时有效面对新形势，解决新问题；工作思维、工作理念和工作方法跟不上时代发展的步伐，应对不了新时期纪检工作的挑战。

四　高校基层党组织纪检委员职能的强化路径

（一）完善机构设置

科学合理的纪检机构设置，是深入推进新形势下党风廉政建设的组织保障。坚持"应设必设"原则，顺应党风廉政建设和反腐斗争新形势需要，规范高校基层党组织纪检委员岗位设置，实现全覆盖、无遗漏，进一步释放党内监督的动力和活力。具体来说，一是调整内部机构设置，进一步明晰内设机构的工作职责，减少职能交叉，增强监督的力度；二是加强组织建设，进一步深化基层纪检委员的提名、任免、兼职和交流，有计划地培养有实践经验的业务骨干和优秀党员来充实纪检队伍。加强纪检委员考察工作，按照德才兼备、注重实绩、群众认可的原则，力求把适合工作需要的优秀干部选拔出来，从组织层面解决不敢、不能和不便监督的问题。

（二）明确岗位职责

紧密结合党内监督和党风廉政工作实际，教育和督促纪检干部深刻领会科学发展观的科学内涵、精神实质、根本要求，认真分析查找思想作风、工作作风与科学发展观的要求不适应、不符合的问题，忠实履行党章赋予的职责，转职能、转方式、转作风，聚焦党风廉政建设和反腐斗争，按照是否有利于推进党风廉政建设和反腐败工作的整体要求，准确定位并推进纪检工作职能的转变，切实解决以往工作中存在的越位、缺位、错位等问题。同时进一步改进工作方式，由过去"大而全"式的监督向灵活、务实的监督方式转变，由过去单一性问责向综合性问责转变，综合运用纪律处分、组织处理、公开通报、典型曝光等手段进行执纪问责。

（三）提升能力素质

按照加强党的执政能力建设、先进性建设和纯洁性建设的要求，不断探索新形势下开展纪检工作的规律，创新工作方式，增强干部素质。要坚持运用法治思维和法治方式，加大典型案件通报力度，发挥以案促教作用，通过对典型案例的剖析，研究案例特点和规律，督促有针对性地建章立制。同时，加强对纪检委员岗前和在岗培训，提高基层纪检委员的理论储备和实践能力；加强交流，定期举办基层纪检委员交流会，组织经验丰富的纪检同志分享工作方法,讨论现期党内纪检问题,加强预防;对点指导,上级纪检组织选派经验丰富的同志对点帮扶基层纪检委委员,切实指导基层纪检工作的开展,在实践中提高基层纪检委员的工作能力;加强专题研究,组织相关专家学者加强专题研究和工作指导,研究新形势下纪检委员履职中面临的新挑战新困境;加大检查力度,推行工作记录、痕迹管理制度,用制度规范纪检委员工作,督促其保质保量完成基层纪检工作。

(四) 健全制度服务保障

进一步探索发挥纪委委员作用的途径和办法,不断完善纪委内部领导体制和工作机制。坚持和改进中心组学习制度,加强以理想信念为主题的集中学习教育,以自学和调研基础上的集中研讨为基本形式,按年度制订学习计划、明确学习要求、保证学习时间。引导纪检委员带头讲党性、重品行、作表率,坚持原则正派、践行高尚品德、严格廉洁自律。基层党组织要高度重视纪检委员工作,定期听取工作情况汇报,及时研究重大事项,支持纪检委员开展执纪监督。把基层纪检委员配备和发挥作用情况纳入基层党组织党风廉政建设责任制和党建工作年度考核指标体系,强化考核结果运用。建立健全基层纪检委员述职述责、考核评议和激励保障制度,对履职积极、成绩突出的予以表彰奖励。

第十二章

高校工会组织的维权机制重构与发展

在新时代,工会组织作为高校的职工之家,在维护教职工权益方面发挥越来越大的作用,然而工会要更多地为教职工维好权,就必须运用正确的思想方法,善于处理各种利益关系。加强新时期高校工会建设,维护好教职工的合法权益,发挥好桥梁纽带作用,必须要在大局观的指导下,做到自觉地为自己准确定位,主动掌握平衡的艺术和技巧,讲究谋略的权衡和运用,在交错繁杂的矛盾中抓住主要矛盾解决重点问题,确保绝大多数人的重大利益问题得到合理的解决,并力求建立相对完善的工会维权机制。①

第一节 探索我国高校工会维权的思想方法

习近平同志曾在中国工会十五大开幕式上的讲话中强调,党委和政府要把更多的资源和手段赋予工会组织。而工会组织用什么样的方法维权,才能够相对更好地维护好高校教师的根本利益,研究调查认为,用科学的工会工作思想方法来武装我们高校的工会干部头脑是其前提。因此,在本质上,高校工会干部维权的思想方法科学与否,是决定高校教师的合法权益能否得到有效保证的根本因素。

市场经济条件下,特别是在经济全球化进程当中,高校受到社会上各种思潮的影响,开放的、自主的、多元化的思想的形成和发展使得虽然在根本利益上与高校一致的教师也会凸显出各自利益主张的个性化及与校方

---

① 欧阳美平、蒋长新:《基于博弈论之均衡状态下的高校维权机制构建》,《前沿》2012年第17期。

整体利益的矛盾性。要认真分析高等院校工会维权工作中存在的问题，根据高校工会维权对象的特点，勇于和善于开展行之有效的维权工作。因此，对于新时期工会的维权来说就应该在利益思想冲突中寻求协调，在实践中往往表现出妥协与协商，利益博弈过程是其实质。我们知道是博弈就必须运用策略，而正确的决策同样来源于正确的思想方法。同时，要认真分析高等院校工会维权工作中存在的问题，根据高校工会维权对象的特点，勇于和善于开展行之有效的维权工作。

不言而喻，我国高校工会组织在把握自身正确心态的基础上，需要自觉地认识自身定位，主动掌握协调平衡的艺术和技巧，在维护高校秩序和做好日常维权工作中讲究谋略的权衡和运用，并在交错繁杂的矛盾中抓住主要矛盾，解决主要矛盾，是当前新形势下我国高校工会维权必不可少的基本思想方法。

温家宝同志曾经指出："以人为本，就是要把人民的利益作为一切工作的出发点和落脚点，不断满足人们的多方面需求和促进人的全面发展。"坚持以人为本的工作理念，是工会积极维护教职工群众合法权益的前提。以人为本的工作理念，落实在工会维权的各项工作中，就是努力维护教职工的四项权利：知情权、参与权、监督权、管理权。以知情权为基础，激发教职工的积极性；以参与权为保障，发挥教职工的主人翁作用；以监督权为手段，促进学校的健康发展；以管理权为依托，保护教职工的合法权益。

一 准确定位是高校工会维权的思想前提

高校工会要为教职工维护好权益，首当其冲的就是要确立好自身在高校组织中的定位，这是工会开展维权工作的首要前提。定位清晰，可左右逢源，游刃有余；否则，定位模糊，则可能是不仅不能履职，而且是老鼠钻风箱——两头受气。在法治高校的当前形势下，工会维权职能更为重要，必须先要解决自身的职能定位问题，也就是必须将使命感和勇气很好地结合起来。

历史赋予工会的使命即代表工人阶级的利益，为广大工人群体的不合理待遇发声。在我国改革开放的前30年，工人阶级与党和国家的根本利益和眼前利益基本一致，因此单位工会在总体上不存在与本单位和工人的利害冲突，定位问题就显得不那么重要。当前形势下，经济格局调整深刻，各个阶层开始加大对自己利益的争取力度，由于资源掌握的差异，不可避免出现一些基层弱势群体，这就需要工会给予关注并为其代言，而工会基于传统的制约和考虑，在为工人阶层维权的问题上总是心存疑虑，致使少数工会组织缺位的情况屡见不鲜。个别工会的立场甚至站在工会会员的对立面，为广大群众的正当维权心存反感。这样的例子有很多，较典型的，如"陕西赵东明案"发生后，当事人被某工会代表以"聚众扰乱社会秩序罪"诉上法庭并被羁押了一年多时间之久，但此事引起相关部门的反思，且一时间网上热议不断。这也说明工会维权深受社会普遍关注，人们维权意识开始不断增强。我国高校工会虽然因校、教双方的利益引发冲突不多，通常表现较为缓和，但仍在不同程度上存在某些缺位的相关问题，因此，高校工会组织须加强自身的历史使命感，清晰自身定位，敢于理直气壮地维护教职工的合法权益。

当然，高校工会干部要维护好教师的日常权益，仅仅拥有将依法维护教师的合法权益当作安身立命之本的觉悟和勇气是远远不够的，不仅要把为民请命的事情办好，还要有过人的智慧和胆识，同时也要讲究办事的方法和技巧，注重强调办事火候的准确拿捏和分寸感的适度把握。由于历史的原因和"官本位"影响，一些高校工会组织结构被严重地官化为"钦定"式的"群众组织"。主要的工会干部"听命"于校领导，做事须奉命，工资是"俸禄"。他们坚持自身的命运被掌握在上级手里，一旦越位，很可能就是"出师未捷身先死"，很显然，他们的服务原则不再合理。因此，我们强调高校工会干部在保证不缺位的前提下，还要充分注意做到不越位，有好心还要办好事。

高校工会不仅在为自己准确定位并处理好与校领导关系的基础上，还要注意在具体事务上，妥善地表现与自身地位相符合的姿态。摆正在政治上的权力和责任，经济上的利益和义务，道德上的自律和教育等相关关系。做到为广大教师理直气壮维权，在代理话语时，小心谨慎地发言。在参与校内各方的利益斡旋中，有意识地和教师谈校方的难处，和校方谈教师的感受，做到有所为、有所不为，拿捏适度。

二 驾驭平衡是高校工会维权的基本方法

通常情况下，在参与高校利益纠纷时，我们遵循的是：平衡是过程，和谐是现象，稳定是目的。因为只有有了平衡的过程，才能出现和谐的现象，也才能达到稳定的目的。就现阶段高校的维权实践来看，往往缺乏哲学思辨，多是采用强制性的压服手段，虽然这样也达到了某种表面上的平衡，但却为以后的维权种下了更为强烈的地火。在高校利益主体中多是有一定政策理论积累的教师，通常要让他们从心里服即心服口服，只能是说服，而不能是压服，压服只会让他们心里更加不服，这也许是工作对象的特殊性所致。压服的结果往往是压而不服，或口服心不服。在高校这样人文汇集的场所，更应该采取循循善诱，以情感人，以理服人，以规信人。在这个大工作原则下，高校工会要维护教师合法利益，就不能不采用驾驭平衡这个基本的思想方法，否则，很难达到和谐的目的。

我国传统儒家文化中一直不断地强调"平衡"，这既是一种高明的领导艺术，亦是一种狡黠的处世哲学。但真正做到驾驭平衡，就必须熟练地掌握平衡技巧方法。从哲学角度来讲，平衡就是一个不断重复的自我否定的运动过程，是对立统一的规律。在高校利益双方博弈过程中的具体运用上，平衡是暂时的，同时也是相对的，总有各种新情况的出现来打破现有的平衡，因而又需要重新协商、谈判、妥协，然后在双方妥协的基础上达成新的平衡。

要驾驭平衡，首先必须要有大局观。在能促进高校持续健康发展的大前提下，我们应该本着不管什么样的要求都可以谈，不管什么样的方案都可以交流的思想。要理解高校教师的认识和利益要求的差异性，因此他们表达出来的愿望也可能是形形色色的，难免也会出现矛盾的交错复杂。但是我们要清楚，矛盾虽然错综复杂，也总会有一个基点、一种力量，或者说矛盾双方可以找到大家都可以接受的（并不都是最满意的）条件或方案，能维持在统一的平衡中。高校工会必须要在学校大局观下，进行感情投资、利用心理战、换位思考、借力打力、发掘共鸣点及利于合作的心态等多种方法，并善于将各种利益关系进行交换、互补、同化，使各种矛盾达到有利于自己的均衡状态。

在服从学校大局的前提下，高校工会要在涉及学校与教师重大利益问题的冲突上做到先知先觉，善于先机发现，取得工作上的主动权。在风起于青萍之末时，要善于协商，勇于斡旋，把可能的利益冲突都扼杀在摇篮之中。在非常条件之下，高校工会还要根据双方对立的形势和周围环境去制定相应的工作策略。无论哪一方，提出有失原则的严苛要求，都会被毫不犹豫地顶回。例如，如果教师的意见完全不可取，或者是学校领导拒绝教师方全部正确的意见，工会应该要主动干预，必要时从工作出发，建议有理方加大威胁与许诺的力度，造成一种非理性的破釜沉舟状态而达到协商的目的，以避免给单方或双方造成更大的损失，最终得不偿失。

从理性经济人的思想来分析，个人的欲望大多是无限的，这种欲望常表现出二重性，如若运用得好，可以成为奋发向上的原动力；若是运用不好，是反抗现存平衡的破坏力，这种破坏力，常常是在理性的支配下，也可以成为反映自身合理要求的平衡器，并由此形成新的平衡；同样，要是在感性的支配下，也能成为爆发冲突的导火索。在高校工会组织维权上，我们要充分掌握相关事物的发展规律，探索教师们的心理特征，在利益的比较中找出问题，发现差距，在差距中发现不合理因素，从而有效地解决不合理的分配差距，并努力构建适当能满足教师需求而形成相对满足感的相互平衡，即高校要建立多方位、多层次（校、教，教师之间，教师和后勤之间，体制内与外之间）的利益平衡关系。实现在相对平衡—经过一定时空转化后形成不平衡—运用协商的方式来解决矛盾—形成新的平衡这一过程中的向好发展。

三　谋略运用是高校工会维权的必要手段

运用谋略，是高校工会维权在思想方法上的最基本的表现形式。同样是谋略，在领导管理层则表现为权谋，用于同级或下级则表现为策略。很显然，高校工会面对不同的对象，处于不同的地位，必定会采取不同的谋略。从高校相关实践中来看，高校工会组织主要的职责包括维护高校教师的权益，维护其权益则往往要面对校领导，甚至是自己的直接上级部门。因此，谋略的运用，应主要表现为解决问题的策略。

通常情况下，高校工会在面对校方与教师利益纠纷协调的时候，应该协调利益冲突而不是从根本上来解决一般的矛盾冲突。这里我们要强调"认真解决广大职工群众最关心最直接最现实的利益问题"，必须在思路方法上要有所创新，要有新颖的思路方法。基于社会分配严重不平衡的大环境，要彻底解决这个问题，难度就变得更大了。此时，高校工会可解决大环境下的小气候问题，在一定的范围内以蚕食的工作策略、小步慢走的方式来逐步解决。另外，虽然都是利益关系贯彻始终，但不是任何问题都只能表现为利益冲突，在一定时期，利益关系也会发生变化。换言之，利益的角逐也会以另外的形式来表现，如课题研究、职称评定、名誉升降、学术地位、师德排位等。如果高校工会能灵活处理好这些高校利益矛盾，进行类似转移教师注意力的办法，通过堤外损失堤内补的工作变通方法，使矛盾焦点或关键人物在利益冲突中发生有利于高校工会组织维权的有利转化，因此，我们说高校工会要善于审时度势，努力创造条件把非合作博弈转化为合作博弈状态，达到最佳状态。

高校工会在维权实践中除了要多谋善断外，还要注意根据事物的不同性质进行区别对待。因为任何事物总有轻重之别，程度亦有深浅不同，办事也存在难易之分。一般来说，要以先小后大，先易后难，由浅入深，以轻见重，求同存异的循序渐进过程，用一个个的小平衡换取大平衡，来达到最后的大平衡，即以四两拨千斤之力，达事半功倍之效。例如，在对学校的发展建言献策时，校领导方都是容易虚怀若谷、欣然纳谏的。而且学校的健康发展也离不开教师们的共同努力。以此作为交流的突破口，比较容易达成共识，在达成共识的基础上再来解决教师们平时不好解决的要求，就相对容易一些。

在量变关系上，要注意以小平衡的累积来取得多数教师的广泛支持。高校工会要善于从细微处入手，从小问题关心或者开始解决起，从而扩大认同内容，缩小其中的差异，做到以时间换空间；积小步为大步；积小流为大河；积小步以致千里。冰冻三尺，非一日之寒，有些看似是小问题或者是个别矛盾，但如若长期积累不予解决，也会积少成多，由小变大，从表面的稳定不和谐因素暗自形成危机的爆发源。另外，把小事解决好，还可以从个别事例中及时发现一些平时不在意问题的深层面，取得以点代面的效果。

从高校校内维权的程度和次序上，工会还需独具慧眼，切实弄清哪些问题是可以放一放的，哪些矛盾是必须及时彻底给予解决的。当然，由于需要，放一放也只是暂时放一下，放一放的问题必须创造条件和氛围适时解决；及时解决也不是一刀搞定，一口吃个胖子，亦是要分阶段、分批次在利益双方都能接受的氛围下合理解决。

高校在多数情况下，利益的冲突是一个多方位、多层次的立体展现并不是单方位、单层次的。高校也和社会其他区域一样，十全十美的事很少见，而不如意的事常八九。因此，高校工会在维权利益的权衡中，在坚持基本原则不变的情况下，要善用"舍得"术，明确哪些是可以舍弃的，哪些是可以让步的。尤其是在利益交换的谈判中，要秉持做到弃小利取大义，舍局部保整体，解急难缓添花，以此确保高校工会组织在维权工作中使多数人的合理利益问题得到合理解决。

第二节 新形势下高校工会维权机制的重构

高校工会，作为教职工依法维护自己权益的基层组织，面对改革开放以来教职工（以下简称教方）和学校党委及行政（以下简称校方）可能产生严重矛盾的新形势，高校工会的工作对象、工作领域和工作内容也随之发生了很大变化。在或缓或急、或明或暗的冲突中，高校工会既是教方合理合法权益的代表，也是校方维稳的重要助手。原有的工会工作体制、运行机制以及活动方式在许多方面已经严重滞后于形势的发展。如何在保证维权和稳定的前提下，从一个全新的角度来诠释工会的作用和地位，重新构建工会的维权机制，具有十分重要的意义。

为适应新形势对工会提出的要求，工会必须摈弃传统的"福利工会"和"娱乐工会"的束缚，克服"路径依赖"的思维定式，做到维护教职工眼前利益与维护教职工长远利益相统一，维护教职工利益与学校发展相统一，建立维权机制与立足本单位实际相统一。在维权与维稳相统一等关系上，传统维权机制与维权创新相统一，从博弈论的视角去拓展思维，改变方法，创新观念，从而端正维权态度，转变维权形态，巧用维权方法，强化维权手段，提高维权能力。

要处理好上述关系，重构工会的维权机制，就必须研究两方或三方的互动决策行为。而博弈论正是研究决策主体在既定信息结构下如何决策以使自己的效用最大化，以及不同决策主体之间决策均衡的一门科学。根据博弈理论，在校方和教方产生冲突的背景下，就一定会出现博弈的态势。各方博弈策略的如何运用，决定了博弈的均衡状态。这个均衡状态，可能在一定条件下是个体利益的最大化，但不一定是整体效益的最佳。因此，工会为教方维权，就要在诸如民主管理机制、法律援助机制、关系协调机制等一般的工会维权机制上，充分运用博弈论的方法，从博弈的视觉去拓展思维，改变方法，创新观念，从而端正维权态度。做到在三方信息沟通的基础上，对教方的个人欲望进行适当和合理的约束，督促校方对教方的合理需求给予主动的满足，并在此基础上重构合作态势下的自我认识机制、信息交流机制、动态平衡机制以及在冲突背景下的监督制约机制、意见处理机制、调控应急机制。努力把非合作博弈转化为合作博弈，避免零和博弈，杜绝负和博弈，争取正和博弈，从而达到校方和教方双方整体利益的最大化。①

一 自我认识机制

对于作者这样的知识分子群体而言，名誉上的维权是最为重要的维权。但是，由于市场经济的负面影响，加上某些错误思潮的流行，导致教师在自我价值认识上产生了许多的误区，出现了在教师职业道德上不容许出现的许多不良行为，并由此而影响了整个教育界的社会声誉。作为工会，既要为教方维权也要为教师进行准确的社会定位。要努力做到把教师与官员对权势的狂热追求、商人对资本的血腥逐利区别开来。要帮助教师克服精神上的浮躁，重归久违的淡定，找回灵魂工程师的感觉，再进入教书育人的正轨。在这方面，教职工队伍存在三个层次的问题：一是无良学者的恶劣影响，二是私心较重者的急功近利，三是师德欠佳者的心浮气躁，这些问题都会在不同程度上给教师的声誉带来极大负面影响。

（一）从制度上有效地约束欲出轨者

对于心浮气躁的师德欠佳者，工会应主要采用训诫教育和正负激励的手段。在"胡萝卜加大棒"的预后影响下，从建制立规的角度做到善恶分明、奖惩得当。

从博弈论的思维方式来看，多数教师在准备出轨阶段，个人的思想斗争还是很激烈的。不管是论文学位造假，还是道德行为突破底线，在其内心深处都有一个利害得失的权衡过程，下意识的错误行为或不计后果的一时冲动较为少见。因此，工会除了正面形象的示范外，更重要的是从措施上杜绝犯错误的机会，制度上加大出轨的成本，让其感到犯错误确实是得不偿失。即便纯从个人利益考虑，也愿意规规矩矩办事，老老实实做人。

（二）对错误思潮应当进行理性的批评

工会对无良学者的错误思潮要敢于批评，对荒唐的"理论"要善于

---

① 陈建荣、陈金波、刘哲：《论当下改制型高校工会维权机制的重构》，《黑龙江高教研究》2009年第5期。

批评。由官商学勾结形成的腐败铁三角，其中无良学者影响尤为恶劣。毕竟，赤裸裸的官场腐败和滴血的资本容易引起人们的警惕和反感，而无良学者作恶还有一套犹抱琵琶半遮面的所谓"理论"。这种极具欺骗性的"理论"，是工会引导教职工维护名誉权最大的认识论上的障碍，其中最具代表性的就是所谓的理性经济人理论。对这一理论，我们在前面已对其进行了批评。颇具讽刺意味的是，正是西方的经济学家所研究的博弈论的经典案例"囚徒困境"，深刻地把这种"理论"的基础"经济人假设"的荒谬从方法论上客观地进行了揭示：从利己目的出发，结果往往是损人不利己，从长远看甚至还可能是损己，结局是典型的双输或者说是负和博弈。从这个意义上说，"纳什均衡"提出的悖论实际上动摇了西方经济学的基石。因此，只有建立在适度利他基础上的合作博弈才是最有利的"利己策略"。对无良学者"理论"的荒谬性，还可以从马克思主义关于经济危机的形成、人的动物属性和社会属性的相互关系等多方面进行学术论证。

(三) 教师要自觉地进行净化灵魂的自我博弈

工会要善于正面引导教职工用社会主义的核心价值观来内化自我，完善自我，这其实亦是一个内心的自我博弈过程。在各类价值观的冲突中，在多种意识形态的影响下，教师要分清正误，保持本色，不为名利所动，不被花花世界所诱，还确有必要结合社会实践来加强自身的修养和价值观的锤炼。真正做到在严以修身的要求下，不断加强党性修养，敢于坚定理想信念，努力提升道德境界，自觉追求高尚情操，自愿远离低级趣味，勇于抵制歪风邪气。

在教师自我博弈的过程中，引进博弈论的"自然"角色，可为教师的不确定性决策问题提供另外一种分析视角。我们可以假定"自然"就是教师正确的社会定位，而这个社会定位即是教师整体的眼前利益和长远利益的最佳组合。因而，个人和"自然"的博弈，"自然"已先选定了这个事件的最终结果。个人只能因势利导，克服各种不良影响和名利诱惑，在服从"自然"的同时，也一定会享受到整体收益最大化带给自己的成果。这是单人博弈唯一的占优策略。

另外，作为教师在社会中教书育人的角色定位，亦需要在"己不正，焉能正人"职业素养要求下，率先加强个人的道德修养，作好自省式、内化式的道德涅槃，浴火重生，从而自觉地站在教师道德的制高点上。

二 动态平衡机制

从某种程度上来说,工会积极主动维权的最好形式是建立教职工收入上的动态平衡机制,也是在博弈上主动出击、先发制人的高招。它可以未雨绸缪,把对教职工在经济上的无形侵权消灭在萌芽状态之中。对校方而言,亦可掌握调整额度上的话语权和主动权,取得占先优势。

(一)社会阶层相互间的平衡

考虑到公平分配对教职工工作积极性的影响,工会还可对社会利益关系进行全面深入的分析和研究。尽可能缩小教职工之间、教职工和校领导层之间、教育系统和其他阶层之间的收入差距。这亦是落实国家关于消除两极分化现象、实现共同富裕理论的重要工作。这方面,可利用恩格尔系数对教职工的生活水平和生活质量进行纵向比较,利用基尼系数对本地区个人收入差距进行测定和横向比较,并在测定和比较的基础上向有关方面提出建议,进行适当的调整。

一般来说,高校教职工的平均收入在整个社会阶层中还是处于中等偏上水平,做好测定工作可以起到对教职工有相对满足感的心理平衡作用。特别是中国社会贫富差距已突破合理界限,且被学界普遍认可的世界银行测算的基尼系数已超 0.47 的严重分配不公的状况下,教方更应有知足者常乐的良性心理感受。这种感受,是工会化解某些无节制欲望的有效润滑剂。

(二)个人工资收入与物价指数和经济发展的平衡

即根据市场经济的发展水平与经济体制改革的内在要求,及时有效地调整与优化教职工的收入与学校收益之间的平衡。对涉及教职工的劳动利益、收入分配、社会保障等问题进行沟通、协调、研究、处理,从而形成协调人事劳动关系的有机衔接,做到"要随着经济发展不断提高教师待遇"。

目前在收益分配中,"蛋糕"的划分具有一定的随意性,没有纳入制度轨道。在校、教互动过程中,校方占据绝对主动地位,教方则处于消极接受状态。而物价水平从长期来看,总是处于向上波动状态,从而导致教职工实物工资的下降。要改变这种状况,就要形成名义工资和实物工资成反方向、按比例波动的,一至两年调整一次的制度性规定。这种规定,可参考 CPI 的同比上涨幅度来平衡。虽然收入的上调幅度较小，但总算是没有降低或略微提高了教职工的实物工资。从心理作用上讲，小步慢走比大步快走更能使人获得心理上的满足。另外，从博弈角度考虑，教职工亦会经常不断地衡量自己的得失，比较收入产出比。如果认为校方能够提供满足或超过他个人付出的收益，他才会安心、努力地工作，充分发挥个人的主观能动性；反之，则会产生副作用，甚至产生跳槽的冲动。

三 信息交流机制

准确的决策就需要更多的信息支持。一般来说，由于参与博弈者掌握的信息不完全，不对称，其决策结果必然会产生很大的不确定性。尽管校方、教方之间的博弈，在常态下双方是知道对方的要求的。但从满足要求的时间和程度上，却又存在着所谓的"私有信息"，因而又可能演变成一种不完全信息的动态博弈，并转化为一定程度上的冲突。为避免这种恶化的趋势，减少决策的风险，提高合作的可能性，就必须利用信息交流机制使教职工与工会、工会与行政的决策意图与职能，尽可能有机地统一起来，达到和谐统一的局面。

（一）敏感信息要公开、透明

在涉及提干、人事任免、评职称、晋级、考察交流等敏感问题时，工会一定要促使校方做到过程公开、结果公正，并将群众关心的问题或疑虑了解清楚后做负责任的解释。正因为敏感信息牵涉很多人的切身利益乃至个人的发展方向和前途，所以双方特别需要注意的是博弈过程中信息的传递和阻止问题：某些时候信息优势方会发现披露其私有信息对自身更有利，于是他就会尝试通过发送某些信号来披露其私有信息。如果私有信息被对方获悉对优势方本身不利的话，那么优势方就极有可能进行信号干扰和隐藏信息，甚至披露假信息，使得对方难以提取出对己有效的信息。对信息弱势方亦是如此。工会要善于对不同的信息及其作用进行甄别和处理，并在甄别和处理的基础上做到结果相对公平。

（二）当好缓冲器、减压阀

党委和行政总有和群众意见不一致甚至看法完全对立的状况。在这种情况下，博弈态势会由完全信息的静态博弈转变为不完全信息的动态博弈过程。校方和教方在博弈中亦会根据对方不同策略来动态评估局势，随时修正、改变原定的最优策略,以达到精练贝叶斯均衡①。工会作为在一定条件下的中间人,在风起于青萍之末时,要勇于谈判,善于斡旋,把可能的冲突扼杀在摇篮之中。确有必要时还应忍辱负重、委曲求全,有充当双方出气筒的雅量,以防止产生"蝴蝶效应"的恶果。要在弄清分歧双方的主要意图、矛盾焦点的基础上,求同存异,以柔克刚,做好双方的协调乃至妥协让步工作,为正和博弈的过程和结果作必要的铺垫。

(三) 正常的意见沟通是信息交流的主要手段

工会要加强与同级党委行政的联系,就涉及教职工利益的热点、难点以及工作重点与学校及有关部门进行定期沟通,并就有关问题提出意见及建议并达成共识。这既是工会维权的重要途径,也是消除信息不对称,引导双方从非合作博弈走向合作博弈的明智办法。只有工会干部队伍的素质和人员构成逐渐朝着以维权为目标转化,才能使工会真正成为广大教职工利益的代表,切实履行教职工合法权益表达者和维护者的职责。

沟通的最好形式是定期实行党政工联席会议,在重大改革方案特别是涉及教职工切身利益的重大问题时,都要有工会及教代会代表参加,以充分听取群众意见,从而使广大教职工的利益要求及时进入高校领导的决策过程。只有真正落实教职工的参与权、知情权、监督权,才能从根本上维护教职工的权益。这样做还可以促使高校领导进一步了解工会工作的特点,理解工会工作的难处,更加真实、全面、客观地掌握教职工的心态和意见。当然,这同时也对工会密切联系群众、准确代表民意等方面的工作提出了更高的要求。

四 监督制约机制

公平公正是衡量社会和谐最重要的因素。由美国政治哲学家约翰·罗尔斯(John Rawls)运用博弈理论推导出的公正原则表明:公正实际上是利益的协调和平衡,是通过博弈形成的一种均衡。令人遗憾的是,由于权力制衡的失调,高校不公正的事屡屡发生。建立在侵犯教职工权益基础之上的高校党政一把手出问题更是让人触目惊心,并由此而影响高校的稳定和谐。建立监督制约机制,就是要通过工会建立一个专门处理校方与教方

---

① 精练贝叶斯均衡,是所有参与人策略和信念的一种结合。它满足如下条件:第一,在给定每个参与人有关其他参与人类型的信念的条件下,该参与人的策略选择是最优的。第二,每个参与人关于其他参与人所属类型的信念,但是使用贝叶斯法则从所观察到的行为中获得的。

之间关系职责的机构，对校方以人事和分配的自主权的名义，滥用权力、超越职权，从而对教职工造成侵权的行为进行制约，做到在监督中缓和并解决冲突，在博弈中寻找均衡。

监督制约机制能否有效发挥作用的关键在于党政一把手能不能正确地认识自己。校方要自觉地配合工会主动地"寻找"监督，愉快地接受监督，这要比出事后的被动检查和难于下台的窘境要好得多。校务公开是工会履行维权职能和完善监督机制的重要手段。工会要根据群众意见，在学校改革与发展、教学管理、教职工切身利益、领导干部廉洁自律等重大问题上，按规定要求校方在合适的时机向教职工公开。

如果要使监督制约机制行之有效，那么在方法上需考虑建立工会问责制，根据问责制规定的权限，采用适当的方式来制约校方的侵权行为，保障教职工的合法权益。这也是贯彻《工会法》总则中规定："维护教职工合法权益是工会的基本职责"的具体措施。想要履行好这个基本职责，工会就要依据问责制敢于监督，善用制约。

在监督制约的过程中，工会要注意矛盾的发展和变化，特别是要防止矛盾由小转大，由缓转急，由少转多，由分散转集中，由量变转"质"变的恶化过程。做到防微杜渐，把可能出现的激烈冲突都尽量扼杀在摇篮之中。

监督制约是一个长期的而且重复的博弈过程。在无限次重复博弈的情况下，双方为着各自的利益和整体效果，会逐渐从互相背叛走向互相合作，追寻共赢的结果。博弈实验证明，一方的任何一次背叛都会招致对方在下一次博弈时的报复，而双方都取合作态度则会带来合作收益。这一观点，应在校方、教方、工会采用正确思维方式的基础上取得共识。而且只有在取得共识的情况下，监督制约机制才能发挥出它的最大效用。

五　意见处理机制

任何矛盾和意见，在经过博弈的过程后，都必须要给公众一个交代。如果这些意见因某些原因而石沉大海，或者是"留中不发"，都会对教职工的情绪造成严重的影响，进而影响党委、行政的公信力和威信。除了校方的自觉行为以外，工会也应在意见处理问题上注重自己的策略。

（一）善于妥协是双方合作的前提

在博弈中，要想走出"囚徒困境"，实现双方利益最大化的最优策略是双方合作。通过双方的互惠互利，来实现长久的最大利益。这就要求博弈的双方都要先替对方着想，站在对方的立场和角度去思考问题。要认识到，校教双方必须是、也只能是矛盾的统一体，任何一方离开了对方都无法生存。在利益纠葛中，只有适度地利他才是最大的利己，并且唯有这种做法才是"囚徒困境"中双方已经证实的最好选择。为了尽最大可能缩小双方利益的差异或冲突程度，必须尽最大努力寻求冲突双方的共同利益。

要实现合作共赢的局面，妥协让步是谈判中必不可少的重要步骤。在冲突中，任何一方的过于强势都不是最优策略，而灵活的让步则会导致谈判的成功。通过谈判达成协议对双方来说都会比未达成协议要好一些。若谈判完全失败，则双方都会受损，这是斗鸡博弈已经证实了的结果。因此，适时让步确是一种良策。当然，单方让步的损失必须在今后得到必要的补偿。

(二) 要运用"向前展望，向后推理"的博弈思维方法

帮助双方仔细思考自己的决策可能引起的所有后续反应，以及这些后续反应的连锁反应，将那些反应后果作为当前行动的相关因素加以考虑。从最后一步开始，逐步倒推，以此找出自己在每一步的最优选择。而不是意气用事，用不加选择、不计后果的态度一味加大威胁的力度，以致酿成不可收拾的恶果。

(三) "非理性"的选择是博弈论中的一个策略原则

在冲突骑虎难下时，工会要根据双方对抗的形势去制定相应的策略。比如，如果教方的意见完全不足取，或校方拒绝教方全部正确的意见（这两种情况都是小概率事件），工会应建议有理方加大威胁与许诺的力度，造成一种非理性的破釜沉舟状态而迫使对方就范，以避免给双方或单方造成更大的损失。

(四) 工会对有关意见进行督办的方式和技巧

工会存在的基础与意义，决定了工会必须在经济关系、人事劳动关系中明确自己作为劳动者代表的身份与地位，把维护劳动者的合法权益作为自己的基本职责，并根据有关协议督促相关部门积极办理。但督办时如果贸然采取霸王硬上弓的手段，就可能开罪于党政一把手，有投鼠忌器之忧。

因此，作为工会干部，仅有把依法维护教职工的合法权益当作安身立

命之本的觉悟是不够的。要把为民请命的事情办好，还要有过人的智慧和胆识，讲究办事的方法和技巧，强调火候的准确拿捏和分寸感的适度把握。这就需要研究一点博弈的策略，如下的几种思维方式可供参考。

1. 掌握平衡技巧，善于借力打力，使各种力量达到有利于自己的均衡。

2. 先易后难，循序渐进，求同存异，以柔克刚。

3. 运用心理战、感情投资、换位思考，发掘共鸣点和利于合作的心态。

4. 审时度势，以时间换空间，积小步为大步。

（五）对教职工的意见进行博弈后的四种假设

教方的意见经筛选后，亦可分为不合理、部分采纳、创造条件后执行三个层次。无论是哪一层次，都应力争双赢的正和博弈。虽然这取决于博弈各方的力量对比和技巧的运用，但毕竟是经过各方的讨价还价后在妥协的基础上达成的共识或合作，必须慎守诺言。

假设校、教双方博弈，教方的意见有七成正确、三成欠妥，则博弈的四种情况分别是：

1. 校方完全拒绝，教方爆发集体性诉求。校方遭到经济上的损失和道义上的谴责，教方有行政处分及名誉受损的预后，后果是典型的负和博弈。这类均衡一般会导致工会是老鼠钻风箱——两头受气：校方会指责工会没有做好群众工作，维稳不力；教方会埋怨工会不带领教职工维权，当了群众的尾巴。当然，从严格的意义上讲，这个均衡只能算是僵局后继续冲突的一种升级，是山羊过桥博弈的开始，并带来三种子均衡：①一方退步，让另一方过桥，过桥一方给退步一方予以补偿，这是 C 类均衡的另一种表现；②双方同归于尽，由上级部门来善后，校教双方都受到程度不同的损失；③强者把弱者抵下桥，这是 B 类均衡的翻版。

2. 校方完全拒绝，教方被迫沉默，形成暂时的纳什均衡。校方遭遇腹诽，教方降低工作效率。表面上是零和博弈，实际上还是负和博弈。这类均衡的隐形预后表明工会就是一个不作为的摆设，并在教方降低工作效率后受到校方的批评。

3. 校方接受七成正确意见，婉拒三成不妥意见，结局具有精练贝叶斯均衡的形态并转向合作博弈。校方赢得开明、纳谏的声誉，教方取得应有的收益而增强工作积极性，结果是典型的正和博弈。这类均衡需要在谈判桌上反复协商，妥协和让步是其主要手段。经过多次的讨价还价后，校方也可能是受六拒四，也可能是受八拒二。在双方坚守底线的情况下，以各自的收益最大化收场。工会以第三方的姿态反复调解，因而是左右逢源，正面形象大幅提升。

4. 校方完全接受，教方获得全胜。在这里，教方剔除了校方的行政处分等不可置信威胁，校方接受了不答应条件就罢教的承诺，结局是变形的子博弈精练纳什均衡①。后果是校方留下了昏庸且胆小怕事的印象，教方则可能产生"会哭的孩子有奶吃"的后遗症。看似零和博弈，实则是另一形态的负和博弈。这类均衡可能会给工会留下潜在的非议：校方认为工会不帮领导排忧解难，教方认为这是自己会"闹"的结果，工会在这场博弈中没起多大作用，变得可有可无。

这四种均衡，都可能出现在最后的博弈结局中。

为争取最好的博弈结局，工会必须善于运用谋略，这也是工会维权在思想方法上的最基本的表现形式。同为谋略，在领导层表现为权谋，处于同级或下级则表现为策略。高校工会面对不同的对象，处于不同的地位，必定要采取不同的谋略。从现实情况来看，工会主要的职责是为教职工维权，则要看看似同级、实为上级的党政领导的眼色。因此，谋略的运用，主要表现为解决问题的策略。在上述校教双方冲突的各个阶段，以及各阶段博弈的不同特点，工会要采用不同的策略来分别对待。

从以上假设的进行态及结果来看，工会应极力促成 C 类情况的实现，力避另外三类的结果并在博弈的过程中促使其向 C 类的过程及结果转化。在这里，博弈技巧的使用是极为重要的。除了上述的四点以外，还要注意采取后发制人的方法，尽量摸清双方的底牌，了解双方的心理，根据双方的想法来制定互动的谈判策略。另外，谈判过程中越是急于结束谈判的人将会越早让步妥协，有时甚至是过分的让步，谈判者若有这种急躁心态是不理智的。事实证明，能够适度忍耐的一方将获得较大利益。当然，忍耐的底线是不能将弦绷断。

---

① 子博弈精练纳什均衡，它要求任何参与人在任何时间、地点的决策都是最优的，决策者应该随机应变，而不是固守前谋，组成"子博弈精练纳什均衡"的策略必须在每一个子博弈中都是最优的。

六　调控应急机制

在那些社会集体性诉求频发的时期，即使工会做了应做的工作，高校仍可能发生教职工上访、罢教的倾向性和苗头性问题。一旦出现这种情况，工会一定要做到上情下达、下情上传、协调处理、预警在前，以避免问题扩大。

从某种意义上来讲，工会维权机制存在的价值与魅力，并非表现在高校处于平稳与和谐发展的阶段，而是在发生重大社会矛盾冲突和劳动人事争议的危难关头。因此，建立健全调控应急机制，以超前眼光应对劳动人事关系行为的失调可能会给学校带来的负面影响乃至可能造成的学校或者社会的动荡或损失，是工会在协调维稳与维权的关系上必做的重要工作。

（一）提高应对突发性事件的能力。

一般来说，所谓突发性事件都有一个呈螺旋式升级的过程。冲突升级到某一阶段，由于某方的战术失误，支持冲突的资源枯竭，社会支持的丧失，以及无法接受的风险或代价，在理性的制约和未知前景的担忧警示下，就会出现僵局。在认识到僵局的某个时刻，冲突一方通常不会进一步升级。这种僵局的出现，正是工会作为第三方介入的较佳时期。作为在一定条件下的中间人，工会负责人要勇于谈判，善于斡旋。在弄清分歧双方的主要意图、矛盾焦点的基础上，求同存异，做好双方的协调乃至妥协工作。如果冲突双方认识到他们正处于僵局之中，并对第三方介入的结果充满乐观，在可以选择的情况下，他们可能会欢迎这种干预。

（二）对冲突趋势要具备敏锐的观察力和准确的预见性

工会要善于通过信访、座谈、网络聊天、谈心等形式获得大量信息，并在对这些信息进行去粗取精、去伪存真、由此及彼、由表及里的加工后，确保群访先知、突发事件先晓，超前防范，及时化解，力争把较为激烈的争议和集体性诉求解决在萌芽状态。

从博弈论的角度考虑，冲突双方往往是先考虑别人可能会怎么做，再采取行动的，即你的做法是以对手的可能动向为依据。那么，相同地，对手在行动时，也会考虑到你将会怎么做，即双方都是一种多阶段的互动决策行为。所以在某种程度上，你的做法其实是建立在你觉得对手认为你会怎么做的基础上。因此，为防范谈判破裂后的突发性事件，有些策略行为就必须采取上文所说的非理性的选择，通过自断后路的办法从而使自己的威胁足以令对手相信，即"置之死地而后生"。同时，为了达到威慑效果，博弈的一方必须向对手保持一定的透明度，以让对手充分了解自己的"被逼无奈"的决心和采取决断策略的必要性和可行性，以换取对方的合作。

（三）关注教职工反映强烈的共性问题并及时协调

单个的或反映平淡的问题绝不会造成集体性诉求。只有那些极不公平并反映强烈、涉及多数人的切身利益的问题才可能出现共鸣，工会应对这类问题引起高度关注。如果在谈判过程中，出现教方强烈要求对方让步的地方，其实就是教方对于谈判涉及根本利益的关键所在，亦可能是双方的焦点问题。在这个时候，如果一方能做出在某一点的适当让步，那么就有机会换取对方在其他方面更大的让步。这种变通的办法容易理解，但在谈判实战中往往不容易掌握，临场提不出变换的条件。这主要是对于己方需要获得的利益还没有一个多层面的、全局的把握，所以往往死抱着一个或几个谈判条件不松手。结果要么由于僵化而使谈判陷入僵局，要么被迫做出让步而一溃千里。由于工会是处于相对"局外人"的身份，比较容易冷静并适于对"度"的把握，提出的方案也较易为双方所接受。

如果冲突一方感知到，自己相对于另一方的优势正在逐步削弱，或者另一方的优势正在逐步增强，那么僵局感就会加重。一般来说，深陷僵局中的双方都会感知到沉重的压力，而且时间越长，则压力越大，希望尽快结束僵局的愿望就会更加强烈。冲突一方被迫接受另一方为己方相互依赖的合作者，而不得不与之进行某些交换，承诺就是其主要的交换。

承诺战术和威胁战术相比，大多都是相对温和的战术或者说是轻型的战术，没有什么负面的残存效果。人们通常认为承诺战术比要比威胁战术更加具有吸引力，而且作出承诺的人更为友善，更易相处和洽谈。

在承诺中，试探性姿态是单方调解的一种举措，旨在表明己方正在努力缓解紧张的局势，并鼓励对方回应或者是重新思考其策略，奖励对方的合作行为。当然，如果对方误解这些举措，或企图得寸进尺，继续升级冲突，那么己方应该准备予以适当合理的反击。在这种情况下，斡旋者应向对方充分释放另一方的善意，并向对方警示另一方准备予以反击的可能及预后的严重后果。

如果冲突一方发现，另一方的提议是可以接受的，只不过它们会带来相应实施后的机会成本，才摒弃它们，这种情况下，做大蛋糕就是一种有用的方法，让大家都有利可图。诉求得到满足的一方往往会提供补偿，因为是该方从对方手中"买进"让步行为。工会应在调停中充分发掘和加大这种妥协的机会，并将补偿落到实处。

如果最终出现一些始料未及的突发性事件，工会作为调停人，应肩负为学校维稳和为教职工维权的双重责任，在培养和提高自身的承受能力和责任心，提高正确判断局势和果断应对冲突的相关能力，提高及时调控情绪和有效现场处理能力的基础上，善于换位思考，勇于承担重任，在最大程度上掌握双方可信信息的基础上，准确估计集体性诉求发生的概率、波及的范围和影响的程度，从而充分利用博弈论的思路和方法，向前展望，倒后推理，然后采取最优策略，争取动态博弈中的稳定均衡，为创造和谐校园做出自己应有的最大努力。

从博弈论的角度来探讨新形势下的工会维权机制，是对工会工作形式和内容的一种创新。这种创新，既是对工会工作的一种促进，也是在原机制还存在着一定缺陷、创新机制和原有机制之间处于衔接和磨合期、维稳和新机制之间要建立起新关系的条件下的一种合理的过渡。这些问题，将有待于我们不断探索、深入研究，从而使重构的维权机制能做到变故易常、趋利避害、日趋完善，尽最大努力成为高校工会为教职工维权的锐利武器。

第三节　我国高校工会维护劳务派遣人员权益的路径

劳务派遣，是指社会人力派遣机构根据用人单位的实际需求，与用人单位签订派遣协议，将与之建立劳动合同关系的劳动者派往用人单位，受派劳动者在用人单位的指挥和管理下提供相应劳动，派遣机构从用人单位处获取相应的派遣费用，并向所派遣劳动者支付劳动报酬的一种特殊劳动关系。类似劳动关系形式在欧美国家广泛运用，并发展至今已有较为完善的法律规范体系。近几年，我国劳务派遣制度盛行，相关的法律权益和义务在《劳动合同法》第五章有较为具体的规定，从明确关系来看，劳务派遣单位对劳务派遣履行用人单位对劳动者的义务，可见劳务派遣用工方式为用工单位节约了人力资源成本，使得近几年来，劳务派遣在我国多样化的用工形式中已经渐渐占据了相当大的比例。尤其是在我国的一些普通高等学校当中，由于仍然实行着编制管理，上级对高校一般是按编制人数核拨人员经费，但是随着高校的快速扩张，为满足不断发展的用人需要，高校不得不扩充事业编制外人员。目前的情况是，较多的临时用人就是使用劳务派遣工。实践显示：高校普遍使用的派遣工模式，不仅大大降低了用人成本和高校管理难度，而且有效地解决了高校过去"铁饭碗、铁交椅""进人易、出人难"等终身制不良问题，更主要的是高校使用劳务派遣工形式有利于减少劳动诉讼纠纷，转移用人风险等，用有些的人的话说，就是"高校免除了外聘用工人身意外的无限追责"，但从高校的发展和社会进步来看，劳务派遣也存在许多不稳定因素。

中国总工会劳务派遣问题课题组于2010年6月至2011年6月，对全国25个城市、1000家企事业单位的10000名职工及1000名企事业单位工会主席进行了问卷调查，1000家企事业是按照PPS抽样方法抽选，调查职工在抽样中的企事业内随机等距抽选，工会主席样本来自被抽中的企事业单位。从其统计分析结果和近年来的研究显示：劳务派遣工合法权益受到侵害、困难职工得不到应有的帮助、与单位正式工同工不同酬等问题逐渐突出，并开始引发社会普遍性群体性问题，这些问题应得到社会各方面的高度关注。

因此，从高校内管理职能思考出发，校园教工维权的主要职能部门——高校工会，应积极推动本校劳务派遣工加入工会，依法维护劳务派遣工的切实合法权益。切实落实以人为本，做好人文关怀，让劳务派遣工参加学校民主决策与管理，参加学校集体性协商，并把对困难职工的帮扶真正延伸到劳务派遣员工，由此营造和谐的高校校园劳动关系。①

一 影响我国高校劳务派遣人员不稳定的主要因素

（一）安全感不足，民主权利实现存在障碍

劳动者的安全感主要体现在民主权利的实现上。由于劳动关系的实际归属，决定了高校的劳务派遣工与用人高校只是一种劳务关系而非劳动关系，由此，高校校方很少主动考虑派遣工的民主权利问题。比如，除前面提到的劳务派遣工难于加入高校工会组织，他们的各项民主权利也难以得到工会组织的日常服务和保证。又比如，其选举权和被选举权、参加高校

---

① 籍祥魁：《高校劳务派遣工权益保障问题探究》，《中国成人教育》2013年第24期。

各级职代会和集体劳动协商会议、日常政务民主监督等都受到一定的限制，且从近年来的实践看，由于他们的自信心普遍不够，对参与学校民主管理的意识不强，致使高校劳务派遣工参与用人学校的民主管理权益落实也难以实现。更有甚者，他们在寻求安全服务方面，存在着不相信校方能代表自己利益，主动将自己归类为社会无业人士，这样其安全感也相对缺乏。

（二）心理不平衡，导致劳务派遣工队伍不稳定

目前，高校劳务派遣工与正式教工做同样的工作，得到比正式工低很多的劳动报酬，已是一个常态。事实上，多数派遣工对自己身份、工作、福利状况表现出无奈，并由此产生巨大的心理落差。由此，使他们日常思想波动大，进而对其所在的用工高校缺乏归属感，致使劳务派遣工流动频繁、离职率高，直接导致了高校劳务派遣工队伍的不稳定。从一般心理规律来看，劳务派遣工从自身现实的工作回报和未来发展出发，以工作绩效换取物质利益，他们最关注的往往是利益多少，公平与否，而非所在高校的价值观、高校文化和远期发展前景。正如在十二届二次政协会议上，全国政协委员张明森在长期关注劳务派遣工问题之后，向与会者提出的意见：当前劳务派遣工最突出的三个问题：一是没有对单位的认同感和归属感；二是与在职同岗薪酬不平等；三是队伍的不稳定，尤其是第三点严重制约着当前劳务派遣工制度的正常发展。

（三）归属感缺乏，得不到工会组织的保障

按照我国《劳动合同法》规定："劳务派遣工有权在劳务派遣单位或用工单位依法参加或者组织工会，维护自身的合法权益。"这规定其有组织权益，但实践中，因为法律没有具体明确拒绝或者不组织劳务派遣工加入工会的单位应该承担什么责任，会受到什么样处罚后果，也没有具体规定组织劳务派遣工加入工会的责任主体是派遣单位还是被派遣单位，这种缺乏细化的规定，使劳务派遣工加入工会组织的规定在实践中难以到位。加上，从我国当前高校工会的经费来源来看，主要是上级部门根据在编人员标准核发的款项，这样高校如果实行同工同酬就可能影响在编教工的利益，同样，对于劳务派遣单位来说，组织劳务派遣工的工会组织，履行其工会职能，一方面增加其成本，另一方面劳务派遣工除法律关系外与派遣单位联系少，工作区间受限，这是高校劳务派遣工加入工会组织困难，致使大批高校劳务派遣工游离工会组织之外，失去集体话语权的主要成因。

（四）同工不同酬，困难得不到应有的重视和帮扶

在高校使用劳务派遣工的实践中，尽管有的劳务派遣工的能力、背景差别不大，但由于身份特殊性，劳务派遣工的薪酬福利与正式教工往往存在较大的差距，其权利有时也得不到应有的保障。比如，高校劳务派遣工薪酬按"合同"规定，学校正式教工的工资变动和绩效福利和他们无关；由劳务派遣单位缴纳社会保险费用的，派遣单位为追求利益最大化，保险费用一般按非正规就业人员的缴费基数缴纳，就低不就高或者不交的大有人在；而由于用人高校代缴社会保险费用的，也由于法律责任不明确，出现只交一部分保险项的现象；高校劳务派遣工也不能享受与在岗正式教工同等的职业教育岗位技能培训、各类绩效津贴补贴、职位、职称晋升等发展"福利"了。就以高校使用临时政治辅导员劳务派遣岗位来说，其薪酬待遇普遍低于同岗一般正式老师，这用他们自己调侃自己的话来说，就是"待遇太低，在大学生面前做思想工作、讲心理平衡时，就会感觉到没有人格和缺乏基本的自信"，以此积累，出现一批高校较为典型的低收入的弱势群体，在高校校园内，他们相对高收入的高等专家学者，其经济、心理也会渐形困难，这就需要高校工会组织在教工困难帮扶中予以重点关注。

二 高校工会维护劳务派遣工权益的对策

（一）完善高校劳务派遣工参加民主管理和集体协商制度

高校职工代表大会制度是我国普通高等学校实行民主管理费用的基本形式，特别是当前高校实行的二级"两代会"参政议政体系是促进高校健康发展，维护和实现高校职工权益的主渠道。随着"两代会"制度发展，我国各地也相继出台了《职工代表大会条例》，开始规定劳务派遣工参加会议和履行会议职能的具体要求和程序。在其背景下，高校工会理应重视并明确劳务派遣工当选各级教工代表的比例和入会程序，并给予劳务派遣工合法民主权益的制度保障，以确保其平等享受高校的民主决策、民主管理、民主监督的权力。高校基层工会组织也应在日常工作中，建立劳务派遣工定期沟通机制，畅通高校劳务派遣工的利益诉求表达渠道。在制度建设方面，应重点做好上级汇报制度、校务公开制度、劳动关系三方协商制度等有关劳务派遣工权益保障的制度，力求从源头上把好高校校园"弱势群体"维权关。

(二) 关心劳务派遣工的薪酬与福利待遇，做好困难人员的帮扶工作

用人高校工会应加强与派遣机构及劳务派遣工的日常联络与沟通，帮助和引导他们尽快适应高校的工作氛围，切实理解任务要求，有效实现正常的工作角色的转变。一方面，高校工会要促进高校通过公正公开的奖惩机制，在组织内部树立平等、尊重的良好风气；另一方面，高校工会要通过有竞争力的薪酬激励机制，努力为他们提供展现个人能力的工作舞台，并结合高校实际效益状况，配以不同的薪酬结构以实现有效的激励效果。

对于我们前面提到的高校劳务派遣工中出现的"困难弱势群体"，高校工会组织务必高度重视，在寻求高校多方资源基础上积极作为，为其建立分类个人档案，并通过建立健全劳务派遣工帮扶机制基础上，配合落实目前国家扶贫工作的相关政策帮助他们脱贫。同时，高校工会组织还要主动争取学校党政专项工作支持，动员其高校所在部门人员及校内其他有识之士共同爱心奉献，多方筹集善款，及时为高校内困难劳务派遣工排忧解难，以此增强其对学校的归属感，提高其参与改造社会的劳动积极性。

(三) 建立一视同仁的校园文化，构建和谐校园的劳动关系

借鉴国外高校文化建设的特点和我国高校近年来的文化建设的实践，人们普遍认为：加强大学文化建设是大学提升核心竞争力的重要渠道，而在诸多影响我国大学文化建设的重要因素中，应着重从牢固树立以人为本理念出发，力求注重大学精神的挖掘和培育、重视高校物质文化的创新等方面入手，这也就需要我们高校全体在岗教工，包括劳务派遣工的共同努力奋斗。如何务实重行，实现目标，高校工会组织应在这项伟大建设工程中发挥好应有的教育职能。具体在实践工作中，要注意到，无论对正式教工还是劳务派遣工都应注意淡化个人身份意识，转变其劳务派遣工不是高校学校教工的错误观念，有针对性地做好高校劳务派遣工的思想政治工作，建立健全优秀劳务派遣工身份转换机制，努力为其提供广阔的发展空间。同时，要在高校文化实践中，通过努力体现高校"思想上同样的教育、生活上同样爱护、管理上同样要求、政治上同样关心、使用上同样的对待"等一视同仁的护工做法；力求通过高校的优越体制，通过"润物细无声，春风化雨"来不断拉近我们高校劳务派遣工与高校的"心理距离"，努力做好高校文化留人、事业留人，促进我国高校用人制度的健康和谐发展。

（四）配合做好劳务派遣工的日常业务能力培训、价值取向和人生规划

促进高校师德师风建设是我国高校工会近年来的主要工作亮点，同样，高校在维护教工权益方面，特别是对劳务派遣工权益方面备受瞩目，也是高校劳务派遣工在权益自信和维护上的希望所在，而高校关注其发展的目的就是通过工会组织关怀，提高他们工作绩效，帮助他们获得持续的在岗工作能力，进而促进高校发展，同时实现劳务派遣工与在编教工同享改革发展胜利成果。具体应配合做好以下事项：

1. 在合理分析其工作资质的前提下，结合其个人意愿，加强沟通，建立信任与了解，促进文化认同，通过改变工作难易程度、重要性、岗位任务等，使派遣工逐步在丰富的、具有挑战性的工作中增强组织认同，集中精力，致力于自身工作水平的提高。

2. 通常情况下，高校劳务派遣工在进入学校之后，出现的问题更直接、更具体，这些问题如果得不到好的解决，会严重影响他们的工作热情和绩效表现，组织认同感也会降低，这就要求高校工会在其职能范围内，对其进行必要的能力培训，并通过培训来帮助他们尽快融入高校的改革发展之中，缓解其因自身职能地位的特殊性而产生的人际交往方面的压力，帮助他们形成正确的价值取向，建立适合高校教工工作职能的客观而具体的发展目标和人生规划。

3. 利用高校学历提升优势，学校党政在考虑现岗人员先行考验的基础上，通过制定高校可行进人目标要求，力求让一些基础好、后期达到学校学历要求、又有上进心的在校劳务派遣工逐渐转成自管教工。这一机制，既可以为学校选拔久经考验的忠实人才，也可以真实激励在岗高校劳务派遣工的工作斗志，由此，使劳务派遣工更集中于本职工作，规划自己的人生。从宏观来看，高校也因此得到一批对学校有归属感、对岗位有依赖感、可长期培养、长期使用的忠诚后备人才力量。

（五）切实将维护劳务派遣工权益纳入用人高校工会日常工作

我国劳务派遣工制度具有临时性、辅导性和替代性三大特点，这从一定意义上来说，它限制了高校劳务派遣工在高校工作的相对稳定性，正如前面分析的，由于我国法律相关规定不健全，劳务派遣工加入高校工会组织困难，加之近年来我国对外派劳务派遣用工期限还没明确时间限制，使得劳务派遣用工实际在岗时间呈现长期化趋势。比如，近年来一项统计表

明，在目前用工单位工作 6 年以上的劳务派遣工占 39.5%，这说明不稳定的因素还将长期存在。为避免这一不良现象，高校工会组织应主动出击，当务之急就是提供条件，促使劳务派遣工加入学校工会这一大家庭组织中来，这也是高校维护其合法权益的重要举措。具体在实践中，眼下的关键是要贯彻落实好 2009 年颁布的《中华全国总工会关于组织劳务派遣工加入工会的规定》，切实结合目前各高校的情况，做好以下几点：

1. 高校为没有在劳务派遣单位加入工会组织的人员提供条件，主动吸收其加入学校工会组织，禁止任何组织和个人阻挠和限制其加入校工会，并根据各校工会成员劳务派遣工的比例，尽可能地设定相应的劳务派遣工会员作为校、院二级工会委员会成员。

2. 对已在劳务派遣单位入会的工会成员，在来校工作期间向用人学校提出入会要求的，学校工会应接受委托，并与其工会部门签订委托管理协议，明确双方对劳务派遣工会员的组织活动、权益维护等的责任与义务。

3. 劳务派遣工的工会经费原则由所在用工高校按其工资总额的 2% 提取或者由用工高校工会与劳务派遣单位通过协商确定。

4. 强化上级工会应加强督促检查，切实指导和帮助劳务派遣单位和用工高校工会做好劳务派遣工加入工会和维护权益的工作。

5. 积极推进派遣单位和用工高校建立方便劳务派遣工入会和参加工会活动的联合工作机制。

第四节　高校教师职业高原现状及其正向引导

职业高原这个概念引入我国不久，期刊网搜索结果显示，最早研究职业高原的论文是 2003 年沈凌的《警惕人才的"高原期"》和马远等的《"职业高原"现象研究进展》。之后，国内的学者越来越关注这一现象。到目前为止，研究职业高原现象的论文也越来越多，涉及的方面也更广泛，有研究教师、图书管理员、银行职员和国有企业员工等。但是，总体上来看，进行实证研究的并不多，大多研究是描述性的，对大学教师尤其是针对具体学校的教师进行实证研究的更少。

教师是人类灵魂的工程师，如今在"科教兴国"战略已被越来越多的人所认可的同时，教师的职业发展、生存环境和心理健康等也越来越受人重视。虽然教师的职业生涯受到了普遍的关注，但是职业高原问题还没有引起足够的重视。为维护高校教师合法权益，关注高校相对弱势教师对象，笔者一度重点对其进行了调研，发现许多大学教师对职业高原这个概念闻所未闻，也根本没有意识到自己已经处在职业高原上，高校也根本没有关注教师的职业高原现象。高校教师作为教师队伍中的重要群体，对培养高素质的学生，推动高校发展都起着至关重要的作用。一旦教师处在职业高原上，如果不及时采取有效的应对措施，就有可能导致其工作热情降低、离职等现象的发生，这不仅影响了我国高校的教育教学质量，同时，教师的一切消极应对也会影响到学生甚至整个大学教育的健康发展。因此，不论是从重视我国的大学教育，还是从关心教师和学生的身心健康角度，研究大学教师职业高原问题都极其重要。

一 高校教师职业高原现象的理论实践认定

（一）高校教师职业高原概念的界定

纵观所有的文献，职业高原概念基本上都是从三个方面来进行定义的：晋升、流动和责任。随着人们对职业高原现象认识的深化，对它的定义正在复杂化。

从晋升角度提出职业高原概念的代表人物主要有：Ference、Near、Evans。Ference（1977）认为职业高原是指个体在职业生涯的某个阶段，获得进一步晋升的可能性很小；Near（1980）把职业高原定义为个体在某个职位上的任职时间长；Evans（1984）认为职业高原是指两次晋升的时间间隔长。

Veiga（1981）从流动的角度对职业高原的概念又做了补充。他认为流动不仅包括垂直的流动，还包括水平流动。因此，他把职业高原定义为，个体长期处在某一个职位，使得职业生涯的流动可能性很小。

Feldman 和 Weiz（1988）将责任引入了职业高原概念中来。他们认为，职业高原是个体进一步承担更多或更大的责任的可能性很小。

由上述的定义可以看出，从晋升和流动的角度来定义职业高原，很容易进行具体的操作，如在某个职位上的任职时间长短是可以量化的。但是从责任角度来定义，则不好把握，责任的大小是有主观性的。所以，大多研究者是从晋升和流动两个角度进行研究的。不管是从晋升、流动还是责任角度研究职业高原,都是客观的。

Chao(1990)重新扩展职业高原的定义,认为职业高原是一个人对未来职业的一种主观感知,而不能仅从个体在某个工作岗位上的时间长短来判断其是否处于职业高原。Chao对职业高原概念的进一步研究作出了极为重要的贡献。

比较而言,中国对职业高原的研究相对滞后,多是直接引用国外学者所下的定义。总结起来,也主要是从晋升、流动和责任三方面来定义的。比较有代表性的是谢宝国,他把职业高原限定在某个特定的组织之内,这为以后的职业高原研究提供了新的思路。

在以上成果基础上,我们认为定义高校教师职业高原重点应把握四点:一是职业高原是个人对目前自己职业生涯发展状态的一种感知。也就是说,在客观条件相同的情况下,不同的个体对职业高原的感知很有可能是不同的。二是职业高原的界定应该限定在特定的组织之内。人一生不可能只在一个组织中工作,职业高原又是一个人的主观感知,所以它必定是与一个特定的组织相对应的。三是职业高原是每个人都要经历,但不是不可缓解和消除的。也正是这个原因,关注高校教师的职业高原问题才有现实意义。四是职业高原不一定对个体产生负面的影响。由于个体心理状态等方面的原因,在面对职业高原时,如以积极的态度去面对,利用职业高原这一时期去充实提升自己,对以后的职业发展都是有利的。[①]

(二)关注高校教师职业高原的理论与现实意义

首先在理论上主要表现有:

一是拓展教师教育研究领域。教师职业高原严重地影响着教师的可持续发展,而对大学教师职业高原问题的研究并不多。因此,围绕着职业高原这个主题,从教师职业高原的特点入手,深入剖析高校教师这个特定的群体,分析职业高原现象对教师专业发展、教学效果产生的影响,必将使教师教育的研究内容得到丰富和扩展。

二是完善教师专业发展理论。苏虹(2003)把新教师专业成长过程分为四个阶段:始发阶段、速发阶段、高原阶段和再发展阶段。对高校教师进行职业高原研究,不仅可以了解教师发展的复杂面貌,也为教师个体

[①] 陈斌岚、李跃军:《地方高校青年教师职业高原现象及应对措施》,《黑龙江高教研究》2016年第1期。

规划教学生涯，并为完善我国教师继续教育制度以及为教师设计各种支援性介入活动提供理论参考。从这个方面来讲，教师的专业发展理论会得到丰富和完善。

三是对高校教师进行职业生涯管理，维护教师心理健康。教师的职业生涯管理目标：在不同的阶段，对教师进行动态的管理，以实现其职业发展。职业高原是职业生涯的一个必经阶段，虽然常常被忽略但却对教师的心理健康会产生一定影响，而且这种影响多是负面的。至今没有人系统地研究教师职业高原与其心理健康之间的关系，导致健康心理学不能对处在职业高原的教师个体提供帮助和指导。从这个角度来讲，进行高校教师职业高原现象的研究一方面会完善职业生涯管理理论，另一方面对于减轻教师职业压力、维护教师的心理健康具有重要的意义。

其次在现实意义上主要表现有：

一是改善教师的教学效果。寇冬泉、张大均（2006），将职业高原教师常出现的心理和行为特征概括为职业承诺动摇、职业情感萎缩、职业角色模糊，这些特征主要是负面的。许多学者也都试图研究职业高原与工作效果等方面的关系。譬如，实证表明，职业高原教师比非职业高原教师有着更低的工作投入。工作投入少的教师在教授知识的同时会以不同的方式影响学生，甚至会对学生产生消极的影响。长此以往，会使教师产生压力，不仅不利于教师的职业发展和心理健康，也会影响到其教育教学的效果。有针对性地预防和解决教师职业高原问题，会提高教师的教学效果。

二是有助于提高高校教师人力资本的投资收益。在做好职业生涯规划的基础上，有针对性地预防教师职业高原期的到来，进行有的放矢的投资，譬如对教师进行在职培训、让其出国访问等，使其获取所必需的职业能力，提高人力资本投资的收益。

三是有助于高校组织建设的发展。高校通过采取措施预防和应对教师职业高原，可以更好地了解本校的人力资源状况，实施同步激励与管理，有利于整合高校的人力资源，促进高校组织做到"职得其人，人尽其才"，也促使他们用长远的眼光来分析组织与个人的利益关系，从而有助于高校组织的可持续发展。

二 高校教师职业高原的影响因素

关于职业高原的影响因素，Feldman 与 Weitz 的六因素说和 Tremblay

与 Roger 提出的三因素说在学术界比较流行。

六因素说（见图 12-1）主要是从个人和组织两个大的方面来论述的。其代表者认为，这些因素并不一定都是消极的。比如说，一个人的技术水平可以通过培训或在职学习不断地得到提高，外部压力有的时候可以转变为内部的动力，这样还会对个体产生积极的影响。

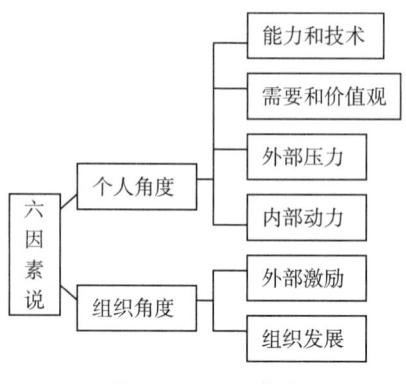

图 12-1　六因素说

三因素说（见图 12-2）将家庭因素作为一个独立的因素，把职业高原的影响因素分为个人、家庭和组织三方面。三因素说对职业高原形成的影响因素分类更为合理，但没有形成对职业高原产生影响的动态作用体系。

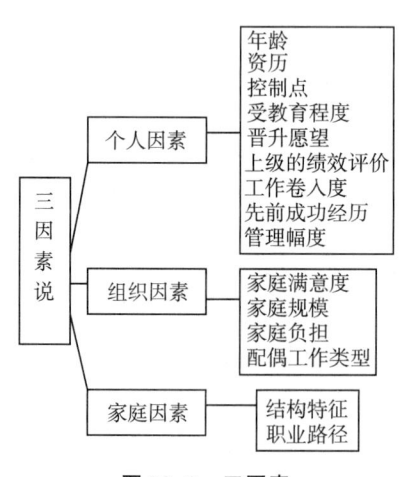

图 12-2　三因素

在六因素说和三因素说两大职业高原影响因素学说的理论框架下，研究者又从不同角度对影响职业高原的因素进行了诠释与丰满。

我国学者王海英（2008）等将职业高原的影响因素归结为四个视角，即结构变迁视角、组织制度分析视角、社会关系网络视角、人力资本视角。

结构变迁视角从宏观方面上强调社会变迁对人们心态和行为的影响。社会的快速发展，经济发展的不确定性，激烈的市场竞争等诸多的因素都会影响个人的价值观，在这种情况下，个人会产生职业生涯发展的停滞感。

组织制度分析视角认为，员工的晋升与组织内部的结构设置有一定的关系，受到组织结构的影响。组织的雇佣制度、工资制度、垂直晋升制度等都会诱发职业高原现象的产生。

社会关系网络视角强调了家庭成员之间，亲缘关系等对个体职业生涯的影响。在三因素理论中，Tremblay 指出家庭因素是一个很重要的变量。Frone 和 Rice 也同样指出，家庭生活的满意度与职业成功有着显著的正相关关系。

人力资本视角认为，职业高原的产生是受个体的人口特征的影响的，这些人口特征包括年龄、学历、资历、工作技能等。[①]

参考以上研究视角与关注因素，本着立足中国高校教育的普遍现状，为进一步厘清我国高校教师职业高原现实成因，我们通过抽样的方式组织问卷调查，探究建构了教师职业高原的结构成分，采用统计理论的相关研究手段，将质化研究与量化研究相结合，重点对 SX 大学教师职业高原特点进行比较了系统探索。

抽样 SX 大学是一所省部共建，涵盖理、工、医、文、法、经、管、教育、艺术九大学科门类的综合性大学。现有在岗教职工 6000 余人，其中专任教师 2041 人。在专任教师中，教授 383 余人，副教授 1060 余人，具有博士学位的教师 813 人。

通过对 SX 大学教师的相关职业高原因素中的 18 个主要成因进行统计和分析之后，我们又从 18 个主要成因里面提炼出 6 个主成分成因以期反映 SX 大学教师职业高原现象的原因，很明显（见表 12-1）看出，剩

---

① 李忠民、张阳：《高校教师职业高原生成要素研究》，《科学·经济·社会》2012 年第 3 期。

余的12个成因是与6个主成分成因相关的。

表12-1　　　　　　SX大学教师职业高原成因分类分析

序号	主成分成因	相关成因
1	工作热情低	发展需求受阻、学历低、资历浅、职位升迁受阻、抗压能力差、组织不接纳、人际关系差、身体差、校园不和谐、家庭不和睦等
2	职称评定难	职称评定决策不能参与、学历低、资历浅、知识技能不够深等
3	福利待遇差	学历低、资历浅、待遇与其挂钩、社会地位低等
4	学校考核不公	考核与学历、资历挂钩等
5	敬业精神不够	发展需求受阻、职位升迁受阻、抗压能力差、组织不接纳、人际关系差、身体差、校园不和谐、家庭不和睦等
6	决策参与难	组织接纳难、学历低、资历浅、人际关系差等

由此可见，从调节教师工作热情、职称评定制度民主化、福利待遇更人性化、学校考核更公平化、敬业精神永久化、决策参与渠道畅通化这六个方面重点去化解SX大学职业高原现象是可行的，当然也要更加全面地考虑社会、学校、个人等各个方面因素影响。

三　高校教师职业高原问题的应对策略

针对抽样我们得出高校教师职业高原产生的原因，我们拟从个人和组织两方面提出了化解和应对职业高原的对策。

（一）个人应对

个人应对主要是针对个人提出的解决方案。比较有代表性的是Rantze和Feller在1985年提出的四种策略：(1) 静心法，从自身出发，调节自己的消极情绪，以平和的心态完成工作，接受现实；(2) 跳房子法，在现有的职位上，向与工作无关的其他方面发展；(3) 跳槽法，即离开原来的组织，到更适合自己的组织中，寻求更大的发展；(4) 创业法，对自己现有的工作进行开发和创新，与决策者进行工作上的互动。Rotondo (1990) 提出个体应对职业高原的策略本质上可以分为问题应对和情绪应对。问题应对即我们所说的"就事论事"，找出产生职业高原的压力或问题所在，采取措施解决，如形成工作项目团队、导师制等。情绪应对则是从个体的主观上进行调节，积极的应对包括寻求社会支持等，消极的应对有责备组织或上级、敌意、酗酒或药物滥用等。国内一些研究者认为，解决职业高原现象关键是要从心理和能力两个层面上入手。个人首先应该提高自己的职业高原商，调整好的心态，面对现实，克制不良情绪的产生；同时也要利用和争取各种机会提高工作能力，在原有的工作中寻找新的兴奋点。

(二) 组织应对

组织应对主要是从组织内部的制度性安排的改变来应对个体的职业高原现象。Tan 和 Salomore（1994）提出，在组织的岗位设计、激励制度、培训制度等组织的设计和安排上，对处于职业高原的教师提供制度上的支持。Ivancevith 和 Defrank（1990）从心理学角度提出，组织可以通过一些积极的心理咨询、压力管理等帮助职业高原教工。Duffy（2000）用混沌理论对职业高原教工进行帮助和干预，取得了不错的效果。

国内一些学者指出，良好的工作环境、职业发展通道和组织文化等制度建设都能很好地应对员工职业高原问题。良好的工作环境有利于个体保持好的心情，开心工作，可以减轻或消除职业高原的负面效应；多种职业发展通道，可以使个体有多种选择，一条道路走不通，可以换另一条，不断尝试，不断进步。

组织应对采用了传统科学管理理论，认为组织当作一个理性的系统，试图通过理性的制度化方式减少和规避一切组织内部的不利于组织效率和发展的问题。所以，从组织角度提出应对策略的研究学者提出的干预策略都是大同小异的。

四 化解高校教师职业高原困境的对策

综合抽样情况与理论参照比较，SX 大学教师的职业高原水平处于中等水平，但如职称晋升原因等引起的职业高原趋势却日趋严重。职业高原现象正消磨着 SX 大学教师们的工作热情和工作主动性，催生出一些消极颓废的情绪。因此化解或缓解 SX 大学教师的职业高原现象是很有必要的。当然我们也知道，要想化解或缓解 SX 大学教师的职业生涯高原现象，想依靠一两项学校政策制度是不现实的。根据我们前面成因的分析，六个主成因（工作热情、职称评定、福利待遇、学校考核、敬业精神、决策参与）中有四个（职称评定、福利待遇、学校考核、决策参与）是与学校有关的，其他的两个（工作热情、敬业精神）是与个人有关的。所以在讨论缓解教师职业高原现象的对策中，我们主要从高校和个人两个方面来分析应对。当然，不论是高校还是个人，都处在一个大的社会环境中，或多或少地都会受到社会的影响，所以，也从社会这个宏观的角度来提出措施，具体在以下几个方面。

（一）从社会层面，包括两个方面。

一是政策制度方面。俗话说得好，"学生是祖国的花朵，教师是辛勤工作的园丁""教师是人类灵魂的工程师""教师是启明星"等，无不高度赞扬了教师职业的神圣和尊贵。然而现实社会注重实效，特别是随着物欲横流的经济社会的来临，人们更多地追求物质财富，对塑造人类灵魂工程师的教师给予的社会地位不够。国家、地方政府及教育职业部门应该为教师的社会地位正名，制定相应的道德实施纲要和相关的倡议性文件，在全社会掀起一股崇尚知识科学、引导社会公众回到尊师重教的氛围中，极力提高教师的社会地位。

二是理解支持方面。教师肩负着教书育人的光荣而神圣的历史责任，与之对应的是教师身上巨大的社会压力。现阶段任何一个人都与教师有着或多或少的联系，教师在一个人成长成才道路上扮演了任何人无法替代的作用，现如今的教师不仅仅是知识的传播者，还是研究者、以身作则的引路人、心理咨询者、家长代言者、学生的知己朋友、学生的监护者，等等，这些已经远远超过老师仅仅作为"传道、授业、解惑"的人，社会对他们过高的期望会对教师产生无形的压力，从而有可能使他们滋生消极倦怠的心理，产生职业高原现象。因此全社会应该将教师看成普通的工作者，对教师职业要建立合理的期望，社会、家庭也承担起它们本应承担的教育职责，建立起全面全方位的社会支持网络以包容的心态理解尊重他们。

（二）从学校层面，学校作为教师教书育人的场所，是教师工作的最重要地方，学校的任何不合理因素都会直接影响教师的工作积极性和主动性，仔细全面探讨学校层面的应对之策来化解教师职业生涯高原现象，是很有必要的。具体包括四个要素。

一是职称评定。SX 大学教师非议最多的是教师职称评定标准的制定，标准中规定学历为硕士以下学历者不能参与副教授及教授职称的评定、副教授必须发表多少篇符合标准的论文等强制性条款，比如在晋升教授时硬性规定必须有 B 级及以上的文章且有国家级课题。这就会使一些教师产生很大的压力。同时，职称评定还受到国家相关的规定和各个学校院系实际情况的制约，每个级别的人数比例都是有限制的。特别是在从副教授晋升到教授时，即使教师的条件够了，由于受到人数的限制，也不一定能够得到职称上的晋升。这在很大程度上会影响到教师的工作热情，他们对未来不抱希望，于是选择了维持现状。

高校应该根据本校的实际情况，对职称评定制度做出调整，对于一些科研能力强但是硬性条件不够，或者虽为教学大师而科研成果不够的教师可以破格晋升。同时，可以将讲师、副教授、教授三个级别再分成几个等级（近期 SX 大学已启动），让这些等级和一定的待遇挂钩，这种思想与宽带薪酬类似。比如，可以让副教授的最高级和教授的最低级得到相同的待遇，这样可谓是"一箭双雕"，既可以解决教师对于职称晋升的追求，也可以缩小由于职称的晋升导致的工资福利的差别。

二是考核方式。SX 大学的考核和评优制度采用强制分布的方法，但领导和普通教师所制定的标准并不一样。比如，规定学校的普通教师的考核优秀率大约为 5%，行政领导优秀比就远高一些，或者根本就不规定比例，这导致了一些教师的不满情绪。这种不满情绪延伸到工作中，会影响到教师的工作热情，长此以往会使教师不思进取，得过且过。采用 360 度考核法对教师进行考核，由教师的学生、直接领导评价，同事互评，教育管理人员、下属对教师进行匿名评价，对教师进行全方位的考核。同时，领导和普通教师要一视同仁。

三是决策参与。高校决策的制定至关重要，任何一个决策都会涉及全校每一个个人，然而高校决策制定的现状是分成了决策制定者、决策执行者、决策被执行对象三类，普通教师完全没有决策制定的话语权，只有被执行的权利。通过对 SX 大学教师进行结构化访谈，很多教师觉得学校的很多决策针对的是大多数普通教师，教师参与学校决策制定的机会很少，即使参加制定也没有话语权，同时很多决策的制定没有科学依据，甚至出现霸王条款，这就导致很多教师在职称晋升等方面完全是决策的被执行者，譬如学校大幅提高职称条件等，严重打击教师工作的积极性和主动性，催发了教师职业高原现象的出现。建议完善 SX 大学每年举行的职代大会程序和内容，使之广泛听取教职工的意见，让教职工参与到学校重大的决策中来。建议学校决策制定时应该采用全校教师参与决策的民主决策方式，增加决策试执行和反馈机制，从而使得决策更加科学、民主和人性化。

四是福利待遇。通过对 SX 大学教师进行结构化访谈，发现很多教师提出现有的福利待遇让他们工作起来越来越没有动力。教师固有的"清高"与物质追求的差异之间往往激烈碰撞，从而使得该校教师无法体现自我价值，对工作的热情和满意程度也逐渐消磨了下来，而该校教师辞职转入沿海发达地区高校的现象也逐渐增多起来。学校应该根据社会发展，与时俱进地提高教师的福利待遇，解决教师的后顾之忧，从而激发教师的工作积极性和创造性，为学校的长远发展奠定基础。

（三）从个人层面上看。俗话说"解铃还须系铃人"，无论是从社会层面来提高大学教师的社会地位、福利待遇及社会包容，还是从如何健全决策渠道，建立团结、关爱、尊重、和谐的校园文化建设，或给处于职业高原现象的教师予以支援帮助，这一切都是从外部条件的改变来缓解职业高原现象的发生。"内因是事物发展变化的决定因素"，所以，要想真正地让这些外部因素起作用，还是应该从教师自身做起。具体体现在以下两点。

一是敬业精神。我们这里所说的敬业精神是一种价值观，一种对职业的认同感。敬业精神的缺失也会导致一些教师处于其职业发展上的停滞期。教师的天职是教书育人，所谓"传道、授业、解惑"正是对教师职业的最好写照。既然选择教师行业，就应该干一行爱一行，虽然在职业生涯中出现职业高原现象在所难免，但是从教师个人来说，强化敬业精神是最好的化解职业高原现象的途径。敬业精神的强化可以因人而异，可以通过阅读经典著作、学会自我反思、与学生积极沟通等途径来改善，只有拥有牢不可破的敬业精神，才能真正领悟到人的本质、生命的价值，才会用心去爱去尊重学生，在这个过程中不断地改进和提高自己，化解职业生涯高原现象，全身心地投入教书育人的工作当中。

二是平和心态。教师出现职业高原现象并不可怕，关键是要对职业生涯高原现象有足够的认识，学会正确地去应对和化解它。首先要认识到职业高原现象会造成教育、教学品质的低劣以及影响自身身心健康，必须给予高度重视。其次要认识到教师职业高原是一个绝大多数人必经的阶段，也是可以采取措施缓解的。有了对教师职业高原现象的正确理解和认识，教师们所要做的就是主动采取措施或策略，以平和的心态来预防和消除职业高原现象。我们可以通过加强身体锻炼、更新兴趣爱好、进行自我归因训练、主动寻求支持、进修等寻求适合自己的化解之道。

总之，要解决大学教师职业高原现象的关键在教师自身，通过探讨，认为只要大学教师树立坚定的敬业精神，以平和而积极的心态去采取相应的有效措施，并辅之以外界的支援帮助，战胜职业高原现象是完全可行的。由此，通过对 SX 大学进行问卷调查，以及与同类高校职业高原情况的比较分析，① 探讨出普遍高校应对教师职业生涯高原化解之道的基本原则。

一是从社会角度来说，各级政府要尽可能给予教师应有的社会地位，提供良好的福利待遇，全社会给予教师足够的包容。

二是从高校组织角度来说，应该确立科学民主的决策制定机制，制定合理的职称评定和考核制度，并尽量给予教师足够的支援和帮助。

三是从教师个人角度来说，应该树立坚定的敬业精神，以平和而积极的心态去采取相应的有效措施，辅之以外界的支援帮助，并充分相信战胜职业高原现象是完全可行的。

---

① 张一楠：《教师职业"高原现象"的表现、成因和应对策略》，《中国成人教育》2017年第 11 期。

第十三章

高校应对集体性诉求处理的工作原则与防控路径

高校稳定不仅是国家政治稳定、社会稳定的重要组成部分,而且是关系教育全局和国家建设的政治任务,既是经济社会发展的需要,也是保持高等教育持续、快速、健康、协调发展的重要保证。

然而,参加人员越来越多、范围越来越广、频次越来越密的高校集体性诉求现象,却对高校的稳定带来了激烈的冲击。它不仅可能会造成人员伤亡和财产损失,还会危害校园正常的教学秩序,有的甚至会演化为严重的社会问题,给校园稳定和社会稳定带来较大的负面影响。因此,有效预防和正确处理高校集体性诉求,对于构建社会主义和谐社会,维护社会与校园的稳定,营造良好的育人环境,提高大学生的综合素质,具有十分重要的意义。

虽然国内外研究各类集体性诉求的文章很多,实践中也积累了不少成功的经验,但如同社会上发生的集体性诉求一样,人们对高校这个相对特殊对象的集体性诉求亦是多呈否定甚至敌视的态度的。如何不带偏见地对高校集体性诉求进行客观分析,在科学分类的基础上,将参与诉求博弈各方的地位、利害关系、合作态势进行剖析,不断地克服认识论上的误区,在正确思维方式的引导下,建立高校集体性诉求处理原则和预防机制,从而因势利导,做到化消极为积极,化被动为主动,化对立为合作,有效地减少高校集体性诉求的频次和烈度,就显得十分迫切和必要。

第一节 关注国内外高校集体性诉求处理的理论与实践

在国外,有学者认为,集体性诉求往往是一种参与,或者是一种权利诉求的集体表达形式，与意识形态无关或关系不大。它一般表现为由多数人参与的社会行动，西方也有学者称为社会运动，有的称为群体性事件或集群行为。

西方相关研究集群心理和集群行为已形成的理论主要有：模仿理论、感染理论、紧急规范理论、匿名理论、信息传播理论、控制转让理论。虽然研究的理论名目繁多，立论差异较大，但对这类社会运动方式的研究，总是和冲突理论密不可分的。

其中，在社会冲突理论中，学者们的研究侧重于对冲突问题的经验性分析，倾向于对社会冲突的功能作乐观的评价。譬如，美国波士顿大学政治学系Joseph Few Smith教授曾提出了公民抗争的权利、抗争合法化的限度等观念，当然批评他的理论的人也不少。由于视角差异，不同的理论学派有不同的观点。有宏观方面的理解，也有微观方面的研究，也有从社会心理学角度的解释。通常，国外的社会运动研究的理论范式影响较大的主要是北美和西欧等发达资本主义国家，并和那里的社会、政治、经济环境相适应。

在以上研究中，值得一提是美国社会学家刘易斯·科塞在《社会冲突功能》一书中提出的社会安全阀的概念。他认为，对社会整体来说，社会冲突有其发生的社会机制原因和功能的必要性，不能完全避免。在一定程度上，低烈度的冲突构成了社会的"安全阀"，可以使社会不满情绪得到发泄。他论证了冲突与一致都对社会整合、协调、维持、团结具有积极功能，认为冲突可以促进社会的整合水平和其适应外部环境能力的提高，当冲突社会中的矛盾和危机得到缓解以后，社会的适应性能力得到增强，从而维护整个社会的稳定和团结。

另外，英国危机公关专家里杰斯特曾提出著名的危机沟通"三T"原则：以我为主提供情况（Take your own take）；提供全部情况（Take it all）；尽快提供情况（Take it fast）。这些原则理论也可为建立我国高校集体性诉求的调控机制提供方法上的支持。

我国台湾学者吕世明认为，当人们主观地认为自己的权益受损，社会正义不能伸张，因而采取法律之外的行动，也就是示威、街头抗议、封锁、强制性破坏活动等，以求"自力救济"。发生"自力救济"的原因主要是由于法律不能适应社会变化的需要，以及法律执行过程效率缓慢。也就是说，社会所认为的公义与法律所保障的公义标准存在差异，以致人们对法律产生怀疑，认为司法受到政治、经济利益的干扰，从而径自采取"自力救济"的行为。

从以上这些研究中可以看到，学者们对集体性诉求的相关研究的总的趋势是从民主和人权的观念出发，在对突发性事件给予善意的理解和乐观的分析的基础上，更多强调了集体性诉求的沟通、减压、自救的积极因素和合理合法性，并为这些行为提供技术上的帮助。

在国内，近年来关于集体性诉求的研究不断深入，形成如下特点：一是研究领域和研究方法呈现多样性。既有对全国范围的整体性研究，又有对不同地区、不同部门集体性诉求的局部研究；既有宏观对策分析，又有个案实证分析。二是呈现多学科的交融性。目前，关于集体性诉求研究，已经形成政治学、管理学、社会学、经济学、法学、心理学、民族学等多学科相互交叉的研究局面。不同学术背景的学者结合自身的学科优势，从不同层面对突发性事件展开多角度研究，且取得了丰硕的成果。三是综合研究成果显著，已发表的研究成果主要涉及以下几个方面的内容：集体性诉求概念、特点、分类、预防和调控机制；集体性诉求影响、处置和善后；集体性诉求中外比较研究；社会稳定机制研究等。

关于集体性诉求应对机制的研究，目前主要集中在两个方面：一是对集体性诉求的动态应急管理过程中各个阶段的研究，二是对集体性诉求应急管理静态系统的研究。其中，对集体性诉求防范及紧急应对的动态过程的研究比较成熟，大多数研究论著都以危机管理动态过程的时间序列为框架展开，对危机预案及计划的制订、危机预警、危机决策、危机中的沟通、媒体管理、危机公关、形象管理、危机情景管理等内容的研究都比较深入。相比之下，对集体性诉求防范与应对的静态系统的研究则比较薄弱，从合作博弈的角度对等、合理展开协商谈判等的研究则几近于无。

在对集体性诉求的性质研究上，中国社科院研究员单光鼐的"不对群体性事件作'过度政治化'解读，不轻率地将群体性事件定性为'敌我矛盾'，不将群众的集体行动视为与政府的对抗行动"的"三不"观点，较有代表性地表明了政府应对集体性诉求的立场和态度。这既是处置集体性诉求的基本前提，更是预防和调控集体性诉求的思想基础。

然而，由于长期缺少理性解决冲突的语境，整个社会对集体性诉求多持负面态度，观点往往偏颇，认识较为极端。舆论和研究往往过分强调集体性诉求背后的意识形态因素。认为集体性诉求一般而言对发展有较大的负面影响，基本上属于体制外的不合法行为。出于政治稳定的考虑，有关方面对这类研究亦抱有较大疑虑。表现在实践上，则对集体性诉求基本上形成了观念上唯我独尊、谈判时拒绝合作、事发时封网删帖、处置时对抗弹压的范式。

对于高校的集体性诉求，由于对象和范围具体，相对而言研究的成果较少，多是探讨高校集体性诉求的预防办法和处置措施，① 进行原因的防范和机制的调控的实证研究成果较少，缺乏对问题的深入分析和大胆探讨，这无疑限制了论文理论上的说服力和应用上的可行性。

如果说，社会上发生的集体性诉求，有"不明真相的群众"在参与，但从社会的积极因素方面来进行考量，尚有协调、整合社会功能的作用；而发生在高校的集体性诉求，其参与的人员大多都是具有一定觉悟和素质的大学生，就更难用完全否定的态度来对待了。

因此，作为高校集体性诉求的研究趋势，更应该从其发生原因的合理性角度入手，纠正认识的一些误区，探求积极因素，运用博弈方法，建立合作的工作机制，做到在理论上有所突破、在实践上有所创新，为高校安全稳定工作做好超前思考。

第二节　我国高校集体性诉求的特点及其表现

研究运用公共管理特别是应急管理的基本理论，深入剖析我国高校集体性诉求发生的原因、特点及规律，深刻揭示当前高校集体性诉求防控面临的新形势和新问题，在借鉴国内外先进理论成果和实践经验的基础上，结合我国国情和高校实际，纠正在维稳认识上的误区，探索高校集体性诉求的工作原则与防控的新路径，力求为高校的稳定和发展提供强有力的理论支撑。

高校集体性诉求的频发，不仅对高校的教学秩序带来巨大的损害，也对社会的稳定造成恶劣的影响。实践中，高校管理层和当局对高校的集体性诉求亦多呈否定甚至敌视的态度。如何不带偏见地对高校集体性诉求进

---

① 李继林：《高校突发群体事件的预防策略与应对方案》，《人民论坛》2016年第31期。

行客观分析，在科学分类的基础上，将博弈各方的地位、利害关系、合作态势进行剖析，不断地克服认识论上的误区，在正确思维方式的引导下，建立高校集体性诉求的预防和调控机制，从而因势利导，做到化消极为积极，化被动为主动，化对立为合作，有效地减少高校集体性诉求的频次和烈度，就显得十分迫切和必要。

对于高校集体性诉求的预防和控制，除了纠正理论上的失误，切实加强对大学生进行有效的思想政治工作外，还应从其发生原因的合理性角度入手，纠正认识误区，探求积极因素，运用博弈方法，建立合作机制。因此，本书拟从国内发生的高校集体性诉求中，排除单个或数个学生的下意识行为，放弃发生集体性诉求就是学生的素质不高这一传统思路，根据事件参与者本身的行为追求来进行五大类型的划分，即政治理想宣泄型、公平正义追求型、文凭学位维权型、共同利益抗争型、逞强冲动泄愤型。从对这些实例的分析中，找出一般性的原因和规律，从而探索阻止集体性诉求的有效的调控机制，达到扬汤止沸的效果。

一　可能导致高校集体性诉求发生的认识论方面的失误问题

一是高校集体性诉求的发生和在校师生的综合素质特别是政治站位有关。对学生进行政治教育的针对性不强导致的实效性太差的现状，主要取决于指导思想的多元化和思想认识上的三大误区没有处理好。在理论上，要纠正指导思想的多元化。从认识论的角度处理好社会主义核心价值体系和经济制度的相互作用关系，社会主义核心价值体系与普世价值的扬弃关系，和谐稳定和矛盾斗争的辩证关系。

二是在价值观上，要切实做到以社会主义核心价值体系四个方面的内容来内化大学生的思想，关键的问题是要敢于批评错误思潮，特别是要批判倡导个人利益最大化而导致社会道德伦理普遍下滑的某些所谓的"理论"。这是发生高校集体性诉求的主要的思想基础。

三是在思维方式上，要克服维稳方面形成的僵死的、教条化的倾向，摒弃过去陈旧的"路径依赖"的思维定式，质疑封锁、弹压的敌视方法，树立运动维稳、谈判维稳的新观念。

四是在司法实践上，立法基点认识失误、执法显失公平、司法人员腐败等问题，导致学生对用法律手段解决问题持怀疑态度；而高校缺乏有效的协商机制和利益维护机制，导致"形成人员优势，把事情闹大才能解决"的心理暴力因素的影响。这两点，无疑是高校集体性诉求的幕后推手。

二 对学校和不当或侵权行为可能引发的集体性诉求问题

在高校对学生的侵权事件中，数量最大的就是文凭欺诈类的侵权。招生时的承诺、教育方案的选择、由于校方不当或集体侵权引起的集体性诉求的矛盾的主要方面在于学校的管理层。具体表现在三方面。

一是教育的市场化思想的负面影响。表现在教育的产业化带来的负面影响，教育有回归公益性事业机制的必要性，就是经济活动，也不能全部套用市场经济法则，否则就会出现无法弥合的失调。在资本主义国家出现多次的经济危机，其实质就是市场经济滥用后积累的毛病的总爆发。市场经济规则已被无限放大到社会生活的方方面面，哪怕是在政治领域、意识形态领域，也处处可见。就社会主义的本质而言，即使在经济领域，也不是所有行业都适用于市场经济规则，比如银行和军工行业。

教育的产业化能给高校的管理层带来丰厚的眼前利益，所以，明里不搞暗中搞，口里不搞心中搞，会上不搞会外搞。这是因为市场规则像瘟疫一样传遍了社会生活的各方面，能不受到污染的确实罕见。人的动物属性适用于丛林法则。人的社会属性，则是每个人都要依赖他人生活，即我为人人、人人为我，社会才能正常运转。人的动物属性，只强调人人为我，否定或忽视我为人人。教育的本质特征，就在于转变人的思想，动物属性是天生的，而社会属性是教育培养的。教育的知识性只是一个方面，而更重要的是人生观和世界观的培养。这也是教育的公益性在实际工作中的反映。也正由于其公益性质，才可能在理论和实践中对学生进行有效的灌输和示范。一旦教育有了营利性，则利他的理论必然是建立在沙滩上的，其实践亦是反相示范。对人的情商培养是无可争辩的具有社会的公益性。就是知识传授，由于知识是人类的共同财富，具有造福人类的公益性，教师的传授知识，具有社会教育的职能。如果社会在教育的问题上也是买卖关系，其实质就是把本应是人的社会属性的教育变成了动物属性。

对少数民营高校的营利性，应作出调整和削弱。资本的本质属性就是营利，民营高校的资本所有者是人格化的资本，如果没有市场的有效监督和自身约束，自然也逃脱不了这个逻辑性的结论。因校方文凭欺诈受到侵权的学生集体性诉求，几乎都是在纯粹民营或挂靠民营的高校内发生的。

对民营高校而言，教育的公益性不能被资本的逐利性所污染，虽说说容易，要切实落实到工作上，还存在很大阻力。

二是高校管理层的言行不一致等失误行为所致。诺言之所以能成为一种力量，是因为信用具有无上的价值。社会秩序建立在人与人之间彼此遵守约定的基础之上，是否实现诺言，是衡量人类精神是否高尚的准则。道义、道德也都表现在守信上，如果人们不把守信作为制约自身行为的准绳，影响所及，社会生活的各个层面都将蒙受其害。每一个人都应遵守诺言，诺言是神圣的，承诺是金。

遵守诺言是一项重要的感情储蓄，违背诺言是一项重大的感情支取。实际上，能导致情感储备大量支取的恐怕莫过于许下某个至关重要的诺言而又不履行。因此，要力求非常谨慎小心的许诺，尽量考虑到各种可变因素和偶发条件，以防突然发生某些情况，妨碍诺言的履行。

尽管做出各种努力，有时意外条件还是会出现，造成不可能遵守某一诺言的情况，但是如果你重视这个承诺，你就应该想方设法予以遵守，或者请求收回承诺。如果你养成了一诺千金的习惯，别人会因为你的成熟和富于预见性而倾听你的意见和你的劝告。同样，高校方在说明问题时应襟怀坦白，商量问题时应开诚布公。解决问题要态度真诚，不留尾巴。学生总是通情达理的。

诚信、立信，既是公民的道德，更是为人师表的教育工作者应必备的素质，是社会道德的风向标。学生在大的人生问题上遭遇挫折，必然要反馈到社会，因文凭问题引起的集体性诉求，学校领导一定要受到处分，非如此不能煞住作假风。凡作假的，背后一定有利益驱动。要充分认识到因文凭作假而引起的集体性诉求的严重性，这是信仰危机的体现、诚信价值的破灭，更严重的是学生今后如何看待教育的真假、如何对待社会、如何影响别人。一个好的教育影响是潜移默化的，是加法；而一个坏的教育影响就是急风暴雨，是乘法。重信承诺不是高端的道德要求，而是教育界职业道德的底线。一句谎言可以让几年建立起来的道德大厦轰然倒塌；一个错误的判断可以让社会道德标准顷刻瓦解；一个错误的行动可以让社会主义的价值观立即改变。只有以社会主义核心价值观的四个方面的内容重建价值体系，重构道德标准，重立诚信条款。

三是学校缺乏有效的民主沟通机制和协商渠道。高校既然是矛盾的主要方面，不论是有意侵权，还是无意出错，如果已实际上造成了对学生的伤害，就应该有一个合理的畅通的解决问题的渠道。发现集体性诉求的预兆和萌芽后，要有解决问题的渠道。一般来讲，大学生都是懂道理的人，高校在强调从对学生的管理变为对学生的服务同时，最初的计划与后来的运作及结果对比，如果不完全相符，甚至完全不相符，便要引起重视。要有正常的意见疏通渠道，班委会、团学联、学生会除了其正常的工作活动外，还应是收集学生意见、反映学生要求、协调校生矛盾的重要组织。特别是遇到学生被集体侵权的重大问题，要设置彻查的权力机构，学生工作部门也要有行之有效的解决方案。

第三节 高校预防和处理集体性诉求的工作原则和调控机制

一 确保信息沟通原则

信息沟通机制即借助各种现代信息手段使学生与教师、学生与学校以及教师之间的各种决策、措施和办法进行无障碍的有效交流，做到平衡协调、有机统一，上通下达、步调一致。

一是遵循高校信息沟通机制是对学校管理层进行批评的有效、可行、畅通的渠道。它既能为利益受损者提供一个表达和发泄的渠道及出气的平台，让不满和愤怒的情绪得以通过日常合法的渠道宣泄出去，也是高校校内集体性诉求有效的减压阀。

二是在继承传统师生交流方法的基础上充分运用现代媒体平台、民主监督、表决仲裁、公开民意测评等各种形式，对政策进行常规性的民意征求、协商沟通，以促进相互间立场的了解和理解。

三是把握好日常有效沟通的基本原则：及时快捷性、真诚务实，注重师生之间情感沟通的策略性、针对性、主动性、规范性等。①

二 及时意见反馈原则

在信息充分沟通的基础上，还必须建立常规性的意见反馈机制，使师

---

① 孙秀玲：《基于高校群体性事件的思想政治工作路径创新》，《中国成人教育》2014年第3期。

生提出的要求件件有着落、事事有回音，也就是高校应充分利用自身的公信力和执行力的法宝。这是节制和预防高校集体性诉求的必要的行政手段。

一是政策纠错机制。高校出台的任何政策和办法，在调查情况、分析问题、制定政策、贯彻执行等过程中，总有考虑不周甚至出错的时候。一旦发现出错就应该虚心接受，立即纠正。抱着对错误进行拖延、透过，甚至一错到底的态度，往往就可能成为高校集体性诉求发生的推手。

二是利益调处机制。凡是高校出台一条措施，一般来说就是一个发生在校方与师生之间的零和博弈的过程，即有的群体得益，有的群体受损。应该在他们之间相互提出利益诉求，在达成共识的基础上协商解决矛盾，使利益关系更加合理化。

三是利益补偿机制。建立高校相应的利益补偿机制，其作用在于：一方面对已发生在校内集体性诉求的利益受损者进行必要的补偿与安抚，以取得公平的结果和良好的预后；另一方面对利益诉求表现出来的合理需求也要在查清事实的基础上进行必要的补偿，以防止事态的扩大或集体性诉求的发生。

三 妥协性的交流与谈判原则

坚持高校校内师生与校方分歧的谈判妥协机制，既是对高校集体性诉求起到缓冲器的作用，更是校内双方或三方进行合作性博弈的必要手段。它要求利益双方在利益矛盾中求协调、在利益差异中求一致、在利益对立中求妥协、在利益冲突中求共识。

一是在思想工作上克服传统的"路径依赖"的思维定式，行政代表方应放下身段、架子和面子，换位思考，平等待人。

二是组建和培养高校有相关专业知识和丰富实践经验的谈判队伍，进行日常性信息的甄别工作。因为，实践中往往是因私有信息的存在使得双方掌握的信息的不对称并导致结果的不确定而引发矛盾。

三是在掌握正确信息的基础上，充分运用博弈论的工作办法，争取正和博弈结果，即努力做好以下四个工作关键环节：（1）坚持威胁与许诺的原则：大到足于奏效，小到足于令人信服；（2）坚持制造边缘政策的本质在于故意创造风险，这个风险应该大到让你的对手难于承受的地步，从而迫使他按照你的意愿行事；（3）坚持妥协要掌握适度原则，执行小步慢行策略；(4) 坚持抢占先机，回应规则必须在对方行动之前出现。

四 超前性预警制约原则

从博弈理论思维来看，谈判破裂、学校完全拒绝学生的要求后可能有两种情况和四种可能。因此，高校应基于高校集体性诉求即将发生的前期预见，努力做好如下工作。

一是从行政工作能力水平要求上看，高校领导应提高自身的抗风险意识和心理承受能力，正确判断和果断应对能力，及时控制和有效处理能力，对可能发生的高校集体性诉求的走势做出准确的分析与预测，在此基础上，根据突发事件规律做好恰如其分的预案。

二是在处理高校具体的诉求和分歧时，可以挑选有一定思想素质的同志深入师生团体，尤其是要深入对立情绪严重的师生之中，身入事发群体现场或争取他们核心人员的"倒戈"。对可能发生的事件，通过排查调处，努力将不稳定因素化解在校园内，将可能出现的高校集体性诉求消灭在萌芽状态。

三是通过现代新闻媒体、网络 QQ、微信、宣传栏、有线广播等形式，把事件真相告诉师生，这样可以争取受蒙蔽和随大溜的师生，减少校内集体性诉求的参与人数、破坏烈度和影响力，增强高校在控制事态的效率与水平。

四是如果事实证明学校确有失误和不当，高校相关部门应勇于及时承担责任，承诺纠错的时间、方式及补偿办法。

五是对于那些确实不合理的要求和蓄意闹事的师生或他们的幕后操纵者，应有明确和强有力的制约手段和适度的处分。

总之，在建立高校集体性诉求预防常规机制时，首先要着重从认识方法论的角度思考坚持对参与高校集体性诉求师生非敌视化、去意识形态化，这样才能实现合法化和正常化的可能性，也才可能通过正和博弈思维和有效的办法将绝大多数高校集体性诉求消灭在萌芽状态。从以上理论的方法创新方面思考，应注意做好两点。

一是坚持在动态的平衡中维稳，这是调控高校集体性诉求的一种领导管理艺术。实践中要善于引导和利用集体性诉求中的积极因素，在矛盾的运动或是斗争中注意变害为利。其思想基础是要注意比较其正面认识：小规模和可控的集体性诉求是社会发展的必然，是社会整合的一种表现方式，在某种意义上还是社会前进的动力，不可完全避免。

二是必须明确高校指导思想的唯一性，坚持党对高校工作的绝对领导，坚持高校的使命目标，这样才可能增强对大学生政治教育的实效性，从而打牢保持高校稳定的政治思想基础。但在实践中，高校一些与主流思想相悖的观念和表现短时期还难肃清，这要求高校思政教育工作要敢于探索并在理论上有新突破。

第四节　高校维稳工作中的弱势群体负面情绪分析及调适

随着改革开放的深入，我国社会出现经济体制、社会结构、利益格局、思想观念的深刻变化，人们对改革发展的心理预期普遍提高，对分享改革发展成果的要求明显增强；利益主体日益多元化，不同的社会阶层与利益群体必然会产生不同的价值观念、不同的利益诉求、不同的利益表达以及利益维护方式。这样的形势环境决定构建社会主义和谐社会是一个复杂艰巨的系统工程，必须从我国政治、经济、文化、社会建设以及环境的方方面面，全面考虑，综合平衡。其中，构建国家整体安全战略体系，解决各类区域内弱势群体问题是构建社会主义和谐社会必须解决的重大问题之一。

一　高校弱势群体界定及负面情绪分析

弱势群体是指由于在自然、经济、社会和文化方面处于低下状态而难以像一般正常人那样去化解社会问题造成的压力，导致其陷入一时困境、处于不利社会地位的人群或阶层。

与社会其他区域一样，高校同样存在弱势群体经济的贫困性、政治地位的弱势性、心理的敏感性和脆弱性这些最主要的特征，导致他们不可避免地产生一系列负面情绪。

一是贫富悬殊加大导致的心态失衡。由于家庭经济背景和收入的差异、政治体制造成的不公平竞争和公平竞争机制下产生的贫富悬殊的加大，使得在区域社会内出现相对的强势群体和弱势群体。一部分弱势群体，由于认识上的不足形成了强烈的相对剥夺感，继而产生心理失衡，其部分外在表现就是"仇富"心理，而仇富心理的外在表现往往成为社会犯罪率提升的思想基础，对社会而言就是影响社会稳定、社会和谐的因素。

二是利益分配的不合理导致的心理怨意。从理论上讲，市场经济带给每一个人的都应该是均等竞争、交换、发展的机会，但现实社会中由于个人的能力差异以及资源分配的不同，弱势群体似乎代表着社会资源的更多断层和缺失。在缺失充分利益诉求渠道和保障后，处于弱势情境下的群体会因此出现强烈的社会剥夺感，从而产生焦虑、自卑、失落等心理，相应的社会敏感性和针对性由此加强。

三是现实的不利导致自身信任危机加重。在个人利益得不到有效的保障的情况下，弱势群体很容易将自身不满归并为对社会和组织的不满，由此便会产生信任危机。

四是怀旧心理的本能导致对高校改革的质疑。利益分配的不合理，所得蛋糕没有达到预期的希望，就会导致弱势群体怀念过去的"辉煌"时代，不患寡而患不均的思想就会抬头。这些思想的存在，无疑是对社会发展有一定的消极作用的。相应地，弱势群体就也会怀疑改革开放、社会发展对他们所产生的正面影响力相应减弱。

同样，社会弱势群体的状况也会深刻影响着社会的和谐与稳定。相比之下，弱势群体经济上的低收入、生活上的低质量、政治上的低影响力和心理上的高敏感性使他们更加关注社会改革带来的负面影响，也可能因此成为影响社会和谐与稳定的重要因素。一旦各种社会矛盾激化，经济压力和心理负荷积累到一定的程度，譬如，一旦影响他们的生存，社会风险就首先从这一最脆弱的群体身上爆发。这可以用社会发展理论中的"木桶原理"来说明：木桶中的水是否往外溢，不是由最长的一块桶板决定，而是由最短的那块桶板决定。今天，尽管党和国家通过近年来大规模卓有成效的扶贫工作，大大减少了社会各层的弱势群体人数，但在一定时期，社会上相对的弱势群体还将在一定时期长期存在，他们正如那块决定中国状况的最短的桶板，成为现阶段社会和谐与稳定的巨大隐患。

二 高校相对弱势群体负面情绪的主观因素分析

一方面，负面情绪主体——弱势群体利益诉求出现了多元化、显性化。随着对利益关系的调整和不断变化，人们特别是青年人思想活动的独立性、选择性、多变性和差异性明显增强，社会成员的利益诉求表达意识日益觉醒，作为社会相对的弱势群体的利益诉求也逐渐从以往的隐形层面浮现到显形层面上来，并开始逐步选择多种不同的方式来进行维护和表达。

但从社会相对弱势群体的特征表现看，弱势群体在权益被忽视甚至受侵害时，因为利益诉求机制的不完善、多元化利益表达机制的缺乏、行政组织工作的不时缺位等原因，作为相对弱势群体的个体面对庞大的国家机器进行利益表达就显得困难甚至不到位，导致弱势群体利益被漠视。为引起社会的"重视"，他们进而产生了通过过激的行为来宣泄情绪和表达利益诉求。在以人为本、建设和谐社会主义的执政理念之下，政府往往不得不面对单个的事件而埋单，从而增加行政成本，这样就形成一种恶性循环：民众被提供了一种误导性的预期——如果你想让你的问题得到解决，就得制造点威胁稳定的事端，这就是俗称的"大闹大解决，小闹小解决，不闹不解决"。

另一方面，他们表现出被相对剥夺的主观心理感受现象。社会的发展，贫富差距的悬殊，社会阶层的分化，每一个人都必须面临"社会化"的重新洗礼。在这个过程中就产生出了相对强势群体与弱势群体，从而形成了相对弱势群体的相对被剥夺感倾向。在他们看来，如果在和社会某一参照物进行比较后，不如参照物得到的多，于是就形成了不公平感。因为比较的主客体是相对的，所以被称为"相对被剥夺感"。

在社会转型期，新旧体制并存，旧的平衡机制逐渐被改革，新的平衡机制尚未建立，在一定区域，难免有一种制度"失范"状态的存在。处于不断分化组合之中的各个社会群体不仅主动与自己地位较近的群体相比较，而且也把与自己地位较远的群体作为参照物进行比较，这种社会制度转型时期参照群体的泛化导致相对弱势群体产生一种更为强烈的相对被剥夺感。

除上述社会相对弱势群体内在主观感受因素之外，同时，还有来自外界的社会因素的影响，成为相对被剥夺感继续发酵的原因，加之遇到利益分配的规则不公平、利益分配的结果不公正，都会导致这种相对被剥夺感的膨胀。

三　高校相对弱势群体负面情绪的客观因素分析

（一）贫富相对悬殊导致弱势群体心理失衡

在现在社会情况下，相对的贫富差距是弱势群体产生负面情绪的重要因素。基于平等竞争产生的贫富差距，符合市场化发展方向。因为历史遗留下来的各种机会不平等和社会转型期体制、机制的不健全导致的收入差距扩大形成相对的社会不公平，产生了社会不和谐、不稳定的根源。随着社会发展，"蛋糕"不断变大，相对弱势群体所得可能一定同步随之变大，在与相对强势群体比较和在社会市场因素的冲击下，所得的"蛋糕"甚至可能不能自给自足，如果社会扶贫工作没有到位，他们享受不到社会改革的成果，就会形成强烈的"失衡"情绪，从而形成影响社会和谐的负面情绪，[①] 在不良外因影响下，就可能爆发，形成影响恶劣的社会事件。

（二）机会的不均等导致相对弱势群体被边缘化

运用心理学和社会学理论分析：社会个体融入社会，一般会人尽其才，所得与付出也会对等，也就有对社会的认同感和归属感，大多不会形成负面情绪，抑或是形成一定负面情绪，通过自我调整或所在的社会团体的帮助和影响也会化解。然而在社会分化的前提下，往往由于社会就职岗位的不充分或相对的就职机会的不均等，譬如现在社会普遍存在的性别的歧视、年龄的限制、阅历或文凭的限制等人为造成的不平等因素导致他们体会自己只是单一的社会人，他们无法融入社会，而被社会边缘化，在形成负面情绪之后一段时期就很难自我化解了。

（三）社会保障机制的不健全导致相对弱势群体部分的权利缺失

一个社会不可避免地存在不平等和不确定因素，这使就得不同社会成员在生存和发展的具体环境中存在着千差万别，对于相对的弱势群体，政府和社会有责任通过社会重点关注和救助、社会养老保险、社会医疗保险、社会失业保险、社会福利等措施进行必要的救助，以此确保其基本的生存。然而事实上，我国的现有社会保障机制还不完善，"保而不力"的情况，致使一些相对弱势群体在家庭出现突发情况之后出现基本生活困难。

相比世界发达国家，中国除扶贫政策外，农村的低保救助的"面"还很窄、"量"还很小，由于受各种因素的影响，很多深度贫困地区的农民还游离于温饱线上，离小康水平还有一定的距离。

养儿防老是中国传统观念，在农村，老人空巢现象普遍，子女或外出

[①] 孟凡平、钱广荣：《贫富分化问题的伦理分析》，《伦理研究》2013年第2期。

打工，或自身无暇无力顾及老人而显得尤其脆弱，阡陌纵横间常见年孤身老体衰的老人劳作，对他们来说，没有休息日、没有退休，这无疑是现阶段较为典型的相对弱势群体。

近年来我国农村合作医疗的快速完善，显现了政府解决民生问题的决心，但在实际操作中还存在着诸多问题——如当年医保费清零制一时冲击着健康农民续保的信心；区域基础的差距，导致乡镇及村卫生室药物匮乏，药品供应、配送中心的缺乏导致出现医生开药、患者自己买药的趋势；乡镇医院无法医治本可以救治的重大病情，无法保障患者的有效治疗，存在重大医患隐患；乡镇卫生院，乃至县级医院软硬件建设大多不能配套服务于所属患者，患者只好到上级医院就医，尽管各级医院合作医疗报销比例逐级递减，但出现的1300%的药品利润、繁多而昂贵的检查等因素导致患者也有可能因病返贫。

城市化的发展导致大批农民离开自己祖辈以来一直依靠的土地这一生产资料，在就业仍不充分的情况下，这批"市民"无法真正融入城市，极有可能成为城市里的相对弱势群体，甚至会走上卖地—花钱—上访—花钱—上访之路。城市原有市民因为下岗、毕业、拆迁等因素，在无法满足如意就业的情况，甚至长时间没有工作的情况下，无法融入主流社会，逐渐被边缘化，进入片面、狭小、封闭的窘况中，其尊严及独立人格可能受到伤害，长此以往，必将影响高校乃至社会的稳定。

（四）社会中介组织的缺乏，导致政府与相对弱势群体个体之间缺乏沟通和缓冲的介质

目前，受理基层民众反映利益诉求的机构仅为信访机构，这是我国特有的基层诉求沟通机构，应当说信访机制在维护社会稳定、解决民众利益诉求上起到了积极作用。但作为官方机构的信访机构还存在着许多需要完善的地方。从社会组织角度来讲，行政效率问题、工作人员履行职责问题，只是起到上传下达及督促的作用，最终解决问题还要靠具体当事人，如果信访机构没有真正起到调节、解决问题的作用，没有建立好与相对弱势群体利益表达诉求沟通的健全机制，致使相对弱势群体存在对信访机构的不信任心态等原因，导致相对弱势群体利益渠道不够畅通。

民事调解组织，如治安中心户、村（居）调解并未能发挥应有作用，未能将一般性矛盾化解，消弭重大事件于摇篮中，而一旦形成重大事件，这一级调解组织又由于各方面原因无法满足事件主体的要求，最后只能矛

盾上交，直接矛盾集中于政府。

政府在解决相对弱势群体利益诉求时，多存在解决问题的时间差距。我国正处于黄金发展期，但同时也处于矛盾凸显期，由于社会改革中不可避免地存在相对不公平问题，而相对弱势群体个体问题一旦爆发就必须立即解决，这就形成了解决问题方面的时间差距，加之相对弱势群体心理存在高度敏感性和脆弱性，这就可能造成他们误认为利益诉求被漠视，进而不断激化矛盾，导致影响社会不稳定的事件发生。

社会中介组织的缺失，造成政府和相对弱势群体直接面对，执政成本增加，容易出现错误的舆论导向。由于相对弱势群体和政府之间没有常规性的中介组织进行沟通和缓冲，相对弱势群体利益诉求难以表达，致使他们选择上访，乃至走上极端道路，以期引起社会、政府的关注，最后政府不得不面对既成事实进行高成本处理，为此形成"大闹大解决，小闹小解决，不闹不解决"这种错误的舆论导向，从而形成模仿效应——前期发生在一些高校的因文凭问题上访的案件就是典型的例证。

四　高校相对弱势群体负面情绪的正向引导途径

据了解，全国将修建、改造升级心理疾病的专科医院和咨询机构，用于安抚社会相关问题人员，这当然能在客观上解决一定问题，但从前期预防引导工作思考，这种做法仅限为治标的层面。上面我们从相对弱势群体负面情绪产生的主客观方面进行了分析，其结论就是消除相对弱势群体负面情绪及负面偏执行为，必须发挥社会、政府等各方面的综合力量，让有心理问题的相对弱势群体融入社会，对社会产生认同感和归属感，特别是在我国发展快速时期，也让相对弱势群体在改革发展中享受改革发展的成果，对改革发展形成认同感，进而在真正意义上消弭影响社会和谐稳定的因素。

（一）全面深化体制改革，减少社会转型期机制不健全导致的不公平

随着社会改革发展的不断深入，权力市场化从商品差价的"寻租"转向市场要素的"寻租"，这种"寻租"的实质在于利用手中的权力进行交易，其根源在于市场发育不良和行政权力的垄断资源配置以及政府过度干预市场经济。因此要尽可能地减少行政审批，限制行政许可，真正实现政府的放管服；要着力增强市场在资源配置中的基础性作用；要实行最大限度的信息公开，增强行政许可的透明度，把必要的行政许可主动置于社

会监督之下；积极探索并建立与社会主义市场经济体制相适应的中国特色的政治体制和政府管理体制。

(二) 加大对社会保障机制建设，减少基于市场竞争产生的一般性收入不平等

当历史原因和社会转轨的原因导致的收入不公问题基本解决以后，基于平等竞争产生的一般性收入不平等必将上升为主要矛盾，如不解决好这一问题，就不能让更多人享受到改革发展的好处。为解决好这一问题，必须进一步完善收入分配制度，整顿和规范收入分配秩序；进一步完善税收制度，特别是要加强对高收入人群税收监管的力度，合理调节收入差距；改革现行的以城市为中心的社会保障体系，尽快建立与当前经济社会发展相适应的高水平、多层次、无漏洞、保障广大人民群众均能平等享受的社会保障体系。

(三) 关注高校大学生的充分就业应成为社会的优先目标

党的十八大以来，国家将就业问题列入我国民生问题之首，因为充分就业是缓解贫富差距、大面积消除贫困现象的有效途径，同时也是最大限度开发社会人力资源、增强社会活力的必要前提。各级政府应切实采取有效措施努力创造就业岗位的工作，与此同时要按照相应法律法规加强监管，杜绝就职就业的各种歧视，实现公平竞争。

(四) 鼓励社会团体组织搭建政府与相对弱势群体之间的交流平台

建立基层矛盾缓冲带。一方面让民众的利益诉求更好地表达、解决；另一方面可能减少政府直接面对个案的行政成本。目前，在全国各地已经出现诸如和谐委员会等协调组织，它们确实对基层和谐做出了贡献，政府要对这种组织、现象给予支持，探索建立民众的、能真正协调解决问题的社会机构，并鼓励心理咨询走向社会，让更多民众主动接受心理咨询及治疗，自觉缓解心理压力，主动寻求解决问题的方案，杜绝矛盾的激化。

(五) 转变政府行政人员的工作作风，真正服务于民

"躲猫猫事件"警示政府各部门要提高管理效能，改进公共服务质量，正确把握不同利益群体的利益关系，关心社会中相对弱势群体的利益诉求，搞好服务。

(六) 倡导社会公平正义理念，促进互助友爱的人文精神

政府主导形成全社会公平正义的理念和道德规范，是构成社会主义公平的一个重要方面，是社会主义核心价值观的一种体现。在社会主义精神文明

建设中，要把社会的公平正义作为社会文明的共识。努力形成人人讲正义、讲平等、讲公德、扶贫济困、友爱互助、杜绝出现冷漠的人文社会现象。

总之，相对弱势群体的问题关系整个社会发展，也困扰着高校的发展，必须坚持在发展中解决问题的原则，让相对弱势群体主动融入社会，自觉产生对改革发展的认同感，这就要求社会各方面要共同关注，形成合力，共同解决。

第五节 高校大学生从众心理与参与集体性诉求成因关系

高校集体性诉求大多是高校师生以强烈表达自身的某些诉求或维护群体利益为目的，实施的对高校正常秩序乃至公共安全造成影响的群体性诉求表现。其后果往往有其深远性，尤其在现阶段，一旦发生，特别是借助现代网络平台、通信和媒体信息能迅速传播到其他高校乃至全国。在高校集体性诉求中，因情绪激动的师生大多迅速聚集并要求校方作出非常规性的决定，甚至组织上街游行以扩大影响。这种群体性活动严重影响了所在高校教学、科研和其他方面的正常秩序，造成所在高校一些师生思想认识上的混乱和心理上的极度恐慌。由于高校师生是备受社会关注的群体，这种事件的发生更容易引起社会各界包括世界的反响。如果处理不及时或疏通不当，极易被国内外别有用心者所利用。加上现代传媒的发达，即使得到及时处理，但它对社会也会产生深远影响。所以，我们必须对高校集体性诉求予以高度重视，弄清其产生和发展的一般规律，以期不断探索适时的处理策略和方法。

一 我国高校在校大学生从众心理表现分析

大学生这个特殊的社会群体，普遍追求时尚，对一些事情的看法上都遵从一种默契，他们的行为、情感和认知上都存在着一定程度的一致性，这就是大学生从众心理的表现。而在参与高校集体性诉求的个体中，更表现出较强的从众性。我们在研究高校集体性诉求过程中，要注意高校的主体——大学生们的"从众心理"。从心理学的角度分析，从众心理是指在群体压力下，个体在认知、判断、信念与行为等方面自愿与所在的群体中多数人保持一致的现象,俗称"随大溜"。从众现象在生活中比比皆是。譬如2011年日本大地震事件期间,国人发生的抢盐事件就是一例。我们为什么从众?从心理学上来说,大多是以下三个因素所致:一是寻求行为的参照对象;二是对偏离的恐惧心理;三是群体的自觉凝聚力。在生活中有许多情况都是经过人为的宣传、渲染而引起大众关注的。常常表现为舆论一"炒",人们就容易跟着"热"起来。广告宣传、新闻媒介报道本属平常之事,但有些人受到从众心理的影响,常常就会跟着"凑热闹",进而不加分析地顺从某种宣传效应,以至于形成随大溜跟着众人走的从众行为,甚至于发展到盲从,显然,这是不健康的心态。

在高校发展的实践中,大学生从众心理现象集中表现在两方面。一是在学习上的从众。在大学校园常会看到一起吃饭、一同上自习等。无论是优等生,还是英语过级、研究生录取,他们在班级、宿舍、图书馆中都比较集中,这些是积极的学习上的从众。但也有消极的学习上的从众,譬如考试时的集体作弊行为。二是生活中的从众。大学生的从众现象在生活中有多方面的表现。在大学校园中,不乏"吃得高档、穿戴时髦、玩派头、开名车"的家庭经济条件富裕的大学生;也不乏在经济状况并不好的情况下为了在同学中有面子而盲目从众,纷纷搭上宿舍、班级、老乡等的班车,无视自身的经济基础,过生日、会朋友、吃补助、玩网贷等,钞票大把大把地花的大学生。还有就是恋爱从众的现象。校园恋爱极富感染力,我们会常常看到,有的宿舍是"都与爱无关",而有的宿舍则是"全在爱中"。很多谈恋爱的同学直言,自己是因为别人都在谈、自己感觉不谈就另类,才随便找一个的。诸如此类,谈一场从众的恋爱。这些盲目从众现象在某种程度上无不影响了大学生的正常生活和行为,有的人甚至因为一味追求从众又不能实现而产生心理上的障碍。

显然,从上面分析来看,高校大学生们的从众心理表现,既有积极表现,也有消极表现。

(一)积极表现

积极作用主要体现在以下几点:一是有利于大学生们全力集中达成共同目标,特别是在高校竞争加剧、压力增大、机遇与挑战同时存在的情况下,对认定了的问题,从众行为能适时地发挥集体的力量,目标明确,从而实现预期的目标;二是有利于增强大学生们的集体意识,在群体中大家同心协力,交流互补,容易产生新的思维方法,形成新的力量源泉,使后进赶先进，先进更先进，即便群体内有个别不太自觉的后进者，也能在从众行为的鞭策下，改变自己的趋异观念，使自己的行为趋同群体的目标；三是有利于良好作风、习惯的养成，大学生中的正面典型，可以带动身边的一部分懒散人群，如果这群人主流都这么干，那就会使另一部分人产生从众心理，并形成良好的行为习惯。

（二）消极表现

高校大学生从众心理的消极表现主要集中在：从众心理趋向于心理压力的负面影响，实践中，比较典型的是容易窒息大学生的独创精神，抑制青年学生的个性发展，束缚了思维，扼杀了创造力，使本应选择性大、差异明显的大学生群体变得无主见和墨守成规。

二 高校大学生从众心理现象及群体性成因分析

从众心理是普遍集体心理行为反应，但研究认为，高校大学生们的自身特点决定了其从众心理更为普遍。如班级里大多数人想去郊游，而你不想去，但你如果不去的话，会被其他同学认为是另类，让人另眼相看，为了免受团体其他成员的非议与排斥，甚至可能的孤立，你于是主动做出从众行为，从而获得同伴的好评和自己心理上的满足。可见，一些大学生的从众行为是为了获取外界给予的种种报偿和避免种种惩罚而发生的随大溜行为。在外界情况不明、把握不大的场合下，类似这种被动从众行为亦顺理成章了。

（一）造成在校大学生产生趋于从众心理的因素有两点：一是群体内部的意见相对一致，具有足够的同一性、凝聚力和吸引力；二是个体素质和能力不够，缺乏应有的自信和独立性，趋于依赖他人或者顾虑重重，导致对团体有较强的依赖性和归属感。

大学生处于求学的关键时期，他们所处的最大群体是在高校的师生。大学生群体的显著特点是年龄相仿，共性强，属于同辈群体，相对于其他群体而言，大学生群体拥有相同的年龄、人生阅历、文化层次、生活和学习条件及思维模式，彼此之间的人生发展、人生困惑以及人生需求基本一致，心理共容性强，容易产生心理共振。因此，在校大学生这一特殊群体的从众心理压力要较其他群体强烈。班杜拉在研究人的社会学习时提出：人们经验的相似性往往使得一个人把别人的结果作为自己结果的预示，这是替代性学习中的一个特别的影响因素。埃里奥特·阿伦森也提出过：众人的意见是否一致是决定个体是否从众的一个关键因素，如果众人的意见一致，哪怕这个众人的人数不多，也很有可能使一个人最大限度地从众。

（二）与社会其他群体比较，在校大学生生活、学习的空间相对来说比较狭窄、封闭和单一。在校以宿舍、食堂、教室、图书馆"四点一线"的生活模式，使他们多是与同学朝夕相处、抬头不见低头见。由于很少参与社会生产，致使他们与外界的接触较少。因此，周围大多数同伴的价值观念、行为方式会潜移默化地被个体内化。这就是班杜拉总结的：一个人与什么人交往，不管是他自己所选择的还是被强迫的，都限定了他所能学到的行为类型，因为这些行为的类型被多次地观察。马克思也认为：一个人的发展取决于和他直接或间接进行交往的其他一切人的发展。由此，我们认为：大学生生活在相似性极强，且相对封闭的同辈群体中，在无所不在的群体压力和群体互动情境下，大学生往往会放弃自己的某些思想、价值观念和行为表现，而主动采取与大多数人相一致的行为。

综上所述，在校大学生由于受到特殊的文化传统熏陶，又处于特殊的社会环境和群体生活环境，其从众心理及社会群体性都表现得比较强。

三 高校集体性诉求中对大学生从众心理的正向引导

我们要发挥"从众心理"的积极影响，避免"从众心理"的消极影响，培养在校大学生独立思考和明辨是非的能力，使他们遇事和看待问题时，既要慎重考虑多数人的意见和做法，也要有自己独立的思考和分析，从而做出正确判断，并以此来决定自己的行动。①

（一）科学应对在校大学生消极从众心理行为

第一，实施内在的应对方式。首先是提高大学生的认知能力。当他们遇到困难问题时，他们的内在反应往往趋向于遵从其他人的看法。考勒曼的研究发现，无论男女，当遇到的项目越困难，被试对错误反应遵从的可能性也越大。因为，当个体的认知能力较弱时，自信心就会不足，因而也就比较容易从众。所以我们应当通过适当的手段和途径，努力提高个体的自我认知能力，增强个体的自信心，以减少大学生消极从众行为的产生。

---

① 欧阳美平、胡慧玲：《高校群体事件与大学生从众心理的正向引导》，《高校党建与思想教育》2012 年第 8 期。

其次是积极做好有消极从众行为的大学生的思想转化工作，要帮助他们树立正确的世界观、人生观和自信心，明白自己产生消极从众行为的心理学方面的原因，使他们能客观地认识到自己的消极从众行为，并能够理智地主宰自己的意志，清晰自己的行为，变消极的从众行为为积极的从众行为。

第二，实施外在的应对方式。首先要进行评价调整，也就是我们说的评价引导，就是对某些大学生消极从众行为进行价值判断之后，将评价结果反馈给他们本人，通过评价结果使大学生认识自己的消极从众行为的不当之处，进而改变这些行为，也可以让这些大学生在外界的帮助和指导下对自己的行为进行评估，从而自己发现问题的所在，然后主动地努力改正；其次要借鉴"枪打出头鸟"的效应，即个体如果对于群体的一般状况的偏离，将会面临所在群体的强大压力乃至严厉制裁。同时，当个体面临和群体中的大多成员意见不一致时，个体不希望自己成为一个"叛变者"或另类，害怕自己即将遭受所在"圈子"的排斥。正是个体这种对偏离的恐惧，约束着大家的言行。所以，应当创造一种相对宽松的民主的氛围，进而淡化群体规范，鼓励高校师生畅所欲言，提倡言论自由，思维开阔；最后要从社会比较理论分析，在遇到不确定状况或没有客观的物理性标准可以比较时，他人的行为最具有参考价值。由此，正向引导消极的从众心理行为，就要制定明确的规章制度和行为规范，让个人的言行有明确的参照框架，这样就降低了盲目从众心理的可能性，且避免大规模的群体集结，降低个人在群体影响下作出失去理智行为的可能性。

第三，利用大学生从众心理的特点对其做出一些可行性建议，具体而言，在发挥从众心理的积极作用时，我们要注重以下几点。

一是创设友好与积极向上的集体气氛和健康的舆论，适时矫治不良从众心理。从高校正向引导方法上，要重视建立团结向上的班集体，营造良好的班风，以此，发挥班集体正确舆论的导向作用。个人在一个有强大凝聚力、良好的班风、健康向上的班集体里，从众心理的积极因素就能逐渐增多，消极因素则能逐渐减少直至消除。在这样的一个阳光班集体里，一些不合乎社会主流的、不正确的舆论一出现就会遭到抵制，使其失去生存的环境。在实践中，当出现不良心理现象时要注意纠正"一边倒"现象。往往众人意见的一致性会增加成员的从众率。但如果有人在众人意见一致的情况下能坚持不一致意见，就会减少群体的盲目从众。尤其是在不良心理现象普及时，更要鼓励和支持人数有限的不同意见者，以此减少不良心理的从众率。

（二）注重舆论导向，发挥大学生非正式群体的正向激励作用

在校大学生非正式群体的形成，是个人社会化和心理发展的客观要求。高校思想政治工作人员要善于发挥非正式群体的正向激励作用，注重培养大学生的自信心，提高他们分析问题和解决问题的能力，对非正式群体自发形成的良好舆论、行为规范应加以鼓励认可，使其朝着健康的方向发展。对不良的舆论、规范，则应通过说理、说服等方式加以转化或制止。控制"自然领袖人物"的不良影响。因为，一般非正式群体中的"自然领袖人物"有很强的号召力，大规模的盲从行为往往离不开他们的鼓动指挥和推波助澜，这就需要对他们的行为予以重点关注，适当的时候要加以适度制裁。

（三）加强校园文化建设，努力营造有利于大学生健康成长的良好氛围

重点围绕规范学校秩序、环境，注重校容、校貌的美化，通过科学的管理、完善的制度以及生动活泼的集体活动来营造健康、有序的校园文化氛围，以此，增强大学生的凝聚力和对社会的使命感、责任心。同时，运用心理暗示法来不断地消除消极从众心理。在教育引导中，如果对大学生中的"随大溜"现象一味地提出批评、要求，反而难以达到预期的效果。实践中，教师可以通过"角色期待""兴趣诱变"等方法，达到大学生放弃消极从众心理的目的。在应急状态下，尽量避免大规模的群体集会和上访，防止出现社会心理学概括的群体规模与从众率呈正比例关系这一般性的规律。预防在紧急状态下，规模越大的群体越容易出现情绪互相感染、暗示和模仿，个人往往会做出失去理智的行为的现象。

（四）努力提高大学生认知能力和处事自信心

研究表明，个体认知能力和自信心与从众行为成反比。一般从众倾向明显的人往往是由于某一方面的知识比较匮乏、自信心不足以致盲目从众。高校以培养人才为目的，要不断提高大学生的自我意识和思维独立性，努力培养他们健全的人格。在新时代，大学生面对纷繁复杂的社会现实和千差万别的社会现象，不可避免地会遇到思想、学习、心理等方面的问题，如思想方面的困惑、人际关系纠纷、婚姻和恋爱矛盾、心理冲突和障碍等。因此，在保证学生正常学习和生活的情况下，应将人生规划教育

与心理健康教育纳入大学生思想道德教育之中，帮助他们排除各种思想上的困惑，使他们应对生活和承受挫折的能力得到提高。

（五）强化实践，提升大学生实践经验和辨别、判断是非能力

由于大学生在智力、情绪、性格、自尊心等方面的差异，直接影响他们是较自信还是较易从众，而社会态度、价值观是人的心理活动中的最高层次，它最终决定一个人的言行举止，因此我们可以通过强化大学生社会实践活动，使他们深入社会，了解社情民情，也可以邀请先进典型来校做专场报告，让学生们从他们的现身说法中直观地受到教育，以此提高审美评判能力以及培养他们的自信心，增强其自我意识，提升其独立思考的能力，使其选择正确的行为方式，进而树立远大的人生理想。

总之，高校在人才培养中，应着重引导大学生摆脱从众的盲目心理，使他们能够在集体的行列中保持独立的思想和清醒的头脑，在知己知彼的基础上理性地从众，从而使他们拥有一个真正属于自己的人生。

第十四章

高校校园公共危机预防处理与应对机制

在高校的一般发展中，我们经常研讨的是通过什么作为，可以使学校迅速提升教学科研成果和社会声誉的问题，却很少专门讨论有哪些作为可能会把一所高校的社会声誉彻底摧垮。对于一场突发性的校园公共危机一旦处理不当或不及时，校长就可能会被撤职，教师可能会跳槽，学生可能会退学，一个本来发展良好的高校可能会因此突然失去光环甚至倒闭。这些都说明一件事：校园公共危机在高校发展中具有举足轻重的地位，也就是我们常说的高校工作的一票否决。特别是近几年，随着高校国际化进程加快，校园公共危机事件频繁发生，譬如2020年初，以湖北武汉为中心，在全国发生的新冠肺炎疫情，导致全国校园推迟开学，一些高校办公和教学场所实行全封闭，就是典型的高校公共危机；另如2003年突如其来的"非典"使疫区一些高校几乎瘫痪，等等。这些使人们逐渐开始认识到：校园公共危机一旦爆发并处理不适当，就会直接或间接地影响高校的长远发展。因此必须学会科学处理、积极应对可能发生或已经发生的高校校园公共危机事件。据原北京国际城市发展研究院数据中心公布的我国各类突发公共危机事件造成损失情况反映，仅2003年因生产事故损失2500亿元，各种自然灾害损失1500亿元，卫生和传染病突发事件损失500亿元；而2004年发生各类突发事件561万起，造成21万人死亡；2005年发生了8次台风，江西地震，多次雪灾，71.79万起安全生产事故，猪链球菌、禽流感疫情等，各类自然灾害事故造成2475人死亡，因灾直接经济损失2042.1亿元。近年来，虽然国家的相关制度与机制不断完善，但从总体趋势看，我国正处公共危机的高发、频发阶段，各类公共危机事件严重影响了我国的经济正常发展。高校作为社会的组成也不例外，并且有其特殊的表现特征和更加敏感的社会连带影响性，因此，我们必须学会正确处理，力求积极正确应对高校校园公共危机事件的发生。①

第一节 高校校园公共危机的内涵

对"危机"字面的理解，就是"潜伏的祸端""危险的根由和严重困难的关头"。而本章关注的高校校园公共危机的概念，我们认为就是指在高校校园内潜伏的可能发生的严重危及校园内公众生命财产安全，或引起教学科研秩序混乱、管理失控、校内师生员工思想动荡的重大危机事件。从现代社会公共事业管理角度来看，这是任何一所高校都不可能完全避免的，有其存在的时代性。

（一）一般高校公共危机主要表现为三个特性：突发性、危害性、灾难性。其中，突发性是指高校校园公共危机的发生具有突然、瞬时性，发生的临界时间非常短，基本上很少留有暗示和准备反应的余地。又指高校校园内突然发生的、很可能迅速演变和激化，产生广泛负面影响，对生命和财产构成严重威胁或危及高校安定和校园稳定的事件和灾难。如涉及高校校园遭受的瘟疫、地震、自然火灾、水灾、海啸等。危害性是指高校校园公共危机暴发过后会给高校校园师生员工造成生命、健康或财产的侵害，甚至也会在校园师生员工的心理上投下某种阴影，导致该校无法进行正常的教学科研活动，学校的发展严重受阻。灾害性的特征则是通过高校受害师生员工人数众多、社会负面影响大及人员和经济受害程度相对程度深而显现。

（二）从高校校园公共危机的一般性特征表现看，分为自然性高校校园公共危机、人为性高校校园公共危机以及综合性校园公共危机三种表现形式。

自然性高校校园公共危机是指由自然灾害所导致的校园公共危机。例如原唐山市的个别高校遭受地震灾害、台风袭击沿海高校等。

由人为因素所造成的校园公共危机事件称为人为性高校校园公共危机。例如2006年发生在郑州及江西赣江等独立高校的学生聚众行为；

---

① 吴月齐：《基于学生工作视角的高校公共危机管理研究》，《中国青年研究》2012年第7期。

2005年11月14日山西省某校21名师生晨练时被卡车碾压致死案；香港少数高校教师2019年下半年在校内参加"港独"集体暴力活动等。2019年发生在湖北省恩施市朝阳坡的8名学生在校园内被不法分子砍死案，也是近年发生的典型重大校园公共危机事件。

由自然因素和社会人为因素共同导致的是综合性校园公共危机。例如"非典"、禽流感疾病在校内传播、在高校校园内发生的舆情事件，等等。

第二节 高校校园公共危机可能存在的时代性

高校作为社会的重要组成部分，或者说高校作为一个相对独立的社会组织区域，它的发展不仅仅是高校内部各种因素相互的影响，而且是高校内部因素与社会外部环境（包括社会环境和自然环境）相互作用的结果。而这些内部因素之间、内部因素与外部环境相互作用的过程中，就有可能出现正向和反向的发展，从而形成潜在的校内危机甚至导致高校校园的公共危机爆发。

（一）不良的制度体系因素所致

主要表现在两方面：一是目前普遍高校师生的公共危机意识和公共危机管理意识比较淡薄，相关制度体系也没有像欧美、日本等一些国家完善，有的高校也没有对此做出有效关注，甚至没有将其纳入高校的重要日常管理中，在日常教育管理研究方面也极少将其作为讨论关注的问题。这就造成了一些高校未能制定科学的校园公共危机预防措施和紧急应对预案，一旦出现危机时，高校管理层只能依靠零碎的已有经验来被动应对，显然这很难形成校园整体的预警能力，因此会往往出现当面对一些危机事件时不知所措的恐慌局面。加之，一些高校领导工作不落实，平时疏于检查和督促，也没有建立相应的责任追究制度，致使措施最终落实不到位，甚至不能及时发现和消除安全隐患；二是我国现阶段还没有一部专门针对社区包括高校在内的公共危机的程序性法典，导致在相关紧急状态下政府职能部门及高校的责任与权力没有明确的法律规范，使得高校校园公共危机发生时出现相对的权力真空，而发生后又无人承担责任的尴尬局面。譬如，目前我国已有用于公共危机处理的法律有《宪法》《刑法》《教育法》《高等教育法》《安全生产法》《游行示威法》《环境保护法》《消防法》《学生伤害事故处理办法》《道路交通安全法》《传染病防治法》《防震减灾法》《教育和科研计算机网暂行管理办法》《治安管理处罚法》《突发公共事件应急条例》等，总体数量不少，但均是实体性单行法律，而作为整体规范或程序规范显然有一定的局限性。我国在经历了2003年"非典"这个严重考验性公共危机后，法学界的专家学者呼吁出台相关的《公共危机法》或《紧急状态法》等相关整体性规范法，并可在《宪法》中规定紧急状态制度，明确在出现区域性公共危机时各部门（高校）在人、财、物调度和问题处理程序方面的责权原则。

(二) 师生的生理、心理特征因素影响

目前的在校大学生较以往的青年一代明显具有独立性、选择性、多样性、差异性四大特征，其思想非常活跃，但容易感情冲动，大多数也缺乏正确的是非判断标准；他们在学校和家庭中受到传统教育，但同时也感受到来自社会的多元文化和网络信息的冲击；他们多具有远大理想和抱负，但又缺乏克服困难的毅力和承担责任的勇气，所以整体学生心理素质较差。另外少数特殊学生群体，如父母离异、单亲家庭、经济困难的学生更容易出现性格孤僻、压抑、忧郁等特征，这些都可能成为高校校园公共危机爆发的诱因。如云南马加爵杀人事件、2013年上海市复旦大学研究生林某投毒致死同室事件等。另外，由于大学生认识上的偏离、盲目和狭隘民族主义思想也极可能因为一些突发事件演变成为我国高校校园公共危机。如2003年11月的西安大学生因不满日本人在华的侮辱性表演而纠集数百名同学上街集体游行等。同样，在高校教师群体中，也有一些心理极端分子，他们在前期香港高校内暴恐活动中，积极参与或支持不法学生活动，给高校安全稳定带来极大的威胁。

(三) 高校改革和内部发展过程中的矛盾因素发展导致

随着我国行政体制改革的加快，高校发展同样需要进行体制性革新，但从历史规律来看，一般高校的一些改革措施，特别是体制变更措施往往会伤及某一部分师生的眼前利益，如果处理不当，积累起来，不断发展，就可能发生校内公共性危机事件；另外，高校科研机构密集，存放可能危害公共安全的危险物品也是常有的事，如果这些实验室危险物品管理不善，引发较大的灾害事故或恐慌，同样也会导致高校校园公共危机事件的发生。如2018年清华大学实验室火灾，造成百年标志建筑损毁，等等。

(四) 受社会各种发展变化中出现的众多因素影响所致

当前我国正处在改革深水期、经济转型期和道德规范关键时期，加之受到复杂多变的国际安全挑战与和平两大主题并存的环境影响，我国社会各个领域都处于危机高度关注的敏感阶段，这些不可能不对作为社会高度敏感区域的高校产生冲击性影响。并且，一旦高校所在区域社会公共管理领域发生危机，就很有可能会波及所辖人流相对比较密集的高校校园，甚至给该校师生和校园秩序带来较大的冲击和影响。

（五）自然环境等客观因素的影响所致

马克思主义认为：人类依靠自然而发展。虽然人类在长期与自然界的斗争中取得了一些成果，主动规避一些自然灾害事故，但不可能杜绝自然灾害事故的发生。加上近年来全球性的大开发、自然环境的不断恶化也导致自然性高校校园公共危机发生的次数更多，随着人们财富的增加，由此造成的危害也更为严重。如全球变暖后导致的气象灾害引发的高校校园公共危机时有出现等。如1998年洪水致使长江沿岸的部分高校遭受校园危机；2005年海啸袭击沿海的高校；2008年我国雪灾致使部分高校不能正常上课，校内师生出行受限；以及2020年新冠肺炎疫情使学生不能按时返校等。

第三节　我国高校校园对公共危机处理实践的两种倾向

通常，在高校校园公共危机发生时，其处理有紧急型和预防型两种倾向。

一是紧急型处理倾向。采用这种倾向的高校多是在此前没有建立良好的校园公共危机预警措施，当突如其来的危机出现后，高校才着手思考和应对处理。一般表现为在校园公共危机爆发后，高校领导层不能立即拿出处理对策或缺乏应对自信，而是逐层上报，再由上层行政部门决定对危机事情的处理办法。显然持这种倾向的高校危机处理具有滞后性。它的特点是上级行政参与处理全过程，其做出处理决策不完全只考虑该校利益，具有一定的全局性和高效性。缺点则是容易出现"事后诸葛亮"，危机发生后，上下多个职能部门分别过问学校危机却不解决实质问题的现象。如2006年11月，某高校一印度籍留学生因违反校规被开除后，该校200余名印度籍学生为其聚集请愿要求从宽处理，此时适逢国家领导人出访该国，参与处理校方管理层考虑正值敏感时期，尽管预案齐全，但对首次涉及国外留学生的集体性诉求处理，自信不足，在汇报相关多部门后，一时出现上级行政部门多部门指挥工作的情形。总体来说，紧急型的处理倾向是一种自上而下的被动处理方式，从高校在危机处理实践效率来看，显然是弊大于利。

二是预防型处理倾向。前提条件是该高校已建立了相对较为完善的校园公共危机预防与处理机制。如高层管理者已主动将校园公共危机意识渗透到高校日常的管理中，校领导重视，相关职能部门制定了科学的《危机处理预案》并有相关组织人员保障等。在校园公共危机发生时由校党政一把手统领校内各部门在地方职能部门的配合下形成预警—处理救灾—善后—恢复的一条龙式完整处理体系结构，并对处理过程考虑了具有良好的广泛参与性、协调性和灵活性。这类倾向显然是高校管理推崇的理想思维，但在实践中也要注意，考虑到高校管理与地方相对的独立性易使《危机处理预案》多局限于高校内部。如果仅从高校自身的资源情况思考，缺乏外围参与而忽略了上级行政的权威性或公共危机信息横向沟通出现的障碍，则会导致危机决策缺乏全面性。这从社会综合治理角度来看，一旦丧失公共危机处理的全面性原则，将会有更大的危机潜伏和爆发。因此，我们大体上讲，预防型处理倾向是一种自下而上的主动处理方式，体现出了公共预防管理的精神。同时，注意实践的社会联动，若高校做到了信息沟通顺畅，则是一种最优的校园危机应对方式。

第四节 构建我国预防型高校校园公共危机处理机制的关键技术

"防患于未然"的道理可谓众所周知。应用到高校校园公共危机预防与处理上，我们认为最好方法是在危机尚未完全形成时就能及时发现并有效地制止它、扼杀它。这和前面高校校园公共危机预防型处理倾向论述相一致。实践证明，绝大部分的高校校园危机不仅是可以预测的，而且可以在潜伏状态下就能得到制止或完全消灭。因此，构建我国高校校园公共危机预防型处理机制，应做好以下几个关键技术工作。

（一）要建立和完善高校校园公共危机预防预警信息网络体系

为有效预防、及时控制和妥善处理高校校园公共危机事件，提高快速反应和科学应急处理突发事件的能力,高校首先必须建立健全校园公共危机预防预警信息网络体系,如从信息渠道和联动考虑,一般高校需建立以下五条信息收集渠道,加强预警信息收集:一是党委(校长)办公室通过校长信箱、校领导接待日、恳谈会等校高层管理方式直接收集到的各种信息;二是学生工作部门充分发挥学生信息协会和高校思政工作队伍的作用,收集学生中的意见和建议,了解学生思想动态;三是高校校园网络信息技术管理部门利用学校网络系统的监控设备及软件等技防设施收集网上的各类信息和资料;四是校保卫部门充分发挥政保信息员的作用和办理各类案件的机会以及与国安、公安联动,利用校园电子监控系统,及时收集师生中的各种信息和情况;五是各学院(系)、各单位充分发挥各自体制内优势,在日常工作中注重各种信息收集和整理反馈。同时,学校建立矛盾纠纷排查、调处机制,加强日常安全预防,处理师生矛盾时大事化小、小事化了,切实努力将各类不稳定苗头和事端处理在基层、消灭在萌芽状态。

(二)要制定切实有效的校园整体及分类的危机应对预案

由于校园危机事件发生具有突发性,如果事前没有制定科学有效完整的危机应对预案,那么危机爆发时校方就会很难从容应对,甚至处理惊慌失措。因此,高校应制定切实可行的处理校园公共危机事件的预案。如可以学习当前普通高校或国外高校的一些成功有效的做法,研究认为除从程序上完善危机处理责任明确外,还应从我国高校校园当前重点关注的领域规划,制定《非法集会及罢课等大规模群体性突发事件应急预案》《火灾及交通事故应急预案》《师生非正常死亡及失踪事件应急预案》《突发恐怖袭击事件及重大刑事案件应急预案》《突发公共卫生事件应急预案》《后勤安全保障及重大安全生产事故应急预案》《师生外出实习考察突发安全事故应急预案》《自然灾害事件应急预案》《重大环境污染及生态破坏事件应急预案》《校园网络安全事件应急预案》《考试泄密及违规事件应急预案》,等等。

(三)要强化我国高校校园师生的公共危机预防意识和处理技能

只有当高校领导、广大教职工和学生具备了一定的危机意识,才能不断提高预测、预防和处理危机的能力,才能在校园公共危机面前沉着冷静、随机应变。具体在实践中,我们一是要增强学校管理层特别是校领导层的危机管理意识。如在校园危机爆发后,树立学生和教职员工的人身安全相对财产设备来说是最重要的理念，在控制和处理危机时务必坚持"生命第一、以人为本"的基本原则。同时，发挥高校思政工作的优势，重视平时提高做好与教师、员工和学生的沟通与协调工作思想能力，力求避免由于师生心理上过度恐慌而导致危机进一步扩展；二是要鼓励各级通过专题讲座、讨论会、模拟训练、板报宣传等形式不断形成校园安全文化氛围，组织广大师生认真学习相关法律法规，不断增强师生的安全意识、危机意识；三是要通过印制一些脍炙人口的校园公共危机应对技巧和预案类复制品分发到师生中传递学习，最好同时再制作一些能装进口袋的缩印本，按照职责对不同人员编印、分发不同内容的缩印本（譬如校领导、医务人员、教师、保卫人员等可以拿到与自己或本部门职能职责密切相关的那部分内容的缩印本）；四是要专门就危机应对预案进行宣传、教育、培训，确保负责人和所有相关人员都能够掌握相关的危机应对预案；五是要充分发挥高校全体师生的积极性和主动性，让他们主动参与到危机预防和预案制定工作中来。为了生动形象地展示某些危机的全员参与性，试验校园危机应对预案的全面性、有效性和可操作性，有条件的高校还应该经常组织广大教职员工和学生进行模拟演习。

（四）建立有效的高校校园危机处理的监督、保障机制

通常在危机事件爆发前，都会有一定的征兆或预警信号。因此，高校应努力建立良好的校园危机监督、检查机制，及时发现并捕捉各种危机的征兆或预警信号，确保在校园危机爆发之前采取合理措施，并加强对类似薄弱的、可能引发公共危机的环节的监控。重点做好：一要定期检查校内的各种教育教学设施设备是否良好（如校内体育设施、实验室、实验器材、教学楼、校门、栏杆等），并及时发现排除各种可能潜在的安全隐患；二要密切关注联系的重点教师和学生日常行为的显著变化，对发现的可疑或反常行为，要努力查明原因并采取相应的对策；三要收集本校或国内其他高校以往发生危机后成功处理的相关资料，认真分析研究引发危机的原因和善后措施，并比照本校的具体情况，寻找可能发生校园危机的监控薄弱环节，并采取得力的措施。

（五）引进国内外成功经验，强化整体协调配合

从理论上的关注点看，国际上通常将突发事件管理过程划分为：事件前的预防（Prevention）、事件前的准备（Preparation）、事件爆发前的准备（Response）、事件结束期的恢复（Recovery）四个过程阶段。结合我

国高校实践和特点,对我国的高校公共危机事件处理应划分为三个阶段：预案、处理和评估,同时确立三个必要关注工作要素,即建立统一协调指挥中心、有效的信息传递系统、必要的人员配备及充足的物质资料储备。具体要求包括：高校的应急指挥主体是由学校党政一把手牵头的多部门负责人参加的集体领导小组,客体则跨越以上三个阶段和各要素之中,总的要求是保障高校在紧急时刻的指挥具有权威性和执行力。譬如,制定各级预案时,要注意规定好信息传递的渠道、人员配备队伍及其具体职责,必要的技防装备和物质资料储备,等等。而各规划阶段之间以及各要素之间则要求保持经常性的配合与更新；事后评估阶段,不仅要评估预案与处理的有效性,而且还要注意这两个阶段的差异和各自差异可能引出的不同结果,为以后进一步调整科学预案提供依据。整体看来,应对高校校园公共危机事件的处理机制应是一个科学有机的系统,在实践处理中切记不能将各部分人为地分割处理,要加强各阶段和各组成要素之间的密切配合,确保其协调运转。

（六）支持鼓励高校内部开展高校校园公共危机预防及处理机制研究

近几年,由于受到国际环境的不良影响,致使发生在我国高校公共危机事件的频率呈现上升趋势,但是在我国教育理论研究领域和教育实践领域,校园公共危机预防,特别是高校专门的公共危机处理方面可参考的成果还很稀缺,我们认为还是一个较新的课题,尤其是对我国高校校园公共危机预防机制还缺乏系统的、科学的认识。也就是说,我国高校校园公共危机预防与处理的研究成果不能满足高校目前的实际需求。因此,各高校及社会相关研究机构应鼓励广大研究者深入研究校园公共危机的特点和规律,不断提高高校校园公共危机预防、应对的能力,努力增强高校师生员工的危机意识。

关于公共危机事件预防机制构建,习近平总书记在 2018 年 8 月 14 日就对该项工作提出过："宁可十防九空,不可失防万一；宁可事前听骂声,不能事后听哭声",足见党和国家对这项工作的高度重视程度。哈尔滨工业大学教授王绍玉在对相关研究后提出：一个政府的执行能力不仅体现在正常状态下管理好公共事务上,也体现在非正常状态下妥善应对和预防各类突发公共事件上。这一结论同样适应于我国高校校园公共危机事件的管理,因此,我们说高校处理好公共危机事件的能力不仅体现出高校领导的水平,更能体现出我国高等学校或社会区域管理制度的成熟程度。

第五节　高校校园危机传播的预防与控制

近些年来，高校校园危机事件屡屡发生，对学校的稳定和发展构成了较大威胁。当前，社会信息化、经济全球化飞速发展，市场经济不断完善以及高等教育事业蒸蒸日上，高校作为社会中的一部分，已不可能成为相对封闭、稳定和不受危机干扰的"小社会"。我们不难发现，高等学校管理面临着许多新的课题，在国内发生的多起颇具争议的公共话题中，校方总是处于一种被动应付的状态，其中沟通不当或不力是高校危机扩散、升级的根源之一。而且，信息传播意识薄弱、信息传播策略不当，都在某种程度上加剧了这种危机。因此，提高相关认识、加强与危机应对相关的传播制度建设，树立信息传播的意识，做出正确的信息传播策略，及时、如实地传播信息，成为从信息传播角度来化解高校校园危机的重要途径与方式。

在当代，中国已经全面进入互联网时代，传播媒介逐渐多元化，特别是在互联网成为新的传播媒体后，信息传播媒介的结构和功能发生了很大的变化，同时人们的思维方式、生活方式等都由线下转向线上分享，呈现传播信息量大、覆盖率高、影响面广、冲击力强等特点。作为信息的过滤器，网络的蝴蝶效应使得每个网民都可能成为危机的制造源。它所带来的时效性以及舆论传播性，加速了高校危机管理的发酵程度，使危机管理和控制变得更加迫切、重要而复杂，从而使得在信息传播的过程中，具有放大的作用和潜在的社会效应，传输过程中也可能变形失真。如果说，由人流、物流和资金流所构成的救援体系是危机管理的物质系统，那么作为信息流的传播管理体系就是危机管理的神经系统。将这两个方面科学合理及有效地结合在一起才能实现科学的危机管理，更好地适应信息化时代的需要。

由此，沟通机制在整个危机管理体制中居于重要且独特的地位，是危机管理的前提要件和过程保障。它可以有效地防止信息的误传；可以灵敏地启动预警系统，在短时间内控制严峻事态；可以对危机潜伏期的信息进行及时处理，可以为准确分析危机发生的概率以及危机发生后可能产生的负面影响提供数据支持，最终达到对危机传播的有效预防和控制。

一 高校校园危机传播的概念

危机传播最早是由美国学者斯格提出的,最初的研究主要集中在案例分析阶段,而对危机传播的概念整合、理论建构研究得很少。目前,具有代表性的理论有三个:第一个是斯蒂文·芬克1986年提出的阶段分析理论,第二个是班尼特的形象改变理论,第三个是托马斯·伯克兰1997年提出的焦点事件理论。我国内地学者史安斌、喻国明等对危机传播提出了自己独特的理解。史安斌认为危机传播就是在危机前后及其发生过程中,在政府部门、组织、媒体、公众之内和彼此之间进行的信息交流过程。喻国明则认为危机传播就是危机状态下的传播现象与传播行为。这些学者的研究不管怎样都立足于传播学整体理论框架下,融合了组织传播、人际传播、网络传播、大众传播以及跨文化传播等多种学科的理念。

对此,本书试将高校校园危机传播定义为:在高校危机的各阶段,发生在高校危机管理组织、校方成员、社会大众、校园媒体、大众媒体之间的校内外信息的传递和沟通。

这可以从两方面来理解,一是危机的范围和影响程度不仅仅局限在事件当事方,对校外的非事件当事方也会形成影响,危机信息已经通过校方成员或者是新闻媒体传播到校外,并且可能已形成谣言,获得了社会和传媒的广泛关注,需要对社会大众和新闻传媒做出合理的解释,这时就需要将校内外沟通整合运用,快速地启动沟通机制,运用大众媒体对校外社会大众进行危机传播沟通管理,其传播手段表现为大众传播;同时还要对校内成员进行危机传播沟通管理,其传播手段表现为组织传播和人际传播。二是危机的影响范围和影响程度仅仅表现在校内,不会对社会大众形成影响,并且没有引发社会和传媒的关注,那么高校传播主要是通过学校组织内部关系沟通协调对校内成员进行危机传播,其传播手段表现为组织传播。

二 高校信息传播过程中存在的主要问题

(一)信息传播的失真

在形成危机的时候,有些相关的当事者采取了极其不负责任的做法和行动,不仅未将事件涉及的真实情况如实地向社会公布,反而以模棱两可甚至先入为主的说辞,来达到其隐瞒实情、欺骗群众的目的,结果导致谣言的滋生和大量信息的失实,这十分不利于高校和社会秩序的稳定。

(二) 信息传播的意识薄弱

在传统媒体时代,报喜不报忧的思想传承至今,贯穿在我国高等教育的各项活动中。因此,在高校危机传播管理的过程中,经常会出现校方隐瞒事实、虚报实情的现象,最后导致事态的扩大和失控,极大地损害了学校的稳定和声誉,不利于学校的长远发展。

(三) 信息传播的策略不当

策略不当主要包括传播时机的延误和传播信息失实。由于具体管理部门的模糊性、组织结构的复杂性和多层性,常常导致高等学校在突发事件发生时,反应不及时,应急机制常滞后于事态进程,从而给谣言留下了滋生的空间。

三 高校校园危机中网络传播的预防和控制

在公共危机的发生与演变中,有一个重要的"蝴蝶效应"。在网络媒体中,由于许多信息的来源完全是开放式管理的,一个主危机一旦产生,一些其他各种消息、秘闻、传说等捕风捉影的东西往往充斥其中,围绕着主危机,一些次危机相继爆发出来。伴随着网络对生活的全面渗透,以及网络媒体的迅速发展,网络媒体在舆论影响上的权力不断增长。

如果未能在最短时间内对危机进行强而有力的控制,并消除其影响,公众或媒体都会自发围绕着此项危机进行延展或聚合,将校园其他方面的失误或危机都挖掘出来,并可能将其发展成为校园的次危机现象。同时如滚雪球般,围绕着主危机,将有越来越多的次危机或者次次危机相继爆发出来,最终形成一场影响力巨大的危机飓风。

而造成危机"蝴蝶效应"的另一个重要原因则在于中国网民的从众与蒙面狂欢心理。中国已经是世界上网民最多的国家,同时也是网民平均年龄最年轻的国家之一,网络的开放性、参与性和广泛性,为众多年轻人提供了一个肆意表达、发泄情绪、攻击他人的最佳场地。因此,当某高校发生了危机事件,就为网民们提供了一个有针对性攻击的枪靶,人们蒙面而上,群殴而退,最终只留下伤痕累累的高校去收拾烂摊子。

随着网络越来越重要,网络媒体将更进一步摆脱作为传统媒体附庸的角色,在信息来源上更显独立性,并将从广度、深度、互动性上大大体现出不同于传统媒体的优势。而更多有关学校的负面报道、负面批评、负面消息都有可能第一时间出现于网络之上,如博客、BBS、个人论坛、投诉网站、专业网站,甚至是个人式 MSN 签名等,传统媒体将反向从网络媒体中收集相关的新闻素材,从而去诠释、跟进、演绎,完成某一个新闻题材特别是危机事件的报道。

大学生是互联网使用的主力军,网络是他们重要的交流场所和获取信息的重要阵地。当高校校园某一方面面临危机时,以网络为主的新媒介中信息的快速传播为舆论的形成创造了条件,网络成为他们传播消息和获取消息的便捷途径。在高等学校遭遇突发公共事件的过程中,事件当事人也往往直接在互联网上表达诉求,信息的发布和传播不受控制,从而直接使得个别问题社会化、社会矛盾网络化、网络舆论扩大化。在网络盛行的时代,防范来自网络深处的舆论袭击,这是我国各高校进行声誉管理和防范危机的关键所在、重中之重。[①]

四 高校危机传播过程中谣言的阻断

彼得森和肯吉斯特认为,谣言是一种在人们之间私下流传的,对公众感兴趣的事物、事件或问题的未经证实的阐述或诠释。彼得森和肯吉斯特的这种定义首先确认了谣言是一种信息,突出的是谣言的信息性。谣言是没有事实根据的传闻、捏造的消息,而且无法将其与众多的其他通过口传媒介或大众传播媒介流传的消息区分开来。

随着互联网的兴起,谣言变得无处不在。谣言的产生是许多因素共同作用的结果。其中谣言产生的根本原因是信息渠道的不畅通。人类社会本身就是一个极为复杂的系统,它通过与外部环境的交换来实现自我调节和自我调整,以适应环境的变化,保证社会结构的整合性,维持社会的运行,而这个交换过程,离不开社会信息系统的有力支撑。

社会信息系统是一个具有许多变量的系统,对这些变量如果处理不当,则会引起信息传播过程中噪声被无限放大,引起传播障碍和传播隔阂,并导致传播渠道的不畅通和传播制度的不合理,而这正好给谣言传播提供了一张温床。当缺少正式的信息发布渠道,或信息发布渠道的信息可信度低,缺乏权威性、指导性的时候,人们就会在一种异常的环境中和特

[①] 王黎恺、蔡志坚:《高校公共危机管理中网络媒体的效果选择》,《苏州大学学报》(哲学社会科学版) 2013 年第 6 期。

别的情绪下转而求助于非正式的渠道，最常见的就是听信谣言，其中细枝末节的事情都会被放大，传播速度难以控制。公共安全危机中的谣言传播，主要是因为信息发布渠道不畅通、信息不能及时公开，使公众难以获得准确而有效的信息。

而危机心理与从众心理，则是谣言传播的推动因素。人是群居动物，人类在大多数情况下正是通过集体来消除恐惧的。但当一个群体无力查知威胁的原委时，就会陷入一种集体的恐慌，而恐慌中总是伴随着谣言。有学者把公众在危机事件中表现出来的无法控制的惊愕非理性和盲从，比如对谣言的听信、传播和身体力行称为一种危机心理。人类的社会心理又有着很大的趋同性和趋恶性。人们愿意随大溜、愿意相信不良事件，因而大部分公众接收到谣言时，总是抱着宁可信其有、不可信其无的态度，造成了人心惶惶的局面。除此之外，信息透明度和开放度不够，社会心理脆弱，也是谣言产生的主要原因。

五 高校在危机传播过程中的应对策略

系统的危机管理包括危机的预防与应对。有效的危机管理机制，能够将学校的危机管理纳入一个有序、规范、条理的轨道中，保证学校在危机发生时能在最短时间内有效地调动社会人力、资金，将危机带来的损失最小化。因此，采取必要措施，预防和控制危机传播的途径，遏制危机发酵的空间，对于减少学校损失、维护高校形象、挽救高校声誉、保证高校正常教学秩序显得非常必要。

（一）树立信息及时传播的意识

保证公民的知情权，做到信息公开透明，有利于公民在危急关头做出正确的判断和决策。从信息接收及其所引发行为的关联性角度而言，信息传播的接收者，是对相关信息有需求的社会成员。根据他们收到信息与否，又可以分为知晓受众、潜在受众和行动受众。当师生之间的个体性矛盾事件，演化成为对高等学校的整体形象带来不良影响的危机时，高等学校的管理层应该采取公开相关信息的措施，使潜在受众对于危机事件的信息渴求得到满足，使知晓受众将从权威信息源得到的信息与从非主流渠道得到的信息进行比较，通过分析、判断、核实，得出正确结论，从而成为中断流言和传播权威信息的行动受众。

（二）树立正确有效信息传播的策略

1. 真诚沟通原则。公众享有知情权，如果用其他手段去干预和影响媒体报道的真实性和准确性，或者进行含糊和感性的报道，实际上并不能消退公众对真相的渴求，因此公众为满足对真相的渴望就会通过其他渠道和途径去打听真相或背景，这样反而造成谣言和小道消息盛行、一时甚嚣尘上，容易使公众产生不利于危机公关的心理定式。学校完全可以做到信息互通透明，利用网络平台，和网友交流沟通，倾听公众声音，争取公众理解，吸引公众，把注意力集中到解决公共危机上面来，其实是可以有机会把坏事转化成好事的，公众的怨气也还可以得到消化和平息。

2. 速度第一原则。好事不出门，坏事行千里。在危机出现的最初12—24小时内，消息会像病毒一样以裂变方式高速传播。一般来说，第一时间报告事件真相是最有利的也是最有成效的，成本也是最低的。在这个时候，可靠消息往往不多，充满了谣言和猜测。学校的一举一动将是外界评判学校如何处理这次危机的主要依据。公众、媒体都密切注视着学校发出的第一份声明。对于学校在处理危机方面的做法和立场，舆论赞成与否往往都会立刻见于传媒报道。

因此学校必须快速反应，当机立断，果决行动，与媒体和公众进行沟通，主动掌握"话语权"，第一时间发布权威信息，使不实的传闻和谣言没有产生的时间和社会心理空间，从而迅速控制事态。否则会扩大突发危机的范围，甚至可能失去对全局的控制。危机发生后，能否首先控制住事态，使其不扩大、不升级、不蔓延，是处理危机的关键。

（三）完善校园危机应对相关的传播制度建设

建立健全对校园公共危机信息收集分析机制，高校要建立五条信息收集渠道加强预警信息收集：一是党委（校长）办公室通过校长信箱、校领导接待日等广泛收集各种信息资料；二是学生工作部门充分发挥学生信息协会和高校思政工作队伍的作用，收集学生中的意见和建议，了解学生的思想动态；三是保卫部门充分发挥政保信息员的作用和办理各类案件的机会以及校园电子监控系统，及时收集师生中的各种信息和情况；四是校园网络信息技术管理部门利用学校网络系统的监控设备及软件，收集校园网上的各类信息和资料；五是各学院（系）、各单位充分发挥各自优势，在日常工作中注重各种信息收集和整理。同时，学校建立矛盾纠纷排查、调处机制，加强日常安全预防，努力将各类不稳定苗头和事端处理在基层、消灭在萌芽状态。

第六节 社会力量在高校危机处理中的积极效应

我国 2020 年春季在全国大部分地区爆发新冠肺炎疫情以后，高校全面停课抗疫，应该说这是我国高校公共危机的一个非常典型的表现，我们从中也吸取了不少的经验和教训。通过此次疫情防控过程可以发现，对于一般性公共危机事件，特点是应对高校重大公共卫生危机，必须发挥社会力量才能够以多种形式参与到高校公共卫生事件的应对中，在资源、服务、合作机制等方面发挥积极作用。

从此次应对危机的实践来看，社会力量参与危机处理主要是提供了以下四种形式的帮助。

一是开展款物捐赠。这是社会力量支援高校危机的最直接方式。一方面，大批校友的企业和个人为高校危机防控提供资金支持，捐赠总量在短时间内达到极高水平；另一方面，一批社会力量投身到高校危机处理的队伍中，奠定高校危机处理工作的物质基础。譬如，某省属高校在抗疫期间发布了《某大学接受抗击新冠肺炎捐赠的公告》之后不到一个月，社会各界和广大校友纷纷捐款捐物，其中仅学校收到的捐赠资金达 949053.66 元，支持该校疫情防控工作，这坚定了高校战胜疫情的信心和决心。

二是提供应急服务。湖北省的高校在抗疫期间，应区域政府统一要求采取封校区举措之后，校外社会力量提供大量应急服务，包括医疗保障服务和生活物资服务。譬如，上述高校自疫情暴发后，校区居民确诊 7 人，这给学校师生带来很大压力，除师生联动自助外，还有一些社会志愿者参加，包括市政府安排的行政人员在内，组成多支民间自发成立的爱心团队，帮助运送生活物资和个人卫生用品、协助对校区封闭管理等，而且这些生活物资服务主要都是体现在对城市内封闭社区的生活物资运输上。

三是关怀特殊群体。关怀的群体包括三类：第一类是传统意义上的困难群体，如面对疫情由于自身健康基础薄弱而存在更高感染风险的老人、儿童、长期病患者、残疾人等群体，这主要以更多的服务与关注为主。第二类是由于经济基础较为薄弱而在疫情中处于弱势的群体，以高校收入较少或编制外员工群体为代表，主要从经济上给予一定帮助。第三类是受到疫情直接影响而转变为弱势方的群体，以被困在高校的部分留学生为代表，针对此类群体的典型服务项目是心理上的关心和服务工作的及时到位。

四是搭建协作平台。平台的类型可分为正式型和非正式型两类，无论是哪种类型的平台，基本都以互联网尤其是交流媒体作为载体，形成快速稳定的互动沟通机制和信息发布机制，从而帮助更多的师生投入到疫情防控事务中。正式型平台由地方政府组织或高校自建，以信息发布、组织联合行动为目的，尽可能多地汇聚专业性社会力量投入到高校校区的具体防疫工作中。

第十五章

完善高校与区域地方政府安全共同治理体系

习近平总书记强调，加强和创新社会区域管理是中央从党和国家事业发展全局确定的一项重大战略任务，对于全面建设小康社会，实现党和国家的长治久安，具有十分重大的现实意义和战略意义。党的十九届四中全会明确指出：构建社会主义和谐社会，必须使"基本公共服务体系更加完备，政府管理和服务水平有较大提高"。

随着国家行政体制改革的深入，我国基层区域社会的公共服务体系正在不断完善，鉴于目前各级政府管理和服务水平亟待提高，政府行政诉求处理显得不足，尤其是行政服务能力亟待提高，不仅影响了政府行政能力和管理水平的进一步提高，也在一定程度上延缓了公共服务型政府的建设步伐。我们开始思考如何立足我国国情，针对当前我国政府行政诉求处理存在的问题，合理借鉴国外政府体制改革的先进理念，加强我国政府行政诉求处理建设便成为一个具有理论和现实意义的问题。

本章以行政管理理论为基础，通过YC区域基层政府受理的民生诉求处理展开分析比较，重点对可能影响区域内高校师生民生问题的我国公共服务体系、各级政府管理和服务水平、政府行政诉求处理、公务员服务能力等问题进行一些针对性的研究，以期为提高包括服务高校安全稳定在内的政府行政诉求水平，提供一些值得借鉴的思路。

第一节 国内外社区政府民生诉求处理的研究与实践

在理论研究方面：无论是发达国家还是发展中国家，政府能力尤其是政府对行政诉求处理的能力，对国家的现代化进程都起着决定性的作用。对于中国这个处于计划经济向市场经济转型时期的国家而言，政府行政诉求的处理不仅关乎所辖单位包括高校在内的和谐稳定，更关乎国家的命运。

国外对政府行政诉求处理研究较多，早期的韦伯主义者在讨论政府能力时多使用国家的概念，强调国家的政治统治能力。马克斯·韦伯认为："要维系任何暴力统治都需要一定的外在物质手段"，对这种外在物质手段的垄断就成为国家强弱的主要表现，韦伯称此为政治剥夺，认为"这种政治剥夺的过程，曾在世界各国演进，其成功程度各异"。结构功能学派着重于政治体系功能及其结果的分析，帕森斯直接使用权力来表达国家能力，指出权力是用于实现集体目标利益的社会系统的一般能力，他排除了财富在国家能力中的影响作用而直接关注制度框架；艾森斯塔强调国家发展过程中所表现出的能力，重视政治体系"容纳变迁的能力"；亨廷顿综合了帕森斯和艾森斯塔的观点，强调政治体系组织和程序制度化的作用；阿尔蒙德认为政府能力，抽象地讲是指政府能否成功地适应环境挑战的程度，具体是指建立政治行政领导部门和政府行政机构，并使它们拥有制定政策和在社会中执行政策，特别是维系公共秩序和维护合法性的能力。柯尔曼认为，政府能力主要指政府获取应有的资源，用以满足公民的基本需求的生存能力。哈佛大学校长萨默斯说，改革开放以来，中国改变了世界上最多人口的生活，为他们带来了福利，这是历史上从未出现过的成就。萨默斯说："'入世'后的中国政府面临多方挑战，而拥有一支高水平的公务员队伍，才能使数以亿计的中国人生活得更好。"

中国学术界关于政府行政诉求问题的研究最初还是在经济学领域进行的，始于对政府财力问题的干预研究，针对的是中央政府和地方政府的关系。但之后政治学和行政学者及时跟进，并从本专业的角度进行深入探讨。随着市场取向改革的不断推进，政治学、行政学界对于政府在市场经济中的职能问题的探讨也日益深入，把关于政府行政能力问题的探讨与政府职能、政府有效性等问题联系在了一起。近年来，围绕公共服务管理质量、行政诉求处理、政府转型等问题，国内学术界的讨论比较热烈。

一是围绕提高公共管理水平和服务质量问题的研究。丛志杰指出，在现阶段如何正确认识和发挥政府的公共管理职能，20世纪70年代以来西方国家对于公共管理职能的改革对我国具有一定的借鉴作用。李立平认为，要提高政府公共行政管理水平，必须进一步加强公共行政管理专业人才的素质培养，并设计了各项指标，以切实提高公共行政管理水平。他更多还原了我国行政管理学之父夏书章的主张，认为提高经济领域的管理水平固然重要，但如果公共行政管理水平不能及时得到相应的提高，那就或迟或早地会产生这样或那样的消极影响，有时甚至非常严重。张青认为，我国在向市场经济转轨的过程中，在政府垄断的公共服务领域里，仍然普遍存在着服务水平低、服务质量差等弊端，因此，我国可以借鉴西方市场化国家的经验，在政府公共服务领域尤其对行政诉求处理机制方面进行市场化的有益探索。

二是围绕政府行政诉求处理问题的研究。刘晓义指出，提高政府行政诉求处理能力，是近几年为转变政府职能、适应建设服务型政府的需要。在公共管理的新时代，公共服务理念深入人心，服务成为政府职能的题中应有之义。目前，我国各级政府行政诉求处理能力不足现象较为突出，尤其是政府行政诉求处理能力亟待提高，公务员服务管理能力的欠缺不仅影响了政府行政处理能力的进一步提高，也在一定程度上延缓了公共服务型政府的建设步伐。2003年12月，人事部发布的《国家公务员通用能力标准框架（试行）》将公务员政府行政诉求处理列为第三位，说明政府行政诉求处理在政府的公众形象中占有极高地位。和沁撰文阐述了公共决策者的科学素质与科学执政能力的关系；论述了提高公共决策者科学素质的必要性，探讨了加强科学素质建设，提升科学执政能力的措施。要完善对公共决策者的科技培训机制，增加对公共决策者选拔、任用和考核中的科学素质要求，进而提高公共决策者的科学素质。

三是围绕转变政府职能方面问题的研究。刘厚金认为，政府转型是公共服务体制分析与建设的宏观基础背景。全球化浪潮、国外新公共管理运动以及我国全面转型和经济社会发展失衡共同构成了政府转型的时代背景。

四是围绕社会行政管理问题的研究。孙文红等认为，当前，社会管理创新已经进入向制度化、法治化、科学化方向发展的阶段，各地应总结推广典型经验，促进社会管理创新与地方立法衔接，逐步完善社会管理体制机制，形成具有本地区特色的社会管理运行模式。张晓杰针对流动人口管理问题，比较具体地研究了"镇管社区"。张晓杰认为，随着大都市城市化进程和大型居住区建设的快速推进，大量的中心城区人口向郊区导入、外来人口聚集于郊区，导致郊区常住人口短时间内快速膨胀，其社会结构发生深刻变化，这对新型城市社区管理和公共服务提出了巨大的挑战。"镇管社区"正是适应郊区快速城市化发展而形成的一种社会管理创新机制。

综上所述，在国际学术界对公共行政管理及相关领域的研究较多，譬如，早期的韦伯主义者强调国家的政治统治能力，结构功能学派着重于为政治体系功能及其结果的分析等后期世界的相关研究提供基础，近几年来，国内学术界关于政府能力问题从经济学角度对中央政府和地方政府的关系，从政治学、行政学角度对政府能力、政府职能、政府有效性等方面进行研究。实践中，重点围绕公共管理水平和服务质量、行政诉求处理、政府转型等问题，从不同角度对公共行政管理各个领域进行了深入细致的探讨，丰富和发展了公共行政管理学理论，对构建社会区域和谐安全具有重要的理论价值和实践意义。

实践中，自20世纪70年代开始，西方各国政府的公共管理职能遇到了前所未有的挑战。它们相继进行了以采用商业管理的理论、方法和技术，引入市场机制，提高公共行政管理水平和社会服务质量为主要特征的公共管理职能的改革。伴随着全球化、信息化、市场化以及知识经济时代的来临，西方各国相继进入了公共部门管理尤其是政府管理改革市场化的时代，以提高公共管理水平及公共服务质量，并形成"新公共管理"的实践模式。

随着改革开放日益走向深入，政府公共管理能力遇到前所未有的挑战。尤其在我国向市场经济转轨的过程中，在政府垄断的公共服务领域里，仍然普遍存在着行政服务管理水平低的问题，需要克服。因此，我国可以借鉴西方相对发达的市场化国家的经验，在政府公共服务领域进行市场化的有益探索。

提高公共行政管理水平，关键在人。哈佛大学校长萨默斯指出，"有一支什么样的公务员队伍，这对中国未来的发展至关重要"。萨默斯说，"因为加入世贸组织后，给中国带来了机会，也有挑战。许多方面需要变革，例如区域环保、教育、交通运输、金融、商业等方面，并要增加更多创业、就业的机会。"在未来20多年中，如何解决这些问题对我国公务员是一个挑战。萨默斯称，培训是提高公务员管理水平的一个重要途径。

第二节　我国社区政府民生诉求处理的现实与挑战

中国经过20世纪90年代前后至21世纪第一个10年、20多年的经济高速发展，国力增强，人民生活水平显著提高，国民生产总值迅速提升为世界第二，中国城乡现代化程度的提高也是有目共睹的。但是，中国社会发展恰恰在取得辉煌成绩的同时，产生了一些亟须解决的问题，而且潜藏着巨大的难关需要克服。通过对YC社会区域近十年来政府行政诉求处理公开的信息进行分类比较研究，发现这些案例个个与民生相关，很好地解决这些问题，实际上既提高了政府的公信力，也很好地维护了区域内包括校园广大师生在内的民生权益，更是解决改革开放过程中区域社会深层次矛盾的具体体现。这对于中国这个处于计划经济向市场经济转型时期的国家而言，政府行政诉求处理能力、政府公信力、公共管理、公共管理服务人员素质等都关乎国家的命运。

随着全球化、信息化、市场化以及知识经济时代的来临，西方各国相继进入了公共部门管理尤其是政府管理改革市场化的时代，以提高公共管理水平及公共服务质量，并形成"新公共管理"的实践模式。我国在向市场经济转轨的过程中，在政府垄断的公共服务领域里，仍然普遍存在着服务水平低、服务质量差等弊端。

在市场机制逐渐完善过程中，利益冲突层出不穷的产生在所难免。在这个过程中，公共管理、公共服务机构规范市场运作机制，合理引导市场主体在市场经济中的行为显得尤为必要。在深化改革的过程中，基层公共管理、公共服务机构应当有所作为，促进社会主义市场经济的发育完善。在市场机制逐渐完善过程中，公共管理机构应完善相关法律法规，以便有法可依，同时，应加强对市场行为的引导，加强宣传教育，市场行为主体应当按照市场经济规则开展社会经济活动。

20世纪70年代开始，西方各国政府的公共管理职能遇到了前所未有的挑战，它们相继进行了以采用商业管理的理论、方法和技术，引入市场机制，提高公共管理水平和服务质量为主要特征的公共管理职能的改革。现阶段，我国改革开放进入深水期，如果公共管理水平不能及时得到相应的提高，那就或迟或早地会产生这样或那样的消极影响，有时甚至非常严重。

面对现实性挑战，在探讨提高政府人员素质方面，首先应提高政府公共管理服务水平，必须进一步加强公共行政管理专业人才的素质培养。通过对抽样案例综合分析比较，不难得出：如果基层公共管理人员具备一定的素质，很多矛盾是可以化解的。然而，问题解决结果却适得其反，致使纠纷升级，矛盾激化。这说明，基层公共管理人员素质在今天遇到了极大的挑战，这些挑战主要来自基层公共行政管理人员损人利己、狭隘的利益观，基层公共行政管理人员简单粗暴行为时有发生，行政执行力亟须提高，等等。譬如，区域很多扶贫项目开发本来是惠民工程，公共管理机构、公共服务部门的初衷是好的，但由于基层干部执行不力，对政策缺乏耐心细致的宣传和解释，甚至不公正执政，导致社区群众很有意见，从而使基层政府的公共管理机构公信力受到影响。[1]

通过比较研究与走访调查，我们认为，提高基层公共管理人员的政府行政诉求处理能力，是近几年为转变政府职能、适应建设服务型政府的需要，如何提高公共管理人员的政府行政诉求处理能力成为我国各级公共管理、公共服务机构，以及基层公共管理人员的主要工作任务之一。2003年12月人事部发布的《国家公务员通用能力标准框架（试行）》将公务员政府行政诉求处理列为第三位，说明政府行政诉求处理在公务员能力标准中占有极高地位。同样印证了提高基层公共行政服务人员的整体素质在和谐区域社会的重要性。

面对基层政府职能转变迫在眉睫，近年来，国家为加强社会治理能力建设，先后出台了一系列的基层社会区域机制，但法律、制度、规章不可能容纳丰富的社会实践所产生的种种新问题，社会实践总是不断对公共行政管理机构的政府行政诉求处理提出新的挑战。随着全球化的进程加快，新问题产生得越多，公共管理、公共服务机构面对的问题也就日益增多，解决问题的水平也需要相应提高。因此，政府的执政水平与执政能力遇到了前所未有的挑战。譬如伴随改革开放走向深入以及城乡一体化实践的推进，土地联产承包责任制度和房地产管理制度也遇到一些新的问题需要解决。经过多少年的规范管理，车辆超载收费现象已有所遏制，近些年来，随着社会经济发展，车辆收费标准应相应地上浮，交通管理部门应当因时

---

[1] 刘振勇、陆霞：《信访治理中基层政府公信力的弱化及其防治》，《领导科学》2019年第22期。

革新。伴随着城乡一体化与市场机制逐渐完善，公租房管理、商品房交易规、物业管理等规则的制定与完善，高校安全的保障等成为一系列新课题。同时也应当看到社会转型时期问题的不断涌现对政府的执政水平以巨大的考验，研究认为，根本解决的办法在于转变政府职能。

全球化浪潮、国外新公共管理运动以及我国全面转型和经济社会发展失衡共同构成了政府转型的时代背景。目前，我国公共行政管理与公共服务机构转型的目标是实现经济建设型政府向公共服务型政府转变，以公共服务职能为主导，推动市场经济的完善，致力于成为提高公共服务绩效的全新政府范型。

随着改革开放不断走向深入，新的社会问题可能层出不穷地产生，这必然对公共行政管理和公共服务产生新的挑战。譬如，尽管国家质监部门加强了对商品房建设及其质量技术的监督管理，但由于近些年商品房交易量急剧增加，因建筑物质量技术问题而产生的信访人数普遍增加。加之改革开放以来，人口流动频繁，特别是随着城市化建设的快速发展，农村人口大量拥进城市，使得市政管理部门面对诸如摊贩乱摆、乱扔乱堆、噪声扰乱正常生活、安全隐患、乱搭乱建等难题需要解决。伴随着城乡一体化，农村人口涌入城市，加之人口流动频繁，使城市交通面对着很大的压力。在我国，社区物业管理行业起步晚，市场化程度较低，物业管理企业服务水平良莠不齐，管理价值不符、违规、侵权的现象时有发生，投诉率居高不下。城市公租房事业也是一个新兴的实践，存在的问题也促使该事业更加完善。

有研究指出，随着大都市城市化进程和大型居住区建设的快速推进，大量的中心城区人口向郊区导入、外来人口聚集于郊区，导致郊区常住人口短时间内快速膨胀，其社会结构发生深刻变化，这对新型城市社区管理和公共服务提出了巨大的挑战。

随着市场经济体系的发育完善，人们的市场行为越来越多，法制意识、公民意识日渐增强，特别是强调行政法治的当下，要求依法办事的心理与诉求日渐强烈，社区公共行政管理机构应抓住机遇，完善法律体系。

企业是市场经济的主体，其市场行为所发生的纠纷本应通过法律程序解决。但许多市场主体事先存在盲目性，事后又习惯于政府组织调解纠纷，这就使得市场机制在逐步完善的过程中，政府面对着纷繁复杂的经济纠纷需要协调，从而提高了基层行政成本。市场行为主体进行的市场活动本来是个体行为,事先并不一定涉及政府,但一旦出了问题,市场行为主体反而将事发原因归于政府行政,从而降低政府公信力。因此,政府执政能力面对的挑战还包括对老百姓政策宣传教育的迫切性。譬如,一项工程,工程承包方从政府承包工程,双方本应履行正常的合同程序,而工程承包方与施工人员也应当履行合同,但往往大家都没有按法律程序办事,而是直接将问题推向基层政府组织,层出不穷的类似问题,让基层政府应接不暇。也有一些问题需要通过制定相关的制度法规予以完善解决,有些问题之所以得不到解决,主要在于缺乏问题解决的法律依据。譬如,校区周边文化市场管理、商场管理、夜市大排档管理,等等,都应有相关的法律法规,并随着实践不断完善和发展。

市场机制有一个逐步完善的过程,在这个过程中,一方面,制定和完善相关的法律法规,规范办事程序;另一方面,作为市场行为主体的投资人、消费者同样需要了解法律法规,这就需要政府进行投资,经营法规教育,购买社保基本知识教育、施工宣传、公民法制宣传等。通过案例比较分析,基层政府应当抓紧转变职能,管好政府应当管好的事情,也就是李克强总理强调的完善"放、管、服",以此促进市场机制发育完善,通过市场调节机制调节市场经济主体的行为,而市场经济主体间产生的纠纷应当通过法律途径解决。在对一些基层干部违法违纪的事例分析之后发现,一方面一些基层行政人员民主法制观念淡薄,另一方面应当加强民主法制建设,坚持依法办事,民主执政,坚决实行基层群众民主管理制度。有研究指出,当前,社会管理创新已经进入向制度化、法治化、科学化方向发展的阶段,各地应总结推广典型成功经验,促进社会管理创新与地方立法衔接,逐步完善社会管理体制机制,形成具有本地区特色的社会管理运行模式。

在社区治理中,科学规划是社区政府科学施政的一项十分必要的程序,譬如,城市发展规划应因地制宜,因势利导。我国正处于快速发展阶段,加之我国特色的社会主义发展也没有现成的模式参照,这也无疑给区域性城市整体规划带来了难题,然而,旧城有旧城的特色,新城有新城的特色,城区合理规划可以起到新城旧城、农村城市相得益彰的好处。

在区域发展中,项目开发本是一件惠及群众的大好事,可是由于有些建筑施工单位缺乏科学规划,不能合理地管理和施工,致使因施工而影响周围群众利益的事情时有发生,如果施工方能够妥善处理并及时回复好发生的纠纷,也算是做了一件善事,关键是一些施工单位往往不能认真对待群众的诉求或正当合理意见,仗着有人撑腰,无视群众的利益,不愿意认真解决反映的问题,致使纠纷升级。

另外,提高社区人员整体素质是基层行政组织一项刻不容缓的常规性服务工作。譬如,夜晚高声大嗓、吵闹喧哗,都属于公民素质低下或不良习惯使然。纵观世界,在夜间不顾对他人影响而高声大嗓、大声喧哗,这种旧社会留下的恶习需要随着社会主义文化大发展、大繁荣而改变。

在强调法治施政大环境下,民主法制建设是市场机制发育完善的必然要求。从社会一般规律来看,基层建设是政权建设中最关键最难的部分。随着农民务工潮的出现,基层劳力骨干大量外出,导致基层优秀干部严重缺乏,部分在乡镇的基层干部钻政策、法律的空子,违纪违法,甚至上下勾结制造了种种违法违纪案例,譬如部分区域基层干部素质低下,上下勾结,违法乱纪、吃回扣、拉帮结派、公款吃喝旅游等。解决基层问题的根本出路在于基层事公务公开、财务公开,让基层群众参与决策,参与管理。要提高基层干部违纪违法成本,应对于违纪违法人员严惩不贷。从走访调查到的一些群众意见了解到,上面有保护伞往往是基层干部违纪违法的主要原因,因此对于参与违纪违法的基层干部,尤其是那些违法的基层民众团体的领头人应实行连带或终身追究责任制度,一追到底。对有一些民愤较大的基层组织领头干部,应依法重新选举或实行责任一票否决制,同时收集证据,依法追究法制责任。在利益面前,人人皆可能贪图利益违纪违法,因此,不能完全借助于道德说教解决基层建设问题,而应当发挥村民(居民)自治和依法执政两条腿走路的作用。

第三节 构建区域政府对社会权益维护的风险防范保障机制

我们在对内地 YC 区域社会安全问题进行了跟踪调查研究,重点是那些影响区域安全,包括区域高校师生合法权益维护以及可能导致的相关社会风险的最主要最普遍的社会冲突问题,以期从社会层面形成对我国高校师生权益的维护机制。

一 思想纠偏是政府对社会公民权益维护而进行的源头预防保障

曾经发生在 YC 民族地区的几次社会冲突事件，不仅在全国产生了较大影响，而且具有相当的典型性。如因民族风俗引起的贵州省德江县"舞龙"事件、无直接利益冲突型的贵州瓮安事件、具有一定侠义色彩的邓玉娇网络事件、带有某种族群意识的利川冉建新事件以及地方政府作为失当的吉首集资事件等。这些事件的发生，其起因复杂多样，各有特色。从表面现象上来看，是涉及地方与民争利的博弈、踩着政策红线的社会集资、社会道德观的堕落、官场的权力争斗、风俗习惯问题的处理不当等诸多方面，而寻根问底，其背后往往是深层次的社会矛盾特别是利益矛盾的积累，是民众对当地政府长期的负面情绪无处发泄而由腹议—怨气—怒气的从渐变到突变的发展，是干群关系由鱼水关系过渡到官民关系并演变成油水关系，甚至水火关系的逐步转化的结果。否则，很难说清为什么一般性的人民内部矛盾会激化为带有一定对抗性的官民之间的尖锐冲突。

一般而言，社会冲突的产生有着深刻的社会、政治、经济、文化、法制等外在根源。由于社会转型期带来的社会失范、社会分化加剧、社会结构失调、社会心理失衡、社会控制力下降、社会阶层的刚性化等问题，是社会冲突产生的社会根源；公民有序参与政治不足、民众政治参与的困境、政府权力的异化、干部工作作风不良、处置问题方法不当，是社会冲突产生的政治根源；社会贫富差距拉大，收入分配不公造成的经济结构上的失衡，是社会冲突产生的经济根源；传统文化与现代文化的冲击与困囿，是社会冲突衍生的文化根源；公民正当权益得不到法律保护，法制上的漏洞与失范、公力救济渠道的不足与不畅，是社会冲突衍生的法制根源。

虽然对引起社会风险发生的方方面面的原因进行研究的文章很多，但由于研究深度和广度的局限，这些研究往往治标不治本，其研究价值受限。多数研究意识到社会冲突的根源主要是利益矛盾特别是物质利益的冲突。但由于各种原因，许多研究侧重社会冲突发生的直接的、表面的原因的分析与揭露，更多地把原因归于基层党政行为的失范及处理问题能力不足等，而对矛盾产生的深层次的原因特别是制度、体制上的原因少有触及，而这恰恰是从源头上阻断重大社会冲突中最重要、最关键的一环。因此，社会风险的防范与对策的研究趋势，更应该从其发生的起因追根溯源，从民众诉求的合理性角度入手，解构政策得失，纠正认识误区，探求积极因素，运用博弈方法，建立合作机制，用釜底抽薪而不是扬汤止沸的办法来根除和缩小社会风险，做到在理论上有所突破、在实践上有所创新。

出于政治稳定的考虑，有关方面对深层次的研究亦抱有较大疑虑。这种疑虑，在预防特别是处置社会冲突的问题上表现得淋漓尽致。其基本的模式是，在观念上唯我独尊、在谈判时拒绝合作、在事发时封网删帖、在处置时对抗弹压。这种路径依赖式的惰性思维和行政作为的范式，不仅没有降低社会风险，反而导致民众的怒气越集越多，从而为今后规模更大、烈度更强的社会冲突埋下祸根。

从调查的情况看来，YC地区所发生的几个较为典型的集体性诉求，除了具有社会冲突事件的一般规律和性质，如自发的群体性、松散的组织性、不太确定的目的性、动因的复杂性和对社会的危害性外，还具有老少边穷地区自身所独有的一些较为典型的特征，如敏感性、民族性、地域性、政治性等特点。这些特点，导致该地区成了某些较为激烈的社会冲突的发源地，亦成为社会风险防范与对策研究不可或缺的典型样本。因此，从各个不同的视角来审视内地民族地区的社会冲突事件，分析该地区经济社会发展中隐藏和出现的社会矛盾，研究和探讨我国内地少数民族地区社会冲突事件的原因、表现和特点，着重从产生导致群众不满意的地方政府施政的指导思想、政策措施、机制体制等方面的失当进行深度研究，提出对社会风险进行防范和应对的对策和措施，从而建立适合地区预防社会风险发生的机制和化解社会矛盾的方法和对策，达到防重于治的效果。并由此而建立整个社会的风险防范机制和风险发生的应对策略，为维护社会稳定，构建和谐社会提供理论支持。

研究认为：思想上政治上的路线正确与否是决定一切的。思想出现偏差，则行动上必然失误，由此带来的社会风险也相应加大。思想上的偏差是社会风险发生的根本性原因。因此，实施思想纠偏措施是对社会风险进行源头预防的首要的、可靠的保证。

改革开放以来，由于是"摸着石头过河"，加上对某些思想作为指导后的不确定性的预判，从而出现了不少的思想偏差问题。这些问题，加大了发生社会风险的概率。

根据YC地区已发生的社会冲突的几个具体案例来看，由于思想上的偏差而带来的对社会风险有较大影响的错误思潮，大致有如下几种。

（一）理性经济人思想导向是社会风险加大的根本

多年以来，由于在一些区域马克思主义被边缘化所形成的指导思想的一元化的模糊不清，意识形态领域的极度混乱和社会主流价值观的失落，导致了各种错误思潮大肆泛滥，最终形成了社会道德的下滑，对社会风险的发生带来了极大的负面影响。

在指导思想一元化的问题上，主管意识形态的部门和主流媒体一直都是含混不清、语焉不详，甚至可以说是基本上放弃了马克思主义作为指导思想的理论基础。习近平总书记在哲学社会科学工作座谈会上发表的重要讲话中指出："实际工作中，在有的领域中马克思主义被边缘化、空泛化、标签化，在一些学科中'失语'、教材中'失踪'、论坛上'失声'。这种状况必须引起我们高度重视。"这种情况，甚至出现在作为社会科学工作的最高领导机关里。如同中央第一巡视组对中国社会科学院党组进行专项巡视后所批评的："马克思主义在一些学科的指导地位边缘化，存在一些错误思想倾向。"

在各种错误思潮的影响中，占据主流地位的要数理性经济人理论。在理性经济人这个"光环"多年的辉映下，各种副产品都应运而生，并不断发扬光大。舶来品有新自由主义、普世价值，本土的有"猫论""人不为己、天诛地灭"论，等等，不一而足。这些土洋结合的错误思潮，给中国社会带来了深刻的负面影响，亦是社会风险发生的最根本的思想基础。①

（二）泛私化倾向是社会冲突的基本的思想原因

由于上述的一些区域的马克思主义被边缘化的现状，以意识形态多样化的名义来否定指导思想的一元化，并进一步以此为武器来模糊、淡化马克思主义关于共产党人要消灭私有制这个最根本理论的错误思潮就得到了广泛的流行，从而使以企业改制的名义进行的把国企化公为私的错误行为得到了最广泛、最深入的推广，最终导致私有化在中国大地上泛滥，并使宪法规定的以公有制为主体的社会经济制度几乎形同虚设。实际情况正如原中央文献研究室主任逄先知所归纳总结的"现在各种错误思潮泛滥，固然同我们的思想宣传工作不力有关，但更重要的是经济基础发生了重大

---

① 欧阳美平、蒋长新：《对理性经济人的"理性"的质疑》，《前沿》2012年第23期。

变化。拿国有经济来说，它的总产量只占经济总量的25%，只占出口贸易额的11%，非国有企业反而成为外贸出口的主力军。国有经济是不是处于主导地位都成问题，又怎能保证公有制的主体地位。"

公有制是否仍居主体地位，没有任何数据能予以证实。相反，有些数据却有人以反对"国进民退"的名义透露出来。以国家统计局原局长马建堂于2009年11月22日在参加"中国经济学家年度论坛"时公开的数据来看：非国有企业（国有及国有控股之外的企业）2005年占所有企业数量的比重为89.89%，2008年提升至95%，产值比重由2005年的66.72%上升至2008年的71.66%，资产比重由2005年的51.95%上升至2008年的56.62%，利润总额比重由2005年的55.96%上升至2008年的70.34%，就业人数比重由2005年的72.81%上升至2008年的79.70%。如此全面的披露非国有企业单位个数、工业总产值、资产、利润总额和就业人数等在总份额中的占有比及占有数不断上升的数据，但总体国家经济的发展与活力是得到全世界的公认和赞许的，因此，我们不能一味地认为非国有企业的数量和占比大于国营企业，就认为公有制居主体地位被取代。

至于广泛的私有化是否形成了私有制？在这个涉及国家基本经济制度的重大问题上，有关部门应该按照习近平总书记在党的十九大报告中的严肃要求："加强宪法实施和监督，推进合宪性审查工作，维护宪法权威"，用真实的数据而不是敷衍塞责的态度给予党和人民一个明确的说明。

可以说，迄今为止，中国社会出现的许多问题，都和这种思想偏差有着或强或弱的关联。以过去影响较大、烈度最强的瓮安事件为例，就可以充分看到生产资料私有化所产生的恶果。

瓮安事件，是比较典型的无直接利益冲突型的集体性诉求。分析瓮安事件发生原因的论文很多，但多数都囿于表面的、直接的现象及推理。稍微敏感一点的，也不过指出了当地尖锐的干群矛盾、警民矛盾。而导致干群矛盾、警民矛盾尖锐的原因，原贵州省委书记石宗源同志在瓮安事件后也仅是说："瓮安县在矿产资源开发、移民安置、建筑拆迁等工作中，侵犯群众利益的事情屡屡发生。而在处置这些矛盾纠纷和集体性诉求过程中，一些干部作风粗暴、工作方法简单，甚至随意动用警力。他们工作不作为、不到位，只要一出事，就把公安机关推上第一线，群众意见很大，不但导致干群关系紧张，而且促使警民关系紧张。"

应该说，这两个紧张关系，只不过是瓮安事件发生的重要推手。一起单纯的民事案件最后酿成一起严重的打、砸、抢、烧集体性诉求，"其中必有深层次的因素。"然而，深层次的因素我想就不只是当时区域领导总结的"瓮安县在矿产资源开发、移民安置、建筑拆迁等工作中，侵犯群众利益的事情屡有发生"吧？

因此，我们认为，私营业主和当地民众的利益纠纷，是瓮安事件的直接推手。正是因为私营企业老板的利益裹挟，才促成了干群矛盾和警民矛盾。而私营企业为了让资本能攫取更多的利润，是什么样的人间丑事都有可能干得出来的，甚至如马克思所说的"不怕绞首的危险"。因此，私有化的利益争夺带来的分配问题，才是瓮安事件直接的罪魁祸首。

因私有化引起的分配不公的直接恶果在瓮安事件中反映得较为明显。而由此带来的日益扩大的贫富差距所引起的民众与日俱增的不满情绪，才是瓮安事件多数参与者发泄怒火的真实心理理由。公安局和县委大楼被火烧只不过是因为公安、政府机关成了为私有化保驾护航较为卖力而不幸牺牲的替罪羊。正如时任瓮安公安局负责人在接受记者采访时说了这段话："我们分析原因主要是对政府部门和公安不满，对社会不满，想要发泄仇恨和气愤。作为公安，这两年我们的非警务活动比较多，这不是我们的问题。比如，遇到集体性诉求就出动警察，这种'得罪'老百姓的事，都得我们去做。这几年，针对集体性诉求，我们出动百人以上的大行动就有五次。这其中包括矿权纠纷、移民搬迁、房屋拆迁，等等。我们几乎把人都'得罪'完了。"这段话，可以说是对上述结论最好的注脚。

如果说，因私有化问题而导致集体性诉求在瓮安之乱中还表现得不够直接，那么，以国企私有化而荣获"苏州经验"、号称"王大胆"的原吉林省委书记王珉所主导的通钢私有化过程中，私营企业建龙集团所委派的总经理陈国军被愤怒的工人群殴致死，应该说是旗帜鲜明且淋漓尽致地表明了工人阶级对国企私有化的态度了吧！类似情况还有，以"仇卖光"而闻名天下的仇和，靠"权力和资本结合起来剥夺平民"的改革方式升到了云南省的副省长高位，最终还是因"腐败"而被"双开"并获刑14年，且把自己挂在嘴上的"为公才改革，为私谁改革"的谎言摔了个一地鸡毛。"王大胆"和"仇卖光"的被双开并获重刑的前车之覆，应该充分说明了党和人民对那些肆无忌惮的摧毁公有制的不法之徒的鲜明态度。更进一步还说明这些人对不摧毁公有制，就不能充分发展私有制的辩证关系是非常清楚的，尽管他们中大多对马克思主义的理论也有一定接触。

从经济学的角度来分析，让一部分人先富起来，就会使大部分人相对乃至绝对的先穷下去。如同钟南山所说："如果一个政党以少数人先富起来为目标，那么必然是建立在多数人受剥削的基础上。"资本主义经济发展证实：社会的总产品，是一个在生产力提高的基础上不断扩大的用百分比来表示的定数。在资本家的人格资本化以后，由于资本增值的需求和马太效应的作用，先富的人一定还会不断攫取穷人的财富，而不是什么帮后富。至少在财富的相对占有上，穷人只会越来越穷。这一点，原国家行政学院公共行政教研室主任竹立家多年前已经用数据作了有力的说明：2000年，我国的财富分配是"二八开"，即20%的人占有80%的财富，80%的人占有20%的财富；2010年一个联合调查显示，我们的财富分配变成了"一九开"，中国一度成为世界上贫富差距最大的国家之一。从已公布的居民收入基尼系数来看，也是一个经不断上涨后在高位徘徊，2015年仍高居0.462，且2016年又升到0.465的超国际警戒线的水平。

至于财产差距，那就就更大了。据《人民日报》2015年披露："在收入差距扩大的同时，我们还面临财产差距扩大的问题，而且这一问题正变得越来越严重。贫富差距已具有一定的稳定性，并形成了阶层和代际转移。"这个财产差距的基尼系数，2012年就已达到0.73的危险水平。

这个危险水平，甚至已经引起了习近平总书记称之的"高度关注"："据有关统计，现在世界基尼系数已经达到0.7左右，超过了公认的0.6'危险线'。"对此，党的十八大以来，党中央已出台一系列大政方针相关政策，特别是在全国扶贫政策实施过程中，居民收入的差距开始明显减少。

但前些时间为适应市场经济、大规模的私有化及由此而造成的巨大的贫富差距，促成了绝大多数社会民众的社会剥夺感或称相对剥夺感的日益增强。心理研究证实，这种心理变量的增强，决定于所期望和所获得之间的差距以及对这一类差距的感受率。如果所期望与所获得之间的差距增大，剥夺感就会增强；如果差距的感受率提高，剥夺感同样也会增强。这种被不断增强的剥夺感，是集体性诉求中参与者内心普遍存在的心态，是社会不平等与集体性诉求之间的中介变量。

社会学家格尔也认为："每个人都有某种价值期望，而社会则有某种价值能力。当社会变迁导致社会的价值能力小于个人的价值期望时，人们就会产生相对剥夺感。相对剥夺感越大，人们造反的可能性就越大，造反行为的破坏性也越强。"这种情况亦如邓小平曾所断言的："如果搞两极分化，情况就不同了，民族矛盾、区域间矛盾、阶级矛盾都会发展，相应地中央和地方的矛盾也会发展，就可能出乱子。"因此，防止社会两极化是我们预防社会风险的重要因素。

（三）信用透支是形成社会风险防火墙失效的最终因素

在我国计划经济时期，民众的权威意识是浓厚的，对政府、国家的信任是前所未有的。政治文化上特别是社会生活中对权威的肯定，使当时的社会诚信度较高，政府的控制力也有效。改革开放后，由于受市场经济和国际环境的影响，一度人们的意识形态自觉性不足，并出现有群众路线的逆向操作，正面宣传的理论与地方反向实践的巨大落差，不断地在透支着政府的信用。政府的权威弱化，社会诚信度下降，民众对政府的不信任，导致"社会控制力下降，出现少数区域的'规范真空'或'控制失灵'"的状况，从而为集体性诉求的发生了提供政治机会。

这种政治机会，主要是由固守某些信念而表现出的思维方式上的偏执、教条化，甚至"指鹿为马"等唯心主义的方法论而引起政府公信力的逐步丧失，日积月累而形成的民众"信仰危机"不断增强而导致的。从信仰危机转化为逆反心理，是最终导致集体性诉求的防火墙失效的最基本的心理因素。这种逆反心理，在无直接利益冲突的集体性诉求中表现最为明显。多数参与者自愿参与和自己没有直接利益的事件，明显表明了参与者对现有社会秩序的不满，表达了和地方政府反着干的心理。譬如，在利川冉建新事件中，族群意识使他们更容易在利益受到侵害面前不相信地方政府的承诺而抱团对抗。

对社会的普通民众而言，由于上述的错误思潮的影响大、时间长，有些甚至深入骨髓，因而正面宣传的理论对他们就没有什么吸引力。如果正面理论又被地方政府反向操作，则正面的理论比"皇帝的新衣"还不如！政府拒绝批评和官员腐败数不胜数，这些政府的腐败行径已使民众产生了视觉疲劳，虽然它们还在不断地增加着信用透支的砝码。然而对整个社会而言，老百姓更看重的是发生在眼前的谎言及为圆谎而作出的表现。就研究重点关注地区所发生的几件集体性诉求来看，损害政府的公信力，招致民众的不信任或点燃、或加速、或加重的集体性诉求大致有：一是基层行政隐瞒真相、欺骗民众行为；二是行政人员警黑勾结，基层司法、行政人员刑讯逼供情况；三是基层政府公开行政不够，对某些敏感问题的不真诚这三方面的问题。

以政府公开、诚信来说，我国改革四十多年来出现的城乡区域发展和收入分配差距依然较大，群众在就业、教育、医疗、居住、养老等方面面临不少难题；社会文明水平尚需提高；社会矛盾和问题交织叠加。对这些问题，老百姓都是心知肚明，政府也是心里有数。只要政府能实事求是、公开透明地把这些问题从理论上讲清楚，从思想上明是非，从政策上水端平，从行动上分正误，老百姓还是能够体谅政府的难处的。相反，如果采取鸵鸟政策，以为自己忌讳的问题，民众也会回避，那就错得太远了。从博弈理论的角度思考，群众知道问题出在哪里，政府也知道问题出在哪里；群众也知道政府知道问题出在哪里，政府也知道群众知道问题出在哪里……某些实际问题，是需要物质和时间来解决的，比如民间俗论的房子、教育、医疗、养老等"新四座大山"。只要这些大山在不断地向好的方向转化，而不是继续"杀开一条血路"，群众都可以善意地等待，信用危机还不至于继续恶化。但对贫富差距、两极分化、私有化的程度、"民营企业家"的阶级属性、雇佣关系、工人阶级的领导地位，特别是某些马克思主义的核心话语，譬如资本的剩余价值与剥削、公有制与私有化的关系等敏感问题，在新时代的条件下，其内涵该如何随着时代的变迁、实践的发展而不断得到丰富和发展。这些，既不依赖于物质的马上解决，也不需要时间来等待确认，为什么不能在马克思主义的指导下，从理论到实践的结合上予以厘清呢？要知道，这些问题是实际存在的，想回避也回避不了。只有正视并正确解释和引导，才能增强公信力，提高执行力。反之，只会进一步透支信用。

举一个最简单的例子，邓小平曾告诫党内同志们："如果我们的政策导致两极分化，我们就失败了；如果产生了什么新的资产阶级，那我们就真是走了邪路了。"问题提得很尖锐。那么，现在是否出现了两极分化，是否产生了新的资产阶级？如果不是，依据何在？和民众认知的差距如何克服？如果是，是否承认失败，是否走了邪路？对这些认知问题解决不了，谈何理论自信？

这些敏感问题，虽说对社会风险的发生没有直接的关系，但某些间接的影响，却比直接的关系来得更深刻。它影响着一代乃至几代人对政府信用的评判，并潜移默化地影响着每个人的价值判断和信仰。在某种意义上说，这些问题，对现任官员们的影响远比对平民的影响更普遍、更有力。平民尚且糊弄不了，何况官员乎！

曾有学者从理论上这样分析了政府公信力低下的具体表现：一是政府行为存在行政违法、行政权力异化、行政腐败等现象，影响了公众对政府行为的信任。二是公共政策价值取向与民众意愿相背离，公共政策责任机制不完善，公共政策缺乏稳定性，公共政策执行过程中存在偏差等。三是政府绩效评估价值取向、评估的真实性受到了公众的质疑。四是政府资信传递渠道不畅通、对重大公共安全事件的瞒报等行为使公众对政府资信持怀疑态度，直接导致了政府公信力的下降和工作的被动。

在一定时期内，政府公信力的逐年下降与集体性诉求的逐年上升，说明社会风险发生的概率和政府的信用程度成反比，也进一步说明公信力越强的政府在处理社会纠纷时所做出的决定越容易获得社会成员的认可和拥护。如果政府缺乏公信力，大量的社会矛盾和冲突会在正常的整治过程之外解决，从而导致社会动荡。由此可见，地方政府的信用透支是推动集体性诉求发生的最重要的因素之一。

也有学者认为："政府行为对信任的重建很重要，因为政府控制了所有信任形成的制度环境。政府的权力太大，对政府的约束不够，人们就没办法预测未来就会无所适从，政府就不值得信任。"因此，防范社会风险的一个最重要的工作，就是要从上到下，花大力气恢复党的实事求是的思想作风，重塑政府公信力，让各种空话、假话、套话、正确而无用的废话逐步退出市场，让各种潜规则基本无人执行。

要进行一个重塑政府公信力的工程，来遏制政府公信力的进一步丧失。在理论上，必须在对重大现实问题的认知上要有根本性突破；在政治上，要认识到官僚主义和腐败行为导致的群众对政府的信任危机是重大集体性诉求发生的政治因素。因此，反腐败要触动体制上、土壤上的问题。对政府队伍中那些信口雌黄、翻云覆雨之辈，嘴尖皮厚、风吹两边倒之徒，应毫不妥协地驱逐出公务员队伍，而不是仅限于贪腐官员，这是提高政府公信力必不可少的组织措施之一。

（四）政府的思想纠偏要保证准确、有力、有效

对于基层政府的信用透支，表现在社会生活的各个层面。见子打子固然不差，然要从根本上解决问题，只能从政治思想上出现的失误来进行检讨，从路线的角度来进行纠偏，防止把"党的群众路线教育实践活动"

偷换成只是教育群众的实践运动。这种偷换，不仅达不到预期的效果，反而得到了群众更大的不信任这个"跳蚤"。即便某些问题一时还看不清，亦可进行学术上的探讨，运用马克思主义的立场、观点和方法来明辨是非；已经看清楚的，就必须用自我批评，特别是批评这个武器和错误思想予以切割，而不是只宣扬自己的正确，忌讳批判错误。应该说，把"皇帝的新衣"直接脱下来，比夸耀自己衣裳的光鲜更能产生震撼性的效果。这要求我们要确保指导思想的正确性。

1. 思想上的偏差要找准主要矛盾，避免隔着靴子瘙痒

在一定的历史时期，可能出现的偏差会很多，但能让人滑倒的石头只有一个。正确的思想方法是找准这个石头，而不是进行方方面面的现象罗列，看似全面，实则不得要领。

一是出现错误思潮的原因，就是在把马克思主义边缘化基础上实行的指导思想的多元化。这个多元化，自身本就存在着"手表定律"的逻辑困扰及和各个"元"之间的相互冲突。特别是某些理论还存在着一些说法不能自洽的硬伤，某些思想和上一理论及下一观点之间无法兼容等问题，这些问题会引起意识形态领域的混乱。但批评这个错误需要从理论上深度探讨。苏联、东欧国家之所以发生剧变，其中一个决定性的原因就是在思想上放弃了马克思主义的指导地位。实际上，资本主义社会是严格坚持维护资产阶级利益这个唯一的指导思想的，决不允许其他思想对它搞"多元化"。在这一点上，我们的舆论导向要向它们学习。在人民民主专政的前提下，虽然不排除意识形态的多元化，但从宣传和执行的角度应有坚定的、主导的指导思想。而且，指导思想的一元化要明确、具体，不能空对空。在当今世界多种思想、多元文化倾向激荡交融的新形势下，我们更应旗帜鲜明地坚持马克思主义在意识形态领域的指导地位，反对指导思想的"多元化"，确保意识形态领域的正确方向。

二是在一定的历史时期，各种社会思潮多元并存、复杂多变、相互激荡。这就要求我们要搞清楚各种社会思潮的社会基础及其现实成因，预见其给人们带来的影响，并找准对社会影响最大、最普遍、最深刻的错误思潮来进行评判。在各种错误思潮中，比如普世价值、新自由主义、历史虚无主义、民主社会主义等，必有一种在占据主流地位，其他的则是属于被支配、打佯攻的配角。因此，要进行系统的、有说服力的、学术式的批评，做到辩证地否定和扬弃。

2. 批评错误思潮要痛下杀手，不要遮遮掩掩、敷衍了事

社会思潮的演进，总是与一定的社会历史发展阶段相联系。正确、先进的社会思潮，总是在与错误、落后的社会思潮做斗争中才发展起来的。即所谓的不破不立，单纯的宣扬正面的东西，那正面的东西是立不起来的。

在所有的错误思潮中，理性经济人假设的利益最大化，无疑是导致社会道德普遍下滑的最重要的推手。从其问世开始，即便是资本主义的经济学家，也不得不对其进行有限的批评。"经济人"假设从亚当·斯密单纯的"经济人"到约翰·穆勒的"理性经济人"，再到西蒙的"有限理性经济人"，经济人假设的理论推进都没有跳出个体"自利"的窠臼，始终认为合作或利他是利己的副产品。而客观事实却表明，现实中的人是社会人，个体必须在群体的约束条件下才能进行有限的选择。如果在社会经济活动中仅以个体"自利"为目标，不去主动考虑与他人的合作，结果不仅不能实现个体利益的最大化，反而会既不利他也不利己。个人追求利益最大化的行为过程必然受他人追求利益最大化行为过程的影响，同时也必然影响他人追求利益最大化的行为过程。

理性经济人只强调人的动物属性，只图人人为我，否定我为人人。而人的动物属性（或自然属性）则表现为丛林法则。丛林法则在弱肉强食中的一个基本表现，是同类合作（或至少不相食），异类相残。理性经济人将丛林法则引入到人类社会生活中，鼓励人类之间相互算计绞杀，岂不是连动物都不如？因此，人的自然属性必须要受社会属性的制约，人不仅是"经济人"，更是"社会人""道德人"。人的本质不是"理性"与"自私"，而是"群"与集体，是"一切社会关系的总和"，因此需要一定的组织与协调。各种社会管理机制就是这种组织与协调的强制体现。而且人类社会越发展，组织与协调越复杂。也就是说，人的动物理性要受人的社会属性的约束，而不能恶性膨胀。从博弈的视角来看，人的动物理性自己不加约束，不兼顾甚至恶意损害他人的利益，在广义谈判失败的情况下，必然的进程就是诉诸暴力。这已为社会变革的历史和集体性诉求频发的现实所证实。因此，人是人的自然属性与社会属性的统一。人的理性必须有意识地建立在社会联系和分工合作的基础上，而不是什么主观利己、客观利他。而有合作就有让度、妥协，甚至是个体和局部必要的牺牲。

人的动物性本就自私，从社会发展的角度只能约束、压抑、批评，至

逐步减少乃至消除，而不是提倡、支持和鼓励。从简单的食色，性也，到马斯洛的五层次需求理论，乃至马克思设想的共产主义社会"劳动已经不仅仅是谋生的手段，而且本身成了生活的第一需要"，都说明了人的属性的变化是一个随着社会发展而不断进化的、从低级向高级发展的过程。人的初始的动物属性，在社会的发展过程中被逐步弱化，而社会属性却自觉或不自觉地在不断强化。也就是说，是人的社会实践影响了或造就了人的社会属性，是人类的有限理性主导了人的社会属性。且随着社会生产力的不断发展，人更应该的（包括国家舆论主导和政策导向）是强化自己的社会属性，弱化自己的动物属性，只有这样，才能共同生活得更美好。

3. 批判错误思潮要理论联系实际，纯学术式的批评只能是为联系实际打开通道

无疑，理性经济人是西方经济学最重要的理论假设之一，对其进行学术式的批评具有重大意义，本研究亦对其进行过学术质疑。如果仅到此为止，则不免流于肤浅。应该看到，理性经济人及其副产品的泛滥是意识形态领域失控的罪魁祸首。它所宣扬的极端自私自利的思潮使得社会道德下滑，并使民众的心理明显失衡。这个错误所产生的结果，必然要与区域传统道德和民风相冲突，是引发众多社会冲突事件参与者不良心态的主要心理因素。因此，批判这类错误思潮，一定要结合社会生活实际和个人思想实际来进行。否则，要么是空对空，说一套做一套，要么就是手电筒效应，只照别人不照自己，这两种做法不仅没有收到实效，反而会导致政府公信力的进一步下降。

二 政策试错是避免制度政策失误的必要过程

毛主席曾说："政策和策略是党的生命，各级领导同志务必充分注意，万万不可粗心大意。"把政策和策略问题提到党的生命的高度，可见该问题的重要性。可如此重要的问题，在某些官员心中却是"举重若轻"。改革开放以来，不少地方随意制造所谓的"土政策"。这些土政策的预后，就像押宝一样，押对了的，未必是福；押错了的，一定是灾。且由于上述思想方面的偏差及错误思潮的诱导，因急功近利而导致的政策的失当或错误并不鲜见。

从我们抽样的 YC 地区发生的集体性诉求来观察，可以粗略地体会到这一点：在民族意识是黏合剂、族群认同是助燃剂、穷困处境是推进器、

族群个性是加速器等特有因素共振作用下，民族地区社会冲突事件的发生有其复杂的历史、文化、政治、经济、民族心理等多方面原因，但也同时具有一般性社会冲突事件的共同因素，即地方政府施政方略的失误是社会风险发生的主要原因。这些地方政府制定和执行某些政策的明显不公而导致的社会利益结构的失衡，产生了住房、医疗、教育、养老、就业及征地拆迁、环境污染、社会道德下滑等深层次问题，是社会矛盾的主要方面，是造成社会不满、引发社会冲突、导致社会风险发生的政治根源。是大量"无直接利益冲突"发生的根本动力。为减少由于政策的失误而发生社会风险的概率，必须应用政策试错机制。

（一）政策试错为正确政策制定和执行逐一清除障碍

政策试错的必要性，从贵州德江舞龙事件中即可清楚。据新华社报道：2009年2月8日，德江县青龙镇几支青年龙灯队未按有关规定要求，在县政府未批准区域舞龙，被城管执法人员制止。部分人员对此不满，随后到县政府大院要求按传统方式舞龙，并与警察和政府工作人员发生冲突，引来2000多名群众围观，冲突造成3名警察和5名群众受伤。此次事件的起因是德江县政府改变以往传统舞龙线路，禁止群众在主城区舞龙，将舞龙区域划定到环城路，其给出的理由是，主城区街道狭窄、围观群众较多，存在安全隐患。

在元宵节舞龙与炸龙灯，这一传统习俗在当地群众和民俗文化当中具有不可代替的尊崇地位和巨大影响。因此，对于民间习俗不能简而化之地以"安全"因素为由进行限制。这是因为，民间习俗由某些社会公共认可却不成文的规范形成，虽然最初只是人们在社会交往中无意识地产生的，但却受到社会成员的自觉遵守并不断延续，这些规范便具有了持久的生命力，得以代代相传，因此民间习俗也可称为非制度化规则。政府在执政和决策的过程中应在实体层面对此习俗给予足够的尊重，力图使国家法与民间法协调统一，以通过这种互动实现社会良好的秩序与和谐。而如果一旦要从实体层面对传统习俗进行更改，则应充分考虑更改的必要性与可行性，从实体和程序层面均给予足够的重视，使其建立在符合民意的基础上。而不是将其作为一个不甚重要的因素在决策时不予充分重视，以致将一个本是喻示国泰民安、普天同庆的好事办成了破财伤人、干群都不满意的坏事。

由此事件可以得出的结论是，如果县政府当初将禁止在主城区舞龙的想法和龙灯队作前先协商，不管结果如何，会爆发如此激烈的官民冲突吗？后来的事实也证明，德江2010年、2011年和2012年近3年的春节元宵舞龙表演中，由于政府重视且管理到位，活动得到安全有序地进行，表明民间习俗具有良性发展的可行性。亦从反面证明了县政府当初简单地禁止在主城区舞龙这个决策的错误。

从另一方面来说，为保证政策具有可信的执行力，通过权力行使的正当性和透明性获得权力行使的认可度，使民众对政府决策具有更大的信任度和接受度，亦是政策试错机制必须执行的一个重要原因。

(二) 努力建立政策试错的常态化工作预防性机制

确立了政策试错原则，还要建立试错的正常程序，才能保证政策试错的正确执行。在经济关系的处理上，可以说，任何经济政策的出台都是平衡各方收益的硬性办法。既是硬性办法，就得强制执行。在执行过程中，肯定有人受益，有人受损，少有皆大欢喜的双赢。为确保经济政策的正确制定，就要在充分考虑各方利益需求的基础上掌握大致平衡原则。贯彻这个原则应该经历四个必要的程序：政策制定前的调研和民意考量，全面执行前的试点，执行中的及时纠错，执行后受损方的利益补偿。

这四个必要程序，在时间上是连贯的，在道理上是相通的，在实践上是互补的。德江舞龙事件说明了政策制定前的调研和民意考量的重要性；吉首集资事件部分地表现了全面执行前试点的必要性。经过这两个程序，已可大致保障政策的正确性。要达到政策的完满实现，还须进行执行中的及时纠错，及执行后受损方的利益补偿。只有这样，政策才具备了在大范围内全面执行的条件。

如前所说，一项政策的出台，不可能人人满意。在执行的过程中出现的偏差和利益受损方的补偿等问题如不解决好，就会影响即便是正确的政策的执行。

从瓮安事件来看，矿产开发不能不说是好事。但磷矿开发带来了大量的矿群纠纷，最普遍的是土地征用的补偿问题。村民们反映，他们的土地在被用于开矿、修路后，无法得到足额补偿。矿主在补偿时，或是不实地丈量土地面积，或是按往年的标准补偿，或干脆无限期拖欠。

除此之外，开矿时"放炮"（用炸药炸矿石），对矿区环境，特别是水源的影响，也是村民反映强烈的问题。这些问题，由于没有及时纠错并解决，都在后来的瓮安事件中得到了体现。

还有瓮安的移民问题，主要源于贵州省最大的水电站——构皮滩水电站工程。该工程涉及瓮安县北部天文、龙塘等几个乡镇的移民 4000 多人，其中农业人口 3000 多人。

该工程于 2003 年 11 月正式建设，移民安置工程开始于 2002 年下半年。当时，县移民局列出的生产安置费约每人 1.9 万元，村民们普遍认为这个价格过低，有被截留的嫌疑。而直至瓮安事件爆发前，瓮安县城边缘的七星村仍住着上千名因建构皮滩水电站搬迁过来的移民。他们中不少人仍对因安置补偿、批地建房等问题没有得到及时足额的利益补偿而不满。这些不满最终亦在瓮安事件中得到了发泄。

所以，即使是正确的政策，也应该从善始善终的角度来进行完满的布局。一种好的制度安排和政策施行，应该以社会利益结构的大致均衡为前提条件，才有可能把好事办好。

还有一点需要说明的是，正确的政策，也有因执行难而可能形成摆设。即使勉强执行，还可能因有时、空、度的调控问题而导致效果不佳，需要具体情况具体分析。

（三）制定政策的基本导向要向基层民众倾斜

中国共产党强调我们的党员干部要坚持全心全意为人民服务的工作宗旨，这不能仅停留在口头上、悬挂在媒体上，而要体现在各级行政政策的制定上，落实在行动上。

一段时间，发生集体性诉求的频率不断增长，从一个侧面反衬出政府的某些政策确实脱离了为"人民"服务的方向。从前面我们谈到的湖北省利川市冉建新事件发展过程来看，事情的起因表面是由征地、拆迁、建房引起的，其实质还是由某些行政人员在执政中没有真心地为人民服务甚至为个人的政绩滥权所致。如果政府人员在促进发展经济的同时，能充分考虑老百姓基本的生活需求，就不会有后来的群体性集体参与维权事件的。譬如，以受访群体回应的话来说，如果在征地补偿时，政策向被征地的民众而不是开发商适当倾斜一点，老百姓能憋这么大的火气吗？如果不是老百姓的自建房被禁止而使得自身巨大利益受损，他们能有那么大的勇气去砸市政府办公大楼吗？

因此我们认为，权力是用来为群众利益服务还是为个人政绩谋私，是我们在对冉建新事件调查走访后的重点思考。更深刻一点，就是我们应该时刻清楚，共产党的初心是什么？是不是真心实意地、全心全意地为中国绝大多数的基层民众服务，而不仅仅是为少数利益集团、"民营企业家"保驾护航？只有明确了这些问题，政府制定政策的基本导向才可能向工、农、市、学等社会相对弱势群体倾斜。只有切实解决社会各阶层特别是社会相对弱势群体最关心、最现实、最直接的利益问题，才能从源头上阻止社会风险的爆发。①

因此，我们从以上分析得出，要在基层政府真正落实习近平总书记提出的"必须始终把人民利益摆在至高无上的地位，人民群众反对什么、痛恨什么，我们就要坚决防范和纠正什么"，确实还任重而道远！

三　利益平衡是防范社会风险的根本原则

马克思有一句名言："人们奋斗所争取的一切，都同他们的利益有关。"这个利益，既有直接的物质利益，也有其他非物质的利益。在私有化的思潮及行为充斥整个社会的阶段，利益的矛盾与冲突，将会成为一种常规性的社会现象。从这个意义上说，许多集体性诉求，往往就是利益表达和利益博弈的形式之一。这是我们认识和处理新时期社会矛盾与社会冲突，认识和处理集体性诉求的一个最基本的背景和基点。

既然利益的博弈已成常态，则社会风险发生的频率就和利益结构是否平衡，以及失衡的次数及程度密切相关。可以说，利益平衡结构的失衡是社会风险发生的基本原因。

就整个社会而言，利益结构的失衡，表现"在就业、教育、医疗、居住、养老等方面面临不少难题"。这类深层次问题，是大量"无直接利益冲突"发生的根本动力；地方政府过去在国企改革引发的职工下岗失业，农村土地征用造成的农民失地，城市房屋拆迁导致的居民失房和"邻避型污染"所形成的"三失一污"，是造成集体性诉求的直接原因。

习近平总书记说："2015年6月18日，我在贵州贵阳主持召开涉及武陵山、乌蒙山、滇桂黔集中连片特困地区扶贫攻坚座谈会。如何做好深度贫困地区脱贫攻坚工作。攻克深度贫困堡垒，是打赢脱贫攻坚战必须完成的任务。"这从另一方面亦表明了可能引发区域社会风险的主要因素还是由于社会利益结构失衡引起地区贫困所导致的。

---

① 李肆：《中央与地方关系视角下环境政策执行偏差及其破解》，《东岳论丛》2020年第4期。

当前中国不同社会群体间的利益关系严重失衡，突出地表现为贫富差距、城乡差距以及区域差距不断扩大，部分阶层被逐渐边缘化，且这种不同群体间的对立阶层关系正慢慢定型为一种稳固的社会结构。在这种社会结构下，各种矛盾冲突将更加凸显。而当前民众面对矛盾冲突或利益受损时，首先想到的解决问题的途径不是体制内的正常的利益表达途径，譬如信访、调解、诉讼，而是铤而走险，采取极端的做法，如聚众闹事、散布谣言等，希望将事件闹大。认为只有闹大了，才会引起政府的重视，认为"会哭的孩子有奶喝"，认为政府欺软怕硬，认为基层政府不公正，只有闹到上级政府那里才会得到解决。这种较为普遍的思维方式，导致人民内部矛盾的激化，一些问题本可以在基层解决的，却因相互间的不配合而闹得不可收拾，最终引发重大的社会冲突事件。

（一）利益表达渠道畅通无阻

利益结构的平衡与失衡，是一对矛盾的统一体。一般情况下，利益结构不可能有完全的均衡，但也不能出现完全的失衡。如果说，要把社会利益结构的常态不平衡转化为基本平衡，就必须使利益表达渠道畅通。

1. 要有畅通有效的利益表达渠道。在我们对 YC 区域发生的众多集体性诉求归类比较中发现，一般都有利益表达渠道不通的因素在起作用，有时甚至是主要作用。比如在瓮安事件后，当地干部群众在受访中纷纷这样说："如果县委、县政府和县公安局有哪位主要领导第一时间出面接待上访群众的话，局面就不会失控，就不会发生如此大规模的暴力冲突。"

现实中，集体性诉求的参与者最直接的参与动力来源于自身利益被忽视，没有有效的制度来保障其利益诉求的表达。当利益受损时，找不到代表者为其代言，利益不能通过代表者充分有效地表达出来。由于利益表达渠道不足、不通、无效，使公民利益诉求无法表达或实现，形成不满情绪及怨恨心理，是产生集体性诉求的重要的心理因素。

2009 年《人民日报》与人民网联合推出了"地方政府开通社情民意通道，你们那通了吗？"的网络调查，结果显示，96.8%的网友认为自己身边的社情民意不畅通。这种令人遗憾的调查结果，亦表明了社会利益表达渠道的不畅通是过去区域性集体性诉求高发的一个重要原因。随着国家对地方政府社情民意通道的不断完善和广大的民众的意识增强，相关情况已有很大的进步。但从现阶段情况来看，地方政府应重点利用市（县）长专线、信访制度、媒体援助、律师救助乃至人大、政协等的有效运作，来构建多元化的利益表达机制，以解决民众自身及弱势群体的合情、合理、合法的要求，并取得利益结构的相对平衡。在此基础上，还可将公民与政府就共同关注的公共事务进行公开、平等、自由的讨论而达成"协商共识"，并以此作为公共政策合法性的基础，也是人民参与民主管理的不错的尝试。

2. 要建立利益表达效果考核制度，以保障利益表达机制有效运作及取得明显的利益表达效果。要使社会利益表达渠道畅通有效，就要建立利益表达效果的考核制度，这个制度应包含以下内容。

第一是做好信息的甄别和处理。不是所有的要求都是合理的。在各类利益表达的汇集上，要建立情报信息网络，进行信息的甄别和处理。在利益结构的调整中，要准确掌握双方，特别是持反对意见的人数、激烈的程度、要求的幅度及时间的限制。要利用博弈论的方法，注意并处理好私有信息的传递和阻止。在我们调查的集体性诉求中，可以看到不少利用错误的信息甚至谎言来误导民众、争夺舆论、扩大影响、博取同情的事例。

在瓮安事件中，"女学生是被奸杀后投入河中""被奸杀女学生的叔叔被公安人员打死""元凶是县领导的亲戚""公安局曾多次抢尸破坏现场"等谣言四处传播，造成地方行政与当地民众矛盾激化。当然，也有民众质疑警方与事件的内在关联，但警方没有及时回应，也没有让直接相关人员回避，由此而进一步加深了民众的质疑情绪和谣言的传播力度。

因此，在利益表达中，对各种信息一定要及时、准确地予以甄别并处理，把可能导致社会冲突的负面信息和谣言扼杀在摇篮中。

当然，更重要的是对那些正当的利益诉求一定及时予以满意的答复，不得有截留、拖延甚至打击上访人的恶劣现象，对处理的结果要有资料备查。

第二是在继承传统方法的基础上运用媒体监督、网络平台、微信表决等各种现代化的沟通方式，对政策特别是涉及公共利益的行政措施进行民意征求、测评、协商、沟通，并对最后的结果进行考核，以防止某些部门或个人或行政滥作为，或谎报成果，或敷衍了事。

第三是在与民交流过程中，应重点把握以下有效沟通的基本原则：

真诚性，注重与民众的情感沟通；

及时快捷性，不要"留中不发"，甚至一拖到底；

针对性，不要"王顾左右而言他"；

主动性，只有保持主动性才有左右局面的可能；

规范性，要在一定的原则范围内进行沟通。

3. 要建立不同利益博弈方经协商后取得共识的利益结构的平衡。一条涉及利益分配的措施出台，一般来说就是一个零和博弈的过程。由于过去政府既是规则的制定者，又充当了裁判员的角色，时不时地还作为替补运动员上场竞技。三者身份的互换或是同时亮相，凸显了基层政府在其中充当任一角色的重要性，也说明了绝大多数的社会冲突，最终矛头指向的都是地方政府的"合理性"。因此，地方政府制定适合当地经济发展的"土政策"，应该对涉及的利益各方充分征求意见，相互之间提出利益诉求，在真正自愿所形成的共识的基础上，妥善解决矛盾，使各方利益关系更加合理化。

（二）沟通听证实在有效

听证制度是建立民主协商、化解矛盾的一个重要方式。这项制度是在公共利益问题上进行综合平衡的一个必不可少的制度。在公共利益关系的处理上，要切实实行沟通听证制度，就应当在涉及重大"民生"问题的征地补偿、开发补偿和国企改制等方面切实让利益相关群体参与决策，沟通意见，减少单方面操作。一些地方、部门为了小团体的利益，损害群众利益的行为经常发生。针对这些情况，应当建立和加强相关监理，通过客观公正的监理评价，维护各方的正当权益，化解误会，减少矛盾和冲突。可是，在现实社会中，有一些地方政府没有真正遵循科学听证制度，他们要么暗中取消听证环节，要么流于形式化，要么成为"可以接受"的涨价的一个道具。这种把听证制度随意玩弄于股掌之上的做法，往往是无直接利益冲突发生的一个重要的因素。

因此，认真实行听证制度，保证社会不同群体表达自身利益诉求的重要渠道的畅通，从而使社会各群体在利益博弈的基础上实现利益结构的大致均衡，是听证会的主要职责。因此，听证程序要体现实际利益诉求及均衡博弈的全过程，要根据"经济能力容忍度"指标来考察听证会方案的接受度、可行度，以确保听证结果充分反映民意。明显要损害部分群众利益的，应考虑方案执行后对少数受损群众及低收入人群的补偿机制。

严禁听证会成为国家机关立法、决策特别是公共产品涨价的"作秀"或"走过场"的道具。如有此类事情发生，一定要根据情节轻重和由此产生的恶果的程度给予当事人有一定震慑力的惩处，对从中贩卖私货或捞好处的加倍制裁。

听证制度还带来对另一个问题的思考,那就是规范和约束权力问题。事实证明,权力的张力之大,靠少数人、少数机构来约束是远远不够的。只有社会的多数参与进来,和执政党共同看管权力,掌权者才不敢肆意妄为。充分的民主有助于在执政党、政府与公众之间建立一种责任关系,推动政府自觉增强服务功能,防止权力不当干预社会或者侵害社会利益。可以说,听证制度既是人民民主的一种表现形式,也必须靠民主政治来保证其有效执行。[1]

(三) 运用利益平衡机制应注意的问题

1. 地方政府要学会并提高驾驭资本的能力,尽力解决好劳动和资本在一次分配中的均衡问题。解决"更加突出的问题是发展不平衡不充分"这个已经成为满足人民日益增长的美好生活需要的主要制约因素问题。

大量的理论研究和社会实际均表明,贫困落后与社会不稳定之间存在着内在的逻辑关系。我们研究关注的区域,既有部分山民属绝对贫困,亦有很多属于相对贫困。这种贫困状况和由此而引发的相对剥夺感,导致对利益分配的不公感觉更敏感,反应更激烈。

由此,为降低社会风险发生的概率,地方政府在发展经济的同时,要"坚持在发展中保障和改善民生",要明确"增进民生福祉是发展的根本目的。"

要做到这一点,重要的是在初次分配时,政府要提供公平、开放的竞争环境,打破城乡二元格局、打破行业垄断,完善健全各要素市场,规范权力行使,打击寻租腐败问题。保护合法收入,尽力保障劳动在要素分配中所占份额的合理性,做到"在劳动生产率提高的同时实现劳动报酬同步提高。"

地方政府必须学会并提高运用资本和驾驭资本的知识和能力。主要用经济的而不是行政的手段来解决劳动和资本在一次分配中的公平合理性,促进收入分配更合理、更有序,并力争使这个利益平衡达到帕累托最优。由于劳动力的价格主要也是由市场决定的,因此,调控劳动力的价格,主要地应从经济学的角度入手,用博弈论的方法思考,则调控的路子和方法

---

[1] 穆雷:《发挥城市基层组织作用 有效进行公众参与工作》,《环境科学与管理》2012年第10期。

相应地就更多一些。

譬如，可以利用"刘易斯拐点"的到来，顺势而为，形成一个健康的充满活力的劳动力市场。实践证明，在经济进入"刘易斯拐点"之后，劳动力资源就逐渐变得稀缺，获取和维持必要的劳动力资源就逐渐成为企业制胜的重要环节。这就为提高劳动者地位、提高劳动在要素分配中的份额、形成新的劳资关系提供了有利条件。

再譬如，政府可以反向利用凯恩斯的"挖坑理论"及其带来的连锁效应来加大公用事业和公益工程的投资力度（如改造荒漠、盐碱地，兴修水利，填海造地等），来减少失业工人的比例，适当增加所谓"民工荒"的力度（民工荒实际上是民工权利荒，民工短缺实际上是权利短缺或制度短缺，这就需要我们在保护民工权利方面做更多的工作。现有的工资水平无法保障工人正常的生活水平，所以用工荒的实质是要倒逼着涨工资），相应地就增加了工人在劳动力价格上的话语权。

总之，地方政府只要想做到"促进收入分配更合理、更有序"，而不能像有的地方行政公开对集体讨薪行为冠以妨害公务罪公判的方式来达到警示他人群体的作用。相信，各级政府只要方法到位，总是有办法来达到"在经济增长的同时实现居民收入同步增长、拓宽居民劳动收入"这个目的的。

当然，这话说说容易，真做起来确有很大的难度，不妨采用政策试错机制进行试点，取得经验后再全面铺开。

2. 限制某些利益集团对普通民众生活底线的冲击。由于产品价格是由市场决定的，而市场行情又基本是由供需状况决定的。在市场经济条件下，政府采用行政手段来调控价格的能力有限。但是，只要"深入贯彻以人民为中心的发展思想，永远把人民对美好生活的向往作为奋斗目标"，就没有政府解决不了的难题。就中国的国情而言，只要目标正确，手段不妨灵活一点。

"经济容忍度"是指贫困群体对其经济劣势地位的容忍程度。越是贫困落后的国家或地区，物质弹性系数小，政府和农民之间、企业与农民之间的物质回旋余地小，贫困群体对其经济劣势地位的容忍程度就越低，利益诉求就越是强烈和紧迫，利益关系就越紧张，利益冲突就越激烈，就越是容易引起各个利益群体之间的冲突，最终在各种不同诱因、不同形式的某个"点"上形成突然释放，从而爆发集体性诉求。

贫困落后地区的"经济容忍度"越低，贫富差距对人们心理健康的负面影响越大，社会不稳定性就越高。即使在社会基本解决温饱问题的情况下，仍要注意恩格尔系数越高，经济能力容忍度越低的社会现实。要密切关注通胀对民众心理从渐变到突变致爆发的过程。尤为重要的是，相对贫困地区对贫富不均的程度和容忍度更为敏感，因而更容易被突破心理承受底线。

即使现在进入了新时代，一般普通民众的生活仍不太富裕，加之"群众在就业、教育、医疗、居住、养老等方面面临不少难题"，这些难题的任何一个出现较大问题，都可能让一个普通家庭陷入绝境。各个家庭的经济问题在平时没有发泄渠道，一旦出现带有公共性质的经济问题，特别是生活必需品的乱涨价，就会严重冲击普通民众的生活底线，点燃了因此类问题而把各个困难家庭串在一起的导火索，从而成为压垮骆驼的最后一根稻草。

因此，水、电、汽、油等公共必需品的价格，理应由政府牢牢地掌控在手中。控制办法就是听证会。只要听证会不通过，政府就不允许涨价，而听证会的人员和数量是由政府控制的。通过这一制度，就把某些利益集团试图利用涨价而增利的大门牢牢地封死了。

可以肯定的是，一个社会中，如果社会保障制度能够为公民的生活提供合理的预期，这些公民是不会反对这个社会的。因此，当务之急是从加强社会救助、完善社会保障、增加社会福利三个方面强化农村和城市居民最低生活保障制度建设，使住房、医疗、教育、养老等最基本的生活保障能够覆盖大多数社会成员，构筑惠及社会绝大多数成员的最基本保障网络，缓解社会矛盾，稀释弱势群体心中的不满情绪，维护社会稳定。

3. 必须注重"先富起来"的前提和预后，利益的天平应向相对弱势群体倾斜，要"履行好政府再分配调节职能"，以减轻民众的相对剥夺感。

在市场经济条件下，赢者通吃、马太效应的显现已是一个不可抗拒的经济规律。西方资产阶级的发展壮大，还要经过几代人的资本积累和财富的逐步攫取才能实现。而中国已经形成的个人拥有亿万乃至千亿财富的新阶层，仅30年就已基本成型。他们借助国家权力和社会背景及人脉关系，很快地进入世界有影响和有竞争力的企业行业之中，他们中的一些企业为国民经济发展作出了巨大贡献，是我们民族的骄傲，也有少数私企，利用市场经济的制度漏洞，取得的财富多数是带有极浓厚的巧取豪夺、化公为私，乃至强制拆迁、血泪工厂等色彩的卑劣手段取得的。为了逃脱原罪的可能的追讨，他们必将按马克思所说的，要冒着践踏法律甚至不惜绞首的风险来继续攫取财富、转移资产。而这一切，必将加速社会贫富差距、加深两极分化，从而加大社会风险。

当然，作为先富起来的个别个体，由于经历、学识和生活环境等不同，在其后天社会生活中完全可能形成一定的"良知"和社会的基本道德，为社会做不少甚至大量的慈善事业，极个别甚至还可能成为背叛本阶级进而推动社会前进的杰出人物。但是作为社会总资本群体的本质是不会违背资本本性的，是要贪婪无度地寻求利益最大化的。自然，有时为使本阶层更好地生存与发展，更多地榨取剩余价值，也不排除它们在一定范围内作些改良，在经济政治等方面对广大劳动人民群众作些让步。但这些改良和让步，不可能从根本上解决生产的社会化与生产资料私人占有这一基本矛盾。可以肯定地说，大社会化的生产方式与生产资料个人所有之间的矛盾，是资本主义社会自身无法解开的死结。全球化的贸易互补和互联网的作用，只不过是其死期的缓期执行。每一次的经济危机，都是对社会生产力的极大破坏。应对危机，资本主义可以用裁员、销毁商品、减少社会福利来维持利润，帝国主义可以用战争，用对他国的殖民来转移矛盾，社会主义可以吗？大部分资本所有者的人格的资本化，较好地说明了资本家为了利润，什么都可以不要，不要说什么感情、友情、亲情、爱情，必要时，甚至可以拿自己的生命来赌一把。因此，绝不要一味地指望这个先富阶层的整体能发出什么先富带后富的"誓言"！北京大学廉政建设研究中心2011年的一项统计报告显示，仅仅过去10年，逃往北美和欧洲等地的中国腐败官吏就达1万多人，携带出逃款项达6500亿元人民币以上，平均每个贪官成功掠夺了将近1亿元；某些"民营企业家"在价格高位抛掉地产，假借所谓的海外投资来转移个人资产，不就很好地说明了这两类先富阶层的预后吗！

有鉴于此，政府必须履行好自己在一次分配特别是再分配的职能，在制定政策和推出经济措施时，扶弱抑强的思路和措施应成为防范社会风险，特别是阻断无直接利益冲突事件的基本政策导向。在基尼系数没有回到0.4以下的阶段，尤其要把握好这一点。

4. 建立确实可行的利益表达效果的考核制度，以保障利益平衡机制有效运作。再好的机制，如果没有考核制度来约束，也达不到应有的效果。这个考核，主要的就是对有关部门和领导干部的考核。从大的方面来讲，一是利益表达的渠道是否畅通有效；二是利益平衡机制是否做到了大致平衡；三是政府部门是否听得进批评意见；四是对社会冲突的调控是否适当。通过从这四个方面制定考核的具体标准和办法，用有一定力度的批评与表扬、奖励与惩罚、职务的升与降等措施来保障利益平衡机制的有效运作。

在我们所研究地区发生的社会风险事件中，都可以看到由于这四个方面的运作不当而促使或加重了社会冲突的规模和烈度。这在我们前面抽样的实例中有充分的说明，从中也可以看到，没有党的正确的组织路线保证，要建立确实可行的利益平衡效果的考核制度是何等的困难！

四 适时的减压泄愤是降低利益民众怨气的有效方式

既然民众的怨气和怒火已经通过政策的错误实施和利益结构的不平衡而日积月累地不断聚集，并在某些个别事件的引导下从分散到集中、从分歧到统一、从个别到群体而有产生"蝴蝶效应"的可能，则通过各种方式来对民众的怒火实施减压泄愤，就是防止社会冲突发生的一道必要且可行的机制。

（一）民心怒火无处发泄是社会风险发生的主要因素

如上所说，基于利益分配机制的不平衡和其他的社会不公现象，导致了民众意见的逐步聚集。在这个怨气逐渐聚集的过程中，由于怒火没有得到及时的发泄，民众的不满情绪日益得到放大。稍遇火星，便可能引爆火药桶。

就"瓮安事件"的演变过程来说，民众的"不满"情绪起到了至关重要的作用：一是在事件发生的现场，以"女学生之死"和"当事人的叔父被打"为载体，几个关键环节的"不满"得以放大，这是微观层面；二是在瓮安地区，由于当地民众对水电工程的移民和矿产资源开发存在的公平问题不服，导致普通民众明显郁积着对当地政府的"不满"情绪，这是社会冲突发生的群体心理基础，这是中观层面；三是从贵州乃至全国，瓮安民众对一些普遍的社会性问题和不良社会现象的"不满"，从中可以感受到"瓮安事件"发生的社会心理基础，这是宏观层面。

这三个层面的不满情绪的叠加，使得瓮安民众对社会的不满情绪在瓮安之乱中得于集体释放。很明显，事件多数参与者并不是为了个人的直接利益，而是认为社会是不公正的，自己受到不公平的待遇，借此来表达对社会的不满。这类无直接利益冲突的集体性诉求，看似是由一个普通治安事件引发的，其实，这个事件只是一个引线，即使不是这个事件也会由另外一个事件代替。重要的是社会中集聚的民众对社会不公正产生的不满情绪的日益膨胀，这种情绪的存在使社会处于"高压"状态，随时可能爆发。所以，看似无直接利益冲突，实质上是有各种背后利益纠纷错杂在其中的。

正如贵州官方在分析瓮安事件的深层次原因时，认为其除社会治安差、部分干部作风不扎实和法制、品德教育重视不足等原因外，也存在在移民搬迁后期扶持、矿权纠纷处理、国企改革改制、违章建筑拆除中，民众的一些合法权益得不到有效解决，部分群众有怨气，是瓮安事件发生的深层次原因。因此，在集体性诉求中，利益冲突、具体的权益受损都是事件爆发的根本原因。

这种无直接利益冲突的集体性诉求，充分反映了社会矛盾的激化，说明我们的社会在矛盾的化解机制上存在漏洞，对于民众的权利无法提供有效的保障机制，对民众因为社会中不公平现象积累的不满情绪也没有提供合适的表达途径，这无疑会使社会矛盾一触即发。

大面积的社会"积怨"是谣言产生的社会基础。而从"民怨"到大面积的社会"积怨"，从积怨发展到怒火一般都有一个过程，有时候这一过程往往还需要较长时间的发酵和积淀。某些量变到质变的逆转往往就是在发酵过程中逐步形成的。但这种发酵过程常常被我们忽略，直到由偶发事件反映的诉求与群众的怒火产生共鸣，形成共振，从而导致重大集体性诉求爆发。

为了不让群体性意见变成集体性诉求，在各种积怨已成事实的基础上，就必须让民众心里的不满情绪释放出来。要通过民意调查、信访上访、信息员制度、公开电话、官方微信和信箱、领导接待日等方法，来把握群众心理和民间舆论的发生及发展过程。了解"民怨"，即群众是否有怨气，有多少人心中有怨气，有哪些怨气，怨气的指向是什么，怨气的强度如何，避免个别"民怨"发展成为大面积的社会"积怨"。

研究认为："如果敌对情绪可以通过适当的途径得以发泄，就不会有过量的敌对情绪聚积，就不会导致冲突，从而有利于社会关系和社会结构的维持。"当相互对立的利益或是相互敌对的情绪受到压制的时候,产生的结果之一是把敌对情绪从真正的根源中转移出来,从其他渠道发泄,维持原有的关系或是原有关系发生变化;之二是导致原有相互关系的终结。"安全阀"是将敌对情绪引向替代对象或是替代手段的制度,它通过释放被封闭的敌对情绪来维持政府与民众相对稳定的社会结构。

(二) 倡导民众言论自由是行政人员应有的职责

群体性意见增多源于深层次的制度问题,而集体性诉求则应是处置策略问题。避免群体性意见向集体性诉求转变,关键在于充分尊重群体性意见的表达权利,可能合理诱导反而会对地方治理产生建设性作用。而减少群体性意见的生成,关键在于疏通各种意见的表达渠道,将群体性意见化解于事前的政治参与和事后的法律途径。

让民众发泄怒火的主要途径,就是要让人民的确有权力监督、批评政府,要有可行的反映、投诉、问责的渠道。这个渠道能为利益受损者提供一个表达和发泄的渠道及出气的场所,让不满和愤怒的情绪得以通过合法的渠道宣泄出去。政府要消除所谓的敏感和忌讳,真正做到言论自由,就应对重大的、合理的意见有及时的意思表示,不能"留中不发"。要有专门机构对提出的重大问题进行调查处理,并在此基础上建立畅通有效的批评及回应机制,以大幅度地降低及消除民众存在的不满情绪。

要做到这一点,就要克服怕群众批评的心理障碍。放下架子、抹开面子、沉下心来,到群众中间去虚心听取意见。要有能听取不同的甚至是反对的意见的雅量。正如毛主席所说:"因为我们是为人民服务的,所以,如果我们有缺点,就不怕别人批评指出。"

从总体来看,由于现阶段的社会道德还存在一些问题,人与人之间、干部和群众之间、政府和人民之间,存在着许多的不信任。要政府官员能认真地听取群众的意见,在某种"再也不看群众的脸色了"的下意识的指使下,可能就是天方夜谭。现今的社会确实戾气太重,并不鲜见的是,在一些村寨,由于受传统思想的影响,一言不合,就拳脚相加乃至拔刀相向;在基层政府,一见批评,就思报复乃至跨区追捕;在网络,一见敏感字眼和反面意见,就删帖封网。从处理的一些相关案例来看,某些报复已达到骇人听闻的程度。这种几乎已成常态的拒绝批评的事例,造成了民众批评政府的极大困难。此类情况在我们研究的地区的集体性诉求中亦有许多。

就发现和处理的一些现实官场的情况而言,一些官员最关心的是自己的官帽存在及大小。照此推论，对压制民主的言论及行动和其官帽挂钩，应该说他们也是最直接、最简单然而最有效的制约机制。只是，由于官场的陋习特别是潜规则的强大，使得这个机制真要执行，没有"壮士断腕"的决心是完全不可想象的。因此，从原则上讲，要减少社会风险发生的可能性，就要鼓励政府行政人员虚心纳谏，对民怨认真化解。为达此目的，就要从另一面来执行对民众增怒加压的官员实行考核惩罚制度，通过网络和其他形式的对官员进行真实的民意测评、反馈及处理制度等方式来增强减压泄愤机制的效果。同时，考虑到官场的生态环境对接受意见的可能性，对减压泄愤制度的考核及惩罚的制约机制要做好科学的规划。

（三）正确看待一般性社会冲突的合理性表现

在减压泄愤措施中，除了一般性的对政府工作的建议、意见、问责等常用办法外，还有一种带有副作用的然而又是非常有效的泄愤方式，那就是小规模、低烈度的社会冲突。

从社会冲突的一般原理来讲，社会冲突既有正功能、也有副功能，这取决于冲突的性质和社会系统的内部结构。如果我们把公民的集体和平行动维护自身权益这种方式本身，当作一种常态，视作市场经济条件下公民社会的一种"自我救济"；是对政策、社会公正与司法公正的一种自我检验与修复机制；是对利益表达渠道"肠梗阻"的问责；是重大集体性诉求的减压阀，以此推理，也可将各类集体性诉求理解为各利益主体表达其利益诉求的一种方式。那么，频频爆发的集体性诉求并不可怕，如果处置得当，它反而是促进社会进步的推动力量。至少从目前某些爆发过集体性诉求的地区处置事件的效果来看，集体性诉求在客观上造成了一种基层群众与更高一级政府的有效互动，它的结果是基层政权得到非常有效的整治。只是，这种积极的效果却是以破坏基层公共秩序和消解基层政府的权威为代价的。

从以上谈及的一些集体性诉求发展情况来看，集体性诉求爆发后地方治理得到极大的改善，其标志就是群众对于政府工作评价的回升。因此，小规模、低烈度的冲突是社会进步的推进器，是对政策、社会公正与司法公正的一种自我检验与修复，是对利益表达渠道"肠梗阻"的问责，是重大的无直接利益冲突事件的减压阀和报警器。要在对这种观念取得共识的基础上，做到对一般性的利益冲突有更大的宽容度，以减少带有暴力色彩的社会冲突事件的频次和烈度。

集体性诉求作为社会冲突本身有其积极的功能。当社会矛盾发生时,利益受损的一方必然会寻找利益的表达途径来实现自己的利益。而集体上访、集会、游行等群体活动,就是一种利益表达的方式。当这种表达方式得以妥善解决后,就会无形中使社会紧张度下降,引导社会整体趋于和谐状态。只是,由于局部社会的怨气不断地在聚集且没有得到有效的化解,集体性诉求参与者采取的方式也有升级,这显然会使这种方式的积极功能削弱。且集体性诉求虽然客观上带来了地方治理的改善,但是社会付出的成本较为高昂。

虽然肯定了集体性诉求的正功能,也仅仅是或只能是肯定其在反映民众的要求、减轻舆论的压力、帮助政府在尊重民意的前提下改进自己工作的意义。总体而言,为了稳定社会的秩序,还是要在集体性诉求爆发的前期对社会矛盾进行化解,并在集体性诉求发生后,尽可能减少参与的人数、减轻对社会的危害程度。另外,从相关的政策上亦可作某些调整。譬如,在不影响社会稳定的情况下,尝试完善中国群体性强烈意愿表达的相关法律条例,在思想上树立"群众聚集并不可怕"的观念,在政策上容许适度的"有管理的群众集会",给予群众充分表达群体性意见的权利,那么,一方面不仅可以避免集体性诉求的发生,另一方面也可以带来地方治理的改善。①

(四) 司法部门是阻挡社会风险发生的最后防火墙

在集体性诉求开始酝酿的初期,民众一般都是尽量以一种建设性的、温和的态度来表达群体性意见的。应该说,这也是政府介入的最好时机,是进行沟通、谈判的最佳时点。错过了这个机会,就会带来不可预知的风险。一般情况下民众也会将民怨主动升级为民怒,并择机采取激烈手段。充满建设性的意见表达方式也就多演变为破坏力极大的集体性诉求的发泄方式。

必须明白,群体性意见的聚集并不直接意味着集体性诉求的发生,群体性意见的本质仍然在于分散的个体以一种自发合作的方式来表达各自的利益诉求。与分散表达方式不同的是,群体性的方式更能够谋求谈判对手的重视并增加群众自身讨价还价的筹码。

---

① 杨俊锋:《"群体事件"规制的公法学重估——以集会权为中心的一个初步尝试》,《中国人民公安大学学报》(社会科学版) 2014 年第 4 期。

在集体性诉求的初始阶段，由于民众只是以静坐、集会、游行乃至示威的方式来表达自己的愤怒。在这个时间段介入，是政府以较平稳的方式处理集体性诉求的最后机会。只是，到了这个阶段，一般的政府官员已没有勇气、更没有能力来理性而稳妥地面对民众进行协商谈判了。急火攻心之下，派遣公安干警甚至动用武器装备，就成了少数主政者们的不二选择。

从政策的角度，在处理人民内部矛盾时，历来都是要求：一定要慎用警力、慎用警械武器、慎用强制措施。决不能动不动就把公安政法机关推到第一线，更不能用专政的手段来对待人民群众。可是，在研究地区近十年所发生的几起较为典型的社会冲突事件中，大多都是违反了这个要求，把理应作为阻挡社会风险发生的最后的一道防火墙的司法部门，变成了为社会冲突火上加油的助推器。这一举措为政府的信用集体投上了最大的反对票。

作为司法部门，它的本质其实就是捍卫社会道德底线的守护神，最大的职责就是坚持社会的公平正义，而不是简单地用暴力维稳。在集体性诉求的处理上，一定要注意用"疏"而不是"堵"的方法来对待民怨，并尽可能把"社会泄愤事件"纳入体制内分化消解。更深入一点来说，由于我国"三股势力"暴恐事件的反面影响，在"局部地区暴力恐怖活动活跃多发"的情形下，心理暗示及族群特性使部分少数民族群众更相信只能用暴力手段才能更易达到目的。这样的社会舆情，从博弈的角度只能是以柔克刚、以静制动、以情感人、以理服人，而不能以暴制暴、以势压人。横蛮弹压的结果只能为今后更大更烈的社会冲突埋下伏笔。

应该说，多数引起集体性诉求的原因，都与公安机关没有多大关系。比如征地拆迁补偿、拖欠工人工资、环境污染、分配不公等问题，都是行政行为或企业行为造成的。民众要求相关单位解决问题，而相关单位的领导却回避、不出面解决问题，让公安机关出面采取措施，使公安机关处于两难境地：一方面，公安机关要维护社会秩序，平息事态；另一方面，又要倾听民众呼声，协助解决矛盾，"两种行为有互相矛盾的成分"。最后官民冲突变成警民冲突。为此，要明确公安机关在处置集体性诉求中的职责，即维护社会秩序；处置集体性诉求的合法机构还是应以涉事单位或政府主要领导为主导。

从另一方面来说，国内相关理论研究认为：鉴于集体性诉求的法学属性是私力救济,且这种私力救济从目前法律规定上看是不合法的私力救济。因此,从司法角度来看,正确态度是拓宽、完善、畅通公力救济渠道,以此来排除暴力型集体性诉求,把制度外的集体性诉求纳入到制度内的私力救济或公力救济的范畴中来。

五 适时的谈判妥协原则是行政处理集体性诉求的最优手段

我们在对所研究地区发生的社会冲突事件的统计时,发现大部分事件都是以暴力冲突后才收场的。因此,谈判妥协机制是从研究地区发生暴力冲突之后的教训中总结出来的后车之鉴,是对即将发生的社会风险进行有效防范的应对措施,是防止社会冲突呈螺旋式升级的首选方法,是避免社会风险发展到暴力冲突的最好策略。

建立谈判妥协机制,是应对社会风险的一道必要的程序。它既对集体性诉求起到了缓冲器的作用,避免社会风险朝着政府不可控的方向发展,更是双方或三方把非合作博弈转变为合作博弈的必要手段。经过谈判妥协,可促使博弈双方在利益矛盾中求共识、在利益差异中求一致、在利益对立中求妥协、在利益冲突中求共存。

(一)谈判妥协策略是阻止社会风险爆发的必要途径

在多方的利益博弈中,要想走出"囚徒困境",实现利益最大化的最优策略是双方合作。通过双方的互惠互利,来实现长久的最大利益。这就要求博弈的双方都要先替对方着想,站在对方的立场和角度去思考问题。要认识到,只有适度的利他才是最大的利己,并且唯有这种做法才是在"囚徒困境"中双方已经证实的最好选择。为了尽最大可能缩小双方利益的差异或冲突程度,必须尽最大努力寻求冲突双方的共同利益。

要实现合作共赢的局面,妥协让步是谈判中必不可少的重要步骤。在冲突中,任何一方的过于强势都不是最优策略,而灵活的让步则会导致谈判的成功。通过谈判达成协议对双方来说都会比未达成协议要好一些。若谈判完全失败,则双方都会受损,这是斗鸡博弈已经证实了的结果。因此,适时适度的让步确是一种良策。当然,单方让步的损失必须在今后得到必要的补偿。

鉴于我国的社会已进入了新时代,在这个时代,"社会主要矛盾已经转化为人民日益增长的美好生活需要和不平衡不充分的发展之间的矛盾"。在矛盾的运动中,平衡和充分是相对的,不平衡不充分是绝对的。

这个绝对存在的矛盾，是人民内部矛盾，不具对抗性，不具有政治诉求和目的。应该用化解、疏导、服务的原则和谈判的方式来处置这个矛盾。根据我国的国情及绝大多数集体性诉求的人民内部矛盾的性质，可以肯定地说，采用谈判妥协策略是阻止社会风险爆发的最优手段，这是因为：

1. 可在一定程度上主持公平正义。由于法律的不健全及执行过程中的偏差，集体性诉求是在没有借助公权力或公力救济渠道不畅的情况下进行的自力救济行为。在我国，民众选择采用集体性诉求的方式，许多也是无奈的选择。一种是在没有经过公力救济的情况下直接进行的，这是由于公力救济渠道缺失或者对公力救济的不信任，认为公力救济不公正、效率低、成本高；另一种是已经用尽公力救济，但是没有达到预期的效果，而被迫采取这种方式。无论上述哪种情况，都是在排除法定的救济渠道的情况下，民众采取压迫性方式，借助自身人数多的优势，迫使对方作出让步。如果采取谈判妥协策略，可以部分地纠正社会不公正的现状。

2. 可以避免公私财产的损失和人员的伤亡，也就是先解除矛盾双方可能发生激愤而做出不理智行为。

3. 可增加政府在民众中的威信，提高政府的信誉度和行政执行力。

（二）冲突中的非突发性为谈判妥协提供现实的可能性

应对集体性诉求，在情势紧急的情况下，出动公安或安全部队对集体性诉求进行弹压，其中一个很重要的理由，就是集体性诉求的突发性，并冠以重大突发性集体性诉求。这个理由，我们在深入调查之后认为，对有些集体性诉求其实并不适当或与实际相悖。

实事求是地讲，并非所有的集体性诉求都是突发性的。或者说，只有极少数的社会冲突可能有一定的突发特征。从博弈论的角度观察，集体性诉求按时间顺序分为一次博弈和多次博弈，一次博弈有一定的突发性，参与者多为"无直接利益冲突"；多次博弈为非突发性，参与者基本都是利益攸关人员。这种区分对重大集体性诉求的发生原因、发展过程、阻断措施、处理方式等具有十分重要的意义。

在所谓的突发性集体性诉求中，参与者虽有一定的时空偶然性，但更有人因曾经受过或目睹过自认为的不公正待遇和社会现象而寻找机会出气的必然性。其怒气犹如地火的运行，一遇缝隙就将喷薄而出。而且，其中多有正义之士且不乏侠义行为，其发展过程往往迅猛剧烈。往往由于参与的人员情况复杂、心态各异，理应分别对待。一般来讲，用柔性手段平复众怒是上策，忽悠拖延是中策，用强制力平息是下策。

在非突发集体性诉求中，事情的发展过程都有一定的规律性。这个规律表现为，参与者都有共同的权益受损及明确的利益诉求，并随着时间的推移且要求不能满足的情况下，事情发展的趋势必然是诉求逐级上达，手段逐步升级，人员逐步扩大，情绪逐步升温，敌意逐步增强，最后在临界点上引爆。在这种情况下，由于有一定的时间缓冲，在处理方式上可以更从容、更柔性化一些。

从集体性诉求的时间演变过程来看，集体性诉求的发生、发展有个从量变到质变的过程。首先，由于各方利益冲突而引发的各种社会矛盾和问题是集体性诉求的诱因，也是集体性诉求发生的起点，这些诱因使民众的不满情绪、怨恨情感不断积聚；其次，一定规模的群众参与，即经过组织动员，分散的个体成员演化成有共同行动基础的群体；最后，个体行动演化成由和平到暴力的集体行动。因此，集体性诉求的生成与发展一般由诱因、民众参与和集体行动三个因素促成，缺少任何一个要素都不能形成集体性诉求。这个时间顺序，使得政府主持并参与协商谈判获得了充裕的可能性，也使得"突发性"一说起码在时间的顺序发展过程中没有充分的说服力。

从更严格的意义上讲，可以说所有重大集体性诉求都是非突发性的。任何矛盾的产生、发展直至尖锐对立，都有一个过程。集体性诉求从利益冲突的产生、聚集、升级、行动酝酿、正式爆发，最后形成所谓的"突发"，往往存在时滞。即使是那些看似偶然的"突发"，其实也是由于政府政策的制定和执行中的失误造成对弱势群体的侵权且长期得不到合理解决的"深层次"原因导致的。厘清这个思路对基层政府转变观念，改进工作，落实习近平总书记的"从人民群众最关心最直接最现实的利益问题入手，努力解决学有所教、劳有所得、病有所医、老有所养、住有所居的问题，真心实意为群众谋利益，扎扎实实为群众办实事、办好事。时时处处、切切实实关心群众生活，紧抓民生之本、解决民生之急、排除民生之忧"的讲话，具有强烈的针对性意义。

再深入一点来看，"群体性突发事件"的说法着重强调事件的突发性。这种考量不能不说有一定法理基础。因为一些集体性诉求在爆发时确实是比较突然的，无论从来势发展还是扩展速度乃至爆发的烈度都是出乎意料的。但是如果仔细考察这些集体性诉求的发生原因，会发现这些集体性诉求的发生并不是偶然的,是各种矛盾长期积累到一定程度的爆发,是民怨长期积压的必然结果。因此,"突发"说也容易导致对集体性诉求的片面认识,在对待集体性诉求上强调其突发性、偶然性,而忽视对其产生原因的深层次考察,从而不利于从动态的、必然的视角来对集体性诉求进行防治。不仅如此,即使不考虑前期民众怒气的大量聚集,仅从动乱爆发前的数日乃至数小时来看,如果当事行政人员能认真负责工作,真的把民众的利益、国家的信誉挂在心中,一般也是有时间、有一定空间回旋余地来上报或消解社会风险爆发的。

(三) 克服"路径依赖"的思维定式应讲究平等性

从以上分析可以看到,在集体性诉求爆发前的至少数小时,政府官员是能够看到事件继续发展的预后的。但为什么没有采取及时的措施来进行有效的防范呢?除了政治敏感度低、行政不作为、侥幸心理作怪,所谓的民粹、刁民意识的困囿,甚至临阵胆小怕事等因素外,就是普遍陷入了"路径依赖"的思维定式,即按照前面已有的对集体性诉求的处理模型来运行。政府要克服这种思维定式,就要:

1. 换位思考。如果我是当事者,在喊冤无门的情况下,只能做什么或最想做的是什么?只有站在弱势群体的角度思考问题,才能做到平等待人。

2. 放下架子和面子,克服怕群众的心理障碍,充分相信群众是通情达理的,才敢于走进群众中间。

3. 破除在既定集体性诉求处理模式中所形成的利益集团的压力,刹住在错误路径上继续下滑的动力。新时代的中国特色社会主义思想奠定了用谈判方式这个柔性处置社会冲突的政治基础和思想基础。

4. 跳出懒政的惰性,克服"路径依赖"的惯性,在"贯彻以人民为中心的发展思想"指导下,敢于独树一帜,另辟蹊径,创新出一条适合中国特色社会主义新时代的处理社会冲突的范式转换成果。

(四) 适时运用成果进行必要的信息的甄别及谈判策略的选择

在集体性诉求爆发前的数小时至数日,都会有各种信息在民间及网络传播,一般的流言和谣言,只要政府相信群众,还是比较容易识别并破除的。但对民众间某些心照不宣的意见共识及应对、冲突的方式和动乱程度深浅的选择、意见领袖的目标及妥协的程度等私有信息,却并不是能轻易获得并妥善处理的。这些带有一定技术含量的工作,如果能由经验丰富和有预案储备的专家组来掌控，则可收到事半功倍的效果。

首先是私有信息的甄别，由于私有信息的存在，使得博弈双方掌握的信息不对称，并导致结果的不确定。因此，一定要对真假信息进行遴选、甄别、确定。应及时公开政府信息，正确引导舆论，保持政府信息渠道的畅通，及时、公开、透明、负责任地向公众公布集体性诉求的真实信息。尽快主动地提供全面的事件进展情况，了解和把握网上各种新型信息载体的脉搏，迅速回应公众疑问，做到在集体性诉求事件和敏感问题上不缺席、不失语、不妄语，保障民众的知情权、参与权、表达权、监督权。只有掌握了真实的信息，才有可能正确引导网络舆情，主导民众情绪，掌握处置集体性诉求的主动权。

在博弈策略的选择上，就更复杂了。除了古老的上、中、下三策外，几乎大部分的博弈策略都可以有选择地、变通地利用在集体性诉求的处理上。如囚徒困境博弈、智猪博弈、山羊过桥博弈、猎鹿博弈，等等。运用得当，可收帕累托最优之效。至少，不会出现负和博弈的窘境。而在路径依赖的思维定式指导下的集体性诉求的处理方式，其结果多是负和博弈。

把信息和谈判策略结合起来，就形成了处置集体性诉求的一个不完全信息状态下的连续博弈。这种博弈态势，实际上也是政府和民众的一种良性互动状况。政府利用精练贝叶斯纳什均衡进行谈判中的最优决策，为建立在一定趋势下最好的利益平衡打下了良好的思维基础。①

（五）注意协商谈判的时点选择

集体性诉求爆发的前期，参与人群一般只是以一种建设性的、温和的态度表达群体性意见，而在未得到恰当回应后才会采取激烈手段，充满建设性的意见表达方式也就多演变为破坏力极大的集体性诉求，即所谓的先礼后兵。谈判时机就存在于"兵"前的数小时至数日。

在社会风险的非突发性中，谈到了政府在社会冲突爆发前一般有2—3个时间段来从容处理问题。本节所指的谈判时点，指的是在多次博弈的过程中，每次取得暂时平衡后，下一场谈判的开始时间。这个时点，一般来说，早比迟好，主动比被动好，先发制人比后发制人好。

根据社会冲突理论，冲突双方的博弈手段都有一个呈螺旋式升级的过

---

① 欧阳美平：《应对突发群体性诉求的柔性取向思维》，《贵州民族报》（法制版）2015年7月7日第A3版。

程。这个逐步升级，表现在冲突的形式、频次、规模、烈度等方面。比如，民众可采用散步、静坐、游行、示威、阻碍交通、围困政府等逐步升级的方式，政府可用劝止、干扰、设置警戒线、驱逐、动用暴力等方式来应对。当冲突升级到某一阶段，由于某方采用的战术失误，支持冲突的经济来源、道德舆论、社会支持等资源枯竭或丧失，及无法接受的继续恶化的风险或代价，在理性的制约和未知前景的担忧警示下，不再采取进一步的行动，双方进入对峙而形成僵局。

冲突进入僵局后，冲突一方通常不会贸然进一步升级，这就形成了短暂的平衡。冲突暂时告一段落。如果冲突一方感知到，自己相对于另一方的优势正在逐步削弱，或者另一方的优势正在逐步增强，那么僵局感就会加重。一般来说，深陷僵局中的双方都会感知到沉重的压力。且时间越长，则压力越大，希望尽快结束僵局的愿望就越强烈。这种僵局的出现和双方都希望脱离僵局的迫切心情，正是下一次谈判的起点。谁预先意识到并抢先抓住这个时间点，谁就抢占了先机，并赢得谈判的主动权。

需要指出的是，由于政府的强权优势和在行动中的自主权，在僵局突围中，一定要冲破路径依赖的约束，放弃"封、堵、围、驱"的惯性方法。以利于僵局的突破和正和博弈局面的形成。

一般情况下，在双方乃至三方的相互制约的博弈中，在兼顾各自都要利益最大化选择的基础上，经过妥协和退让，各种方案经过精练贝叶斯纳什均衡后，一种新平衡关系终于出笼。需要指出的是，在社会冲突中，双方均少有占优策略，各自的最优决策往往也只能得到次优结果。

（六）谈判的原则：守信、平等、权威、必要的妥协

在谈判中，不能把一般的利益博弈上升为阶层斗争，更不能把阶层冲突上升为民族纠纷。阶层冲突如果打上了民族矛盾的烙印，则因族群意识的自然反应而更激烈。对带有民族色彩的利益纠葛，要本着宜抚不宜压、宜缓不宜激、宜分不宜驱的原则处理。

柔性处置是处理一般区域社会冲突事件的基本原则。谈判妥协机制是实施柔性处置的唯一可行的方法。

因此，对上述谈判原则，一定要注意的是：

1. 谈判就意味着适度的妥协。这种妥协，表现在三个方面。

一是方案的妥协：如果冲突一方发现，另一方的提议本可以接受，只不过它们会带来机会成本，才摒弃它们。这种情况下，做大蛋糕就是一种

有用的方法。诉求得到满足的冲突一方应该给另一方提供补偿,因为该方采取的是从对方丧失机会成本后而"买进"的让步行为。

二是程度的妥协,即分寸感的把握和让步的底线。

三是由第三方介入的妥协:如果争斗双方认识到他们正处于僵局之中,并对第三方介入的结果充满乐观,在可以选择的情况下,他们可能会欢迎这种干预、调解和仲裁。

2. 谈判就必须放下领导的身段,平等待人。在集体性诉求的始发过程中,有关部门只由新闻发言人或副手来充当协调者。由于说话的分量和兑现可能的差异,往往就轻易地失去了解决冲突的最佳时机。柔性取向的关键在于必须在"第一时间",由事发地主要官员亲临现场,先机掌握包括协商、妥协、共决在内的三个程序的主导权,引导谈判的正确发展方向。

3. 对谈判的结果必须诚实守信,切忌秋后算账。这同时亦是谈判结果权威性的体现。如果食言而肥,看似强权得逞,实则是又在进行信用透支,并为下次的冲突处理埋下了更大的难题。①

4. 谈判的结果预测。

谈判结束,从博弈的角度有四种可能性。

根据"二八定律",假设官民双方博弈,民众的意见有八成正确、二成欠妥,则博弈的四种情况分别是:

假设一:官方完全拒绝,民众爆发集体性诉求。官方遭到经济上的损失和道义上的谴责,民众有治安处罚及人员伤亡的预后,后果是典型的负和博弈。

假设二:官方完全拒绝,民众被迫沉默。官方遭遇腹诽和信用透支,民众强烈不满且为下一次冲突埋下伏笔。表面上是零和博弈,实际上是道德层面的负和博弈。

假设三:官方接受八成正确意见,婉拒二成不妥意见。官方赢得开明、纳谏的声誉,并提高了行政执行力。民众虽然对婉拒二成不妥意见会稍有微词,但由于取得了应有的收益而增强了对政府的满意度和工作积极性,后果是典型的正和博弈。

---

① 张扬:《集体谈判与民主参与——历史关系与制度安排的视角》,《理论导刊》2016年第8期。

假设四：官方完全接受，民众获得全胜。官方落下了昏庸且胆小怕事的预后，民众则可能产生"会哭的孩子有奶吃"的后遗症。看似零和博弈，实则是另一形态的负和博弈。

（七）谈判的科学性与策略选择思考

任何事物总有轻重之别，办事存在难易之分，程度亦有深浅不同。一般来说，要先小后大，先易后难，由浅入深，以轻见重，求同存异，循序渐进，用一个个的小平衡换取大平衡。根据这个要求，为使谈判取得较好的效果，就必须注重谈判的策略选择，要充分运用博弈方法，争取正和博弈结果。根据各类社会冲突的性质、特点、规模、合理性，可供采用的策略有：

1. 实施威胁与许诺的原则，排除不可能的威胁

威胁是对对方不肯合作进行惩罚的一种回应规则，许诺是对对方愿意合作提供回报的方式。无论是对对方不合理的意见的否定与威胁，还是对合理意见的许诺与解决，都有一个"度"的问题的掌握。即对对方意见接受程度的把握和基于对方在接受处理结果时给出的预后。这个"度"在对方的心理预期中，应大到足以奏效，小到足以令人信服，否则就没有意义。

威胁战术要想发挥作用，那么该战术将要带给另一方的伤害，肯定要大于不遵从所获得的好处。这就意味着，在一定程度上，威胁将要带来的惩罚越严重，威胁本身就会变得越有效。威胁如果要发挥作用，首先必须要令人信服。威胁的可信度与施威一方的诚信度、地位、具有负面形象的偏激程度相关。弱势方的极度弱势能加强其承诺的强制性任务的可信度。经济抵制、罢工、静坐示威以及绝食的目的都是想向对方表达一种不可撤销的任务的态度。承诺、威胁以及强制性任务都必须具有可信度，然后才能产生效力。这意味着，另一方必须认为冲突一方拥有实施其曾经提及的行动的能力，并且有实施这些行为的意愿。

成功的威胁者往往能找到坚决实施威胁的方法，就是不留退路的破釜沉舟。

假设一：公开声明，如果自己将来不能坚持实施威胁就会感到尴尬。

假设二：将这种威胁的承诺附着在一种神圣的原则或是规则上，而对方应责无旁贷地遵循这些原则和规则。

假设三：将威胁的实施责任转嫁到第三方身上，如靠法律、契约、强

制令等来执行。

这种背水一战的威胁往往是非常有效的。在某些情况下，威胁的确要比承诺更能激发对方的遵从行为。这是因为：威胁者通常要比承诺者更有权力，更具控制力。与获得某一奖励相比，人们往往更愿意避免可能蒙受的损失，因此，面临威胁的时候，人们更可能会让步。有效的威胁不会给威胁方带来任何损失。威胁方既不需付出任何奖励，也不需实施任何惩戒。实施威胁的代价越高，施威者就越不可能实施威胁。

即使威胁者并未实施威胁，他们也仍然能获得好处：如果威胁者在对方并未遵从的情况下选择不实施威胁，虽然其信任程度可能会在对方的眼中降低，然而，这一做法有可能被对方从慈悲的角度看成是一项人性化的措施，而冲抵言行不一所带来的损失，而非软弱或愚蠢的标志。如果承诺者食言，几乎可以100%会被对方看成言行不一的人。

承诺战术和威胁战术相比，大多都是相对温和的战术，没有什么负面的残存效果。人们通常认为承诺战术要比威胁战术更有吸引力，而且作出承诺的人更为友善。

这里有两点需要注意：一是对于那些确实不合理的要求和蓄意闹事的个别人，应有明确的制约手段和适度处分的预后。要在做好调查取证的基础上，依法严厉惩处集体性诉求中的不法行为，把威胁变成事实；二是对一般群众不秋后算账的承诺，应该宽大为怀、言而有信。对风浪平息前的威胁和平息后的承诺进行忽悠，是政治上低能和弱智的表现。这种不讲信用的行为，只会给今后类似的处理带来更大的麻烦。

2. "非理性"的选择是博弈论中的一个策略原则

这个策略其实就是在最后关头作一个二选一的决定。如果一方的意见完全不足取，或一方拒绝另一方完全正确的意见（这两种情况应该都是小概率事件），此时，有理方应加大威胁与许诺的力度，造成一种非理性的背水一战的姿态而迫使对方就范，以避免给双方或单方造成更大的损失。

这种选择的本质在于故意制造风险，目的是给对方形成一种看似非理性的破釜沉舟的状态。这个风险应该大到让你的对手难于承受的地步，从而迫使他非按照你的意愿行事不可。当然，这种选择看似非理性，实则有着最大的理性，它可以吓阻对手尽快止步，可以较快地平息冲突。在选择"非理性"策略时，要注意这种边缘政策只是创造一种可以辨认的风险，而不是一种确定性。因此，应考虑度的掌握、利益的权衡和事件参与者的沉没成本与机会成本的平衡。否则对方也孤注一掷，形成斗鸡博弈态势，事情就不好处理了。

3. 小步慢行策略

利益冲突的解决离不开妥协让步。只有在反复的妥协中才可能达到符合双方利益的结果。在多次的谈判过程中，谈判主导者适宜执行小步慢行策略。由于是渐进式的向前推进，双方或三方都较容易接受，谈判取得的成绩也使人能看到较光明的前景。即使最后的结果和一步到位相似，但小步慢行策略更能使人产生心理上的满足感，并使那些期望值过高者丢掉幻想，见难却步。

4. 抢占先机策略，回应规则必须在对方行动之前出现

谈判妥协机制研究是一个在不完全信息条件下的多次博弈问题。在数次谈判的过程中，对方难免有意气用事的时候。碰到这种情况，政府必须抢占先机，制定相应的回应规则，明确宣布如果对方采取某种有害行动，官方亦将采取某些措施来强行阻止。这条属于威胁范畴的规则，看上去可能束缚自己的行动，把自己的行为建立在对方行动后的一种回应上，其实是获得了策略上的优势，扭转了集体性诉求可能爆发的不利趋势。

（八）发生社会冲突后的应对措施原则

为达到最好的应对效果，政府必须抓紧事发前的四至八小时黄金时间来实施阻断行动。应基于集体性诉求即将发生的预见，除按规定及时作好上报外，主持处理时应重点做好如下工作。

1. 事发当地的主要负责人应在第一时间深入弱势群体，深入可能的事发现场。对可能发生的事件，通过排查调处，正确应对，用扬汤止沸的方式将可能的冲突消弭于萌芽状态，或防止冲突进一步扩散和加剧。

2. 把控好舆情。通过各种宣传形式，把事件真相告诉社会，可以争取受蒙蔽和随大溜的民众，减少集体性诉求的参与人数、破坏烈度和影响力，增强政府控制事态的能力。

3. 如果事实证明政府方确有失误，应勇于及时承担责任，承诺纠错的时间、方式及补偿办法。

4. 对于那些确实不合理的要求和蓄意闹事的群众，应有明确的制约手段和适度处分的预后。

第四节 完善社会区域安全共同治理及风险防范的工作建议

（一）应全面科学地认识集体性诉求

只有科学地认识集体性诉求，才有可能正确地预防和应对集体性诉求。就目前的集体性诉求本身而言，绝大多数不以反对党和政府为目标，不存在政治和意识形态的因素。目标的合法性与行为带有一定的非法性并存。因此，集体性诉求仍属于人民内部矛盾，该矛盾具有非对抗性、非政治性、暂时性、局部性和人民内部性。

从这个意义上说，集体性诉求在一定范围内有其存在的正当性，具有正当性的私力救济，在一定范围内有其存在的合理性。在现代法治社会，对其态度应当是拓宽、完善、畅通公力救济渠道，以注重和完善公力救济为主。在特定情况下允许使用私力救济。但应对私力救济的使用条件加以明确的规定和限制，特别是要排除暴力型处理集体性诉求。

从私力救济对公力救济的补充角度看，尽管公力救济已经成为现代社会权利救济的主要方式，但是法律的局限性、公力救济自身的局限性都会影响人们对公力救济的选择。在这种情况下，如何形成较为完善的社会保障体系、理性的社会沟通渠道、多元的社会控制手段、规范灵活的处置办法等一系列较为宽容和开放的态度来认识和应对集体性诉求，把制度外的私力救济纳入制度内的私力救济或公力救济的范畴之内，是在科学的认识集体性诉求后应该得到的结果。

因此，我们要承认并正确认识集体性诉求的积极与消极功能，既要认识到集体性诉求的消极功能与负面价值，也要认识到集体性诉求在推动社会整合、促进社会变迁方面的积极功能；既要认识到法律对于治理集体性诉求的重要作用，也要认识到集体性诉求的产生是多种因素作用的结果。其治理还要从政治、经济、文化、社会等多方面着手，从而对集体性诉求的预防与处置形成综合治理的思路和方法。

只有对集体性诉求有正确的认识，政府才不会对其抱有歧视甚至是敌视的思维，才会为正确地预防和处理集体性诉求打下良好的思想基础和政策基础。

(二) 将无序的社会冲突转化为体制内进行消解

由于集体性诉求的正当性和推动社会进步的积极功能，理应将这种无序的社会冲突转化为体制内进行消解。要从民众诉求的合理性角度入手，在纠正认识误区、解构政策得失、探求积极因素、运用博弈方法、建立合作机制等方面力求理论上的突破和观念上的创新，以使这些理论和机制有助于地方政府厘清思路、提高认识，寻求正确处理特别是在体制内化解社会风险的策略和方法。要达到这一点，就应该：

从政治上，要认识到非暴力的集体性诉求是发扬人民民主的一种形式，是治国理政的必要程序，是"更加自觉地维护人民利益，坚决反对一切损害人民利益、脱离群众的行为"的有效方法。

从观念上，要自觉放弃对人民群众的歧视甚至是敌对的思维，防止把民众的正确观点和合理要求都插上民粹的标签予以压制，更不要把民众稍稍过火的说法和行为鄙视为"屁民"、刁民、暴民等，把自己放在和群众的对立面。要做到"凡是群众反映强烈的问题都要严肃认真对待，凡是损害群众利益的行为都要坚决纠正。"

从法律层面上，要在"完善基层民主制度，保障人民知情权、参与权、表达权、监督权"的要求下，适当放松对人民的鸣放、游行、集会、静坐等限制。拓宽人大代表的代表资格、代表权限，真正落实人民陪审员制度。制定"人民群众反对什么、痛恨什么"的表达权限和表达方式。

在制度上，明确非暴力行为的集体性诉求是人民参与民主管理的底线，政府不得采取删帖、封网、跨省追捕甚至公开宣判等错误行为。凡是出现集体性诉求的地方，一定要对当地领导实行问责，对集体性诉求采用错误处理方式的加重处理。

在方法上，要主张在谈判妥协的基础上，从博弈论的角度将社会冲突经精练贝叶斯纳什均衡进行最优选择，从而将社会冲突事件由非合作博弈转化为合作博弈。

在时间上，根据社会冲突事件发展的时间顺序，在民众的意见—怨气—怒气的渐变过程中建立预防机制：首先，从社会风险发生的深层次原因开始查堵，在建立思想纠偏和政策试错机制的基础上，进行釜底抽薪，堵住产生意见"来风"的空穴，不让民众的意见变成怨气；其次，在"风起"于青萍之末时，让民众的怨气有畅通有效的表达渠道，官民之间能进行沟通缓释,泄愤减压,做到把民怨之风消弭于无形;最后,在民怨向民怒转化而形成"山雨欲来风满楼"之时,运用博弈论的思维方式和合作博弈的办法,进行谈判妥协、化解飓风,达到扬汤止沸的效果。

在社会冲突三要素的综合审视方面,要认识到,不良情绪的累积是主导因素,时间的关键节点是导火索,合适的社会场所是必要条件。只有这三点产生共振后才会导致社会风险的失控。这个认识将无序的冲突转化为体制内解决提供了充裕的空间想象力。①

(三) 严守三个"慎用"(慎用警力、慎用警械、慎用强制) 原则

集体性诉求一般分为三个阶段。在事件的开始阶段,参与者总是首先要考虑国家制度空间提供的各种合法性手段以及在合法与违法之间寻求半合法的手段,向有关部门表达诉求、反映问题。比如集体上访、请愿、信访、集体散步、罢工、罢课等和平的方式,参与者希望以此引起上级部门的重视,能主动解决存在的问题。

在事件中期阶段,由于采取和平式的沟通方式效果不佳,主政官员对民众疾苦不理不问,他们所表达的诉求、反映的问题没有得到有关部门有效的解决,而国家制度空间内的合法性手段又已用尽,参与者便采用程度较为激烈的集体行动向国家或有关部门施加压力,如围堵交通和党政机关,不让人员出入、非法集会、静坐、游行、示威等,迫使机关领导出来解决问题;有的采取更为激烈的方式,如采取罢工、罢市的方式,强制政府出面解决问题。

在事件后期阶段,由于民众的诉求一直得不到妥善的对待和解决,加之有关部门在处置集体性诉求中出现严重不当行为,可能使官民关系更加紧张、激化以至于严重对立。这时,在行动破坏者的带领下,就可能出现打、砸、抢、烧等激烈的破坏行动。

在这三个阶段中,总的来说,是由于政府的不作为,或处理不当,或错失良机,或滥作为,才导致冲突升级。即使在最后阶段不得不使用警力,亦是政府的举止失措所致。

因此,政府主要领导凡是违背三个"慎用"原则的,一定要由上级机关进行认真问责、严肃惩处。

---

① 彭国胜:《冲突应对方式与西南地区农村居民的政府信任——基于贵州和云南两省的实证调查》,《南京农业大学学报》(社会科学报) 2013 年第 6 期。

（四）落实体制内的领导干部的责任追究制

部分领导干部由于缺乏应有的政治敏锐性、责任意识和解决问题的能力，对所辖范围内的社会矛盾和问题心中无数。有的对群众通过正常途径和渠道反映的问题，置若罔闻，能解决、该解决的问题不及时解决，拖延推诿；有的不敢正视和主动排查矛盾，事发前不能及时预警，事件苗头得不到及早解决，捂着盖着，等事情闹大了，领导才去解决；有的对出现的集体性诉求，手足无措，迟迟拿不出切实有效的办法，或解决问题不到位，导致事件呈增加和扩大的趋势；有的一味高压，简单粗暴，甚至滥用警力，激化矛盾。这些，都是严重失职的表现。

为使官员能克服上述的失职行为，对重大集体性诉求能做到有效作为，必须实施对有关人员的问责制以示警诫并期望达到良好的预后。要对处事不力的事发地主要领导，以结果问责为重点实施全面问责，包括事前和事中有效规范地方政府的行政行为，追溯事件演变的整个过程，开展责任倒查等。在进行同体问责的同时，加强异体问责，严查舍车保帅行为和适当扩大问责范围。

根据中共中央《党政领导干部辞职暂行规定》（中办发〔2004〕13号）规定：因工作失职，引发严重的集体性诉求，或者对群体性、突发性事件处置失当，造成严重后果，或者恶劣影响，负主要领导责任的党政领导干部，应当引咎辞职。

这一规定，虽然对干部在集体性诉求方面的失职行为有所约束，但由于线条较粗，且无可操作的细则，执行难度较大。建议对此规定作进一步细化：第一，细化领导责任范围，要明确责任人是重大集体性诉求爆发行政区域的党政主要领导还是相关部门主要领导；第二，明确责任层级。应当明确规定爆重大集体性诉求应当追究到哪一级；第三，要根据责任大小、后果的严重程度将惩处细化为通报批评、警告、降级、引咎辞职、责令辞职、免职、永不再用、追究刑责等各种量级的问责。

这种细化后的问责，既是对被问责者的真正的爱护，促使他们今后能真心实意、踏踏实实地为人民服务，更是对还未出事干部的一种前车之鉴。

从前面提到的几起区域性集体性诉求来看，地方政府在问责上还存在一些漏洞，更令人担忧的是，过去的少数当事官员在出事前无所作为，甚至反向作为；在处置集体性诉求中又滥用警力，给国家财产造成巨大损失,在政治上造成重大的不良影响;但他们仅仅在家赋闲数月或数年便可东山再起,官复原职。类似情况,虽然少见,但对社会造成了反面的表率作用,并可能使其他官员今后在集体性诉求爆发前更愿意行政不作为或是滥作为,在集体性诉求爆发后毫无顾忌地使用暴力弹压手段来对付群众。自然,也就没有后顾之忧地不认真落实习近平总书记关于"领导干部必须有强烈的担当精神"这个严肃的要求了。

(五)做好预案,及时成立谈判专家组有效应对

从法学视角上看,集体性诉求是利益主体没有借助公力救济或公力救济不畅的情况下而采用的对自身利益的救济行为。利益主体为了实现自身的权利,采取集会、游行、示威甚至冲击国家机关等方式来造成社会影响,引起政府或高层的关注,促使对方做出让步,故与私力救济所要达到的效果有异曲同工之处。因此,集体性诉求是私力救济的一种表现方式。

这种私力救济,是介于合法与非法之间,游离于民主和强权之隙,穿梭于利益权衡之争,挣扎在官员与民众间的博弈。稍不注意,便可酿成大事,造成重大影响。由于党政主要干部平时多在考虑经济发展事宜,忙于事务性的工作较多。对于比较专业的、有一定技术含量的谈判妥协的工作缺乏知识和经验。仓促上阵的无准备之仗,必惨遭失败。这也从另一方面说明了缺乏恰当的人事组合来正确应对重大问题,是多数集体性诉求都以负和博弈的结果来收场的一个重要原因。

要选择有真才实学的、有一定实际工作经验的由三五名专家组成的谈判专家组,从各个不同的侧面对可能发生的社会冲突事件进行可行性分析,在做好谈判预案及决定谈判策略的基础上,选择恰当时机介入博弈。最好的介入时机是在群情激愤之时进行未雨绸缪的减压泄愤;较为有效的时机是在集体性诉求爆发前夕的釜底抽薪;最迟时机是在群众已经有所行动,但还没有采取过激行为之前坚决制止。这几种时机的选择,都已在重大社会风险的非突发性中根据实例作了充分的说明。

以上是根据社会冲突理论,结合抽样我国内地 YC 地区社会风险事件发生的实际情况来进行学术探讨与研究的结果。因该地区的社会冲突事件实际上都已经发生,所谓的防范与对策,其实是带有一点事后诸葛亮的意味,所以只是一种前车之覆、后车之鉴的教训的归纳。

正是这个教训带有血与火的悲怆,就不得不对以往的思想观念做一个实事求是的鉴别,对某些流行的思潮进行部分否定式的说明,以期防止这

类思潮的流行，进一步对社会冲突造成火上加油式的负面影响。

在思想纠偏的问题上，研究认为，运用把马克思主义边缘化的手法来否定马克思主义作为指导思想的理论基础，并由此而衍生出的指导思想的多元化，是各种错误思潮不断涌现的土壤。必须清醒地认识到：社会主义国家根据马克思主义的基本原理而制定出的各种路线、方针、政策，是一定历史时期的工作方向，是针对某一发展阶段中的具体情况，对马克思主义在具体问题运用上的改良和推进。由于各时期社情和国情的不同，这个推进必然要受这一阶段的时间、空间、条件的限制。革命和建设的侧重点的转换，亦必须不失时机地提出新的奋斗目标，以及为适应这个目标而采用的措施。不应该、也不可能有适应各种病情的灵丹妙药。如同真理具有相对性一样，某些理论，在上一阶段是正确的、适用的，在本阶段就不完全适用了，需要进行修正；而到了下阶段，就可能完全不适用了，需要新的理论来指导工作。因此，这些具体的方针、政策、办法，是不宜、也不可能作为整个社会主义这个大的历史阶段的指导思想的。这个问题不解决，会客观上导致意识形态领域的混乱。

如果说，连马克思主义都不是僵化、静止、刻板的教条，必须随着实践的发展而不断丰富和发展，则根据马克思主义的基本原理而创新出的理论、思想、观念，就更需要不断地推陈出新了。在思想发展史上，由于社会实践的约束，各种理论都有其鲜明的时代特征，和对当时阶段的社会实践进行指导的必须。在社会发展和进化的过程中，为适应新阶段的需要，应该对以往的指导思想进行一个客观的总结。特别是在党的十九大的政治报告中已经明确"中国特色社会主义进入新时代"以后，更应该是如此。本书对以往的某些流行观念的起因作了一定程度的评述，亦是由于其对社会风险产生了某些负面影响，并根据社会发展的实际需要而不得不进行简单的扬弃。毕竟，由于居庙堂之高和处江湖之远的差别，对某些问题的认识特别是感受是不可能完全一致的，需要进一步磨合。

主要参考文献

一 中文文献

蔡德辉、杨士隆：《少年犯罪：理论与实务》（修订新版），台北五南图书出版有限公司2006年版。

陈晋胜：《集体性诉求研究报告》，群众出版社2004年版。

郭娜、任鸿浩：《侵权赔偿法律政策适用指引》，中国法制出版社2009年版。

国家行政学院应急管理案例研究中心：《应急管理典型案例研究报告（2017）》，社会科学文献出版社2017年版。

江平：《侵权行为法研究》，中国民主法制出版社2004年版。

金炳镐：《民族理论通论》，中央民族大学出版社2007年版。

李福华：《大学治理与大学管理》，人民出版社2001年版。

梁治平：《清代习惯法　社会与国家》，广西师范大学出版社2015年版。

宋英华：《中国应急管理报告2018》，社会科学文献出版社2019年版。

孙立平：《博弈：断裂社会的利益冲突与和谐》，社会科学文献出版社2006年版。

王卫国、戴志强、朱晓娟：《侵权损害赔偿自助手册》，清华大学出版社2008年版。

习近平：《习近平谈治国政》，第一、二卷，外文出版社2017年版。

张驰、韩强：《学校法律治理研究》，上海交通大学出版社2005年版。

张玉堂：《学校安全预警与救助机制理论和实践》，四川人民出版社2010年版。

中共中央纪律检查委员会:《习近平关于党风廉政建设和反腐败斗争论述摘编》,中央文献出版社 2015 年版。

中共中央组织部:《贯彻落实习近平新时代中国特色社会主义思想在改革发展稳定中攻坚克难案例提要》,党建读物出版社 2019 年版。

池建华:《从村规民约看乡土社会规范的多元性》,《学术交流》2017年第 5 期。

段启俊、曹艳华:《高校学生权益保护的范围与途径》,《湖南大学学报》(社会科学版) 2012 年第 5 期。

高静、王志章:《土地转出农户的权益保护研究》,《中国软科学》2019 年第 4 期。

侯长安:《要充分发挥基层纪检委员作用》,《中国纪检监察报》2016年 5 月 18 日 (第 5 版)。

吕世明:《警察对群众事件的应有认识》,《世界警察参考资料》1989年 6 月。

欧阳美平、邓羲东:《建立民办高校廉政工作体系的探讨》,《法制与经济》2009 年第 1 期。

欧阳美平、胡慧玲:《高校集体性诉求与大学生从众心理的正向引导》,《学校党建与思想教育》2012 年第 8 期。

欧阳美平、胡帅:《高校校园危机传播的预防与控制》,《湖北日报》2010 年 6 月 10 日第 3 版。

欧阳美平、蒋长新:《从博弈论的角度重构工会在冲突条件下的维权机制》,《吉首大学学报》(社会科学版) 2010 年第 9 期。

欧阳美平、蒋长新:《对理性经济人的"理性"质疑》,《前沿》2012 年第 12 期。

欧阳美平、蒋长新:《基于博弈论之均衡状态下的高校维权机制构建》,《前沿》2013 年第 8 期。

欧阳美平、蒋长新:《论高校教育要坚持马克思主义一元化的指导思想》,《三峡论坛》2013 年第 7 期。

欧阳美平、蒋长新:《用社会主义核心价值体系规范师德建设的思考》,《华商》2008 年第 9 期。

欧阳美平、蒋长新:《以社会主义核心价值体系为指导,从认识论着手来提高大学生政治教育的针对性》,《青年科学理论》2009 年第 7 期。

欧阳美平、李瑾：《高校校园侵权行为及其相关问题探析》，《湖北民族学院学报》（哲学社会科学版）2008年第1期。

欧阳美平、欧阳庆芳：《比较我国行政复议和行政诉讼的关系》，《安徽文学》（下半月）2008年第3期。

欧阳美平、宋林洁：《加强知识产权保护：引领高质量发展的中国方案》，《中国知识产权报》2019年10月11日第8版。

欧阳美平、谭新玉：《大学生犯罪成因及对策刍议》，《三峡大学学报》（人文社会科学版）2001年第8期。

欧阳美平、许宏波：《高校校园的法律援助机构的若干思考》，《崇尚实践推进创新》2010年8月刊。

欧阳美平、许宏波：《论经济法责任的独立性及其实现的探讨》，《咸宁学院学报》2007年第8期。

欧阳美平：《重大集体性诉求的源头阻断机制》，*Proceedings 2014 2nd IEEE International Conference on Emergency Management and Management Sciences*，2014年1月刊。

欧阳美平：《集体性诉求处理中的柔性取向》，*Proceedings 2011 2nd IEEE International Conference on Emergency Management and Management Sciences*，2011年8月刊。

欧阳美平：《不完全信息下高校内部利益冲突的正向引导》，《学校党建与思想教育》2015年第10期。

欧阳美平：《岗位需求视域下破解大学生结构性就业矛盾》，《贵州民族报》（法制版）2019年7月11日第A3版。

欧阳美平：《构建以增加就业为核心的供给侧结构体系》，《中国社会科学报》2019年5月27日第8版。

欧阳美平：《习近平生态文明思想的独特意蕴》，《中国社会科学报》2019年9月3日第5版。

欧阳美平：《校园公共危机分析与处理》，《学校党建与思想教育》2007年第6期。

欧阳美平：《校园学生伤害事故归责及其预防》，《学校党建与思想教育》2007年第11期。

欧阳美平：《应对突发群体性诉求的柔性取向思维》，《贵州民族报》（法制版）2015年7月7日第A3版。

欧阳庆芳、欧阳美平:《高校校园侵权行为的类型分析及责任承担》,《山西财经大学学报》(高等教育版) 2008 年第 1 期。

欧阳庆芳、欧阳美平:《完善我国高校教师校内申诉制度的几点思考》,《法制与社会》2009 年第 2 期。

秦臻、欧阳美平:《独立学院辅导员管理中心理契约的构建》,《教育教学论坛》2013 年第 12 期。

邵灵红、欧阳美平:《高校国防教育与素质教育关系新论》,《学校党建与思想教育》2010 年第 1 期。

王国勤、汪雪芬:《村规民约的权威塑造》,《江苏大学学报》(社会科学版) 2016 年第 2 期。

王海琴、欧阳美平:《论构建社会主义和谐社会视野中的依法治校》,《法制与社会》2007 年第 6 期。

王建敏:《新中国 70 年来青年保护变迁与发展》,《中国青年社会科学》2019 年第 6 期。

吴亮:《政治学视野下的民族群体性事件及治理机制》,《民族研究》2010 年第 4 期。

习近平:《决胜全面建成小康社会 夺取新时代中国特色社会主义伟大胜利》,《在中国共产党第十九次全国代表大会上的报告》2017 年 10 月。

许章润:《多元社会利益的正当性与表达的合法化——关于"集体性诉求"的一种宪政主义法权解决思路》,《清华大学学报》(哲学社会科学版) 2008 年第 23 卷第 4 期。

杨眉、欧阳美平:《高校少数民族学生学习倦怠的现状及成就动机分析》,《教育观察》2013 年第 3 期。

于建嵘:《当前我国群体性事件的主要类型及其基本特征》,《中国政法大学学报》2009 年第 6 期。

中国行政管理学会课题组:《我国转型期群体性突发事件主要特点、原因及政府对策研究》,《中国行政管理》2002 年第 5 期。

[德] 拉尔夫·达仁多夫:《现代社会冲突》,林荣远译,中国社会科学出版社 2000 年版。

[美] 刘易斯·科赛:《社会冲突的功能》,华夏出版社 1989 年版。

[美] 塞缪尔·P. 亨廷顿:《变化社会中的政治秩序》,生活·读

书·新知三联书店 1989 年版。

二 外文文献

A. Moores et al., *Education, Employment and Practice: Midwifery Graduates in Papua New Guinea*, Midwifery, 2016.

Chuan Ai, Bin Chen, Lingnan He, Kaisheng Lai, Xiaogang Qiu, The National Geographic Characteristics of Online Public Opinion Propagation in China Based on WeChat network. *Geo Informatica*, 2018, 22 (2).

Helmut koziol, *Unification of Tort Law Wrongfulness*, Law Press, 2009.

K. H. Mok, J. Jiang. Massification of higher education and challenges for graduate employment and social mobility: East Asian experiences and sociological reflections, *International Journal of Educational Development*, 2018 (63).

Li Zhang, Ning Zhang, Effectiveness of Trust Repair Strategies in the Crisis of Corporate Internet Public Opinion. *American Journal of Management Science and Engineering*, 2020, 5 (1).

Luigi Pellizzoni, Uncertainty and Participatory Democracy. *Environmental Values*, 2003, 12 (2).

M. E. Menon et al., Students' expectations about earnings and employment and the experience of recent university graduates: Evidence from Cyprus, *International Journal of Educational Development*, 2012 (32).

Obed Adonteng – Kissi, Barbara Adonteng – Kissi et al., Communal Conflict Versus Education: Experiences of Stakeholders in Ghana's Bawku Conflict, *International Journal of Educational Development*, 2019, 65.

Osama Albishri, Sofiya Tarasevich, Pamala Proverbs, Spiro K. Kiousis, Abdullah Alahmari, Mediated public diplomacy in the digital age: Exploring the Saudi and the U. S. governments' agenda–building during Trump's visit to the Middle East. *Public Relations Review*, 2019, 45 (4).

P. David Marshall, Celebrity, Politics, and New Media: An Essay on the Implications of Pandemic Fame and Persona. *International Journal of Politics, Culture, and Society*, 2020, 33 (4).

Qinyue Zhou, Zhibin Wu et al., A two-step communication opinion dynamics model with self–persistence and influence index for social networks based on the DeGroot model. *Information Sciences*, 2020, 519.

R. Mitola et al., Student Employment as a High-Impact Practice in Academic Libraries: A Systematic Review, *The Journal of Academic Librarianship*, 2018 (44).

Schuck, Peter H., *Foundations of Administrative Law*, New York: Foundation Press, 2003.

Velag C. H. Beck, *The Common European Law of Tort*, Oxford: Oxford University Press, 2000.

Yue-xia Zhang, Yi-xuan Feng, Rui-qi Yang, Network public opinion propagation model based on the influence of media and interpersonal communication. *International Journal of Modern Physics B*, 2019, 33 (32).